本书为2009年度教育部人文社会科学研究专项任务项目（高校思想政治工作"'六个为什么'与大学生理想信念教育研究"09JDSZ1001）的结项成果

信仰导航

"六个为什么"与大学生理想信念教育研究

陈勇 王欢 著

中国青年出版社

目录

导言 — 001

一、社会主义核心价值体系建设与"六个为什么"的关系 — 005

1.1 社会主义核心价值体系概说 — 006
    1.1.1 社会主义核心价值体系的内涵 — 007
    1.1.2 社会主义核心价值体系的特征 — 013
    1.1.3 社会主义核心价值体系的功能 — 015
1.2 "六个为什么"阐释 — 020
    1.2.1 "六个为什么"的确立依据 — 020
    1.2.2 "六个为什么"的科学回答 — 024
    1.2.3 "六个为什么"的现实意义 — 032
1.3 社会主义核心价值体系建设与"六个为什么"的关系分析 — 034
    1.3.1 社会主义核心价值体系为回答"六个为什么"提供理论依据 — 034
    1.3.2 认识"六个为什么"是把握社会主义核心价值体系的根本要求 — 038

1.3.3 社会主义核心价值体系建设
　　　　　与正确认识"六个为什么"相辅相成 — 041

二、社会主义核心价值观
　　与"六个为什么"的关系 — 045

2.1 社会主义核心价值观概说 — 046
　　2.1.1 积极培育社会主义核心价值观的重要意义 — 046
　　2.1.2 概括社会主义核心价值观必须遵循的原则 — 049
　　2.1.3 社会主义核心价值观的基本范畴和主要特点 — 051
2.2 社会主义核心价值观与"六个为什么"的关系分析 — 056
　　2.2.1 社会主义核心价值观
　　　　　为回答"六个为什么"提供理论支撑 — 056
　　2.2.2 认识"六个为什么"
　　　　　是社会主义核心价值观的根本要求 — 058
　　2.2.3 培育社会主义核心价值观
　　　　　与正确认识"六个为什么"相互促进 — 061
2.3 在培育社会主义核心价值观中深化"六个为什么"教育 — 064
　　2.3.1 培育社会主义核心价值观的基本路径和要求 — 064
　　2.3.2 挖掘深化"六个为什么"教育中的价值资源 — 066
　　2.3.3 培育社会主义核心价值观要深化"六个为什么"教育 — 069

三、"六个为什么"
　　与大学生理想信念教育的关系 — 071

3.1 理想信念概述 — 072
　　3.1.1 理想信念的科学涵义 — 072

3.1.2 理想信念的基本特征 — 074
3.1.3 理想信念教育的作用 — 078

3.2 大学生理想信念教育 — 081
 3.2.1 大学生理想信念教育的发展历程 — 081
 3.2.2 大学生理想信念教育的基本经验 — 091
 3.2.3 大学生理想信念教育的时代要求 — 094

3.3 "六个为什么"与大学生理想信念教育的关系分析 — 098
 3.3.1 "六个为什么"
  是大学生理想信念教育面临的主要问题 — 098
 3.3.2 正确回答"六个为什么"
  将深化大学生理想信念教育 — 101
 3.3.3 大学生理想信念教育促进"六个为什么"发展 — 105
 3.3.4 "六个为什么"
  与大学生理想信念教育相互促进 — 108

四、大学生在"六个为什么"问题上的思想认识状况的调查研究 — 111

4.1 大学生关于"六个为什么"的思想认识状况的调查 — 112
 4.1.1 在多元思想文化中
  坚持马克思主义主流意识形态的指导地位 — 113
 4.1.2 从中国国情出发,坚持走中国特色社会主义道路 — 115
 4.1.3 发扬社会主义民主,坚持人民代表大会制度 — 118
 4.1.4 完善中国特色政党制度,坚持中国共产党的领导 — 120
 4.1.5 保持经济健康发展,坚持公有制为主体、
  多种所有制经济共同发展 — 122
 4.1.6 实现科学发展,坚持改革开放不动摇 — 124

4.1.7 转变教育理念，增强理想信念教育效果 — 125
4.2 大学生关于"六个为什么"的思想认识状况分析 — 129
  4.2.1 大学生关于"六个为什么"正确思想认识
    形成的有利条件 — 129
  4.2.2 大学生在"六个为什么"的思想认识过程中
    存在的主要问题 — 131
  4.2.3 大学生关于"六个为什么"的思想认识中
    存在问题的具体原因 — 133
4.3 大学生关于"六个为什么"的思想认识状况的启示 — 136
  4.3.1 明确大学生理想信念教育目标 — 137
  4.3.2 丰富大学生理想信念教育内容 — 139
  4.3.3 改进大学生理想信念教育方法 — 142
  4.3.4 优化大学生理想信念教育环境 — 144

五、在大学生理想信念教育中深化"六个为什么"教育的原则 — 147

5.1 深化"六个为什么"教育原则确立的依据 — 148
  5.1.1 坚持科学理论指导 — 148
  5.1.2 符合社会发展要求 — 151
  5.1.3 贴近学生思想实际 — 154
5.2 深化"六个为什么"教育遵循的主要原则 — 156
  5.2.1 外部教育与自我教育相结合 — 156
  5.2.2 先进性要求与广泛性要求相结合 — 159
  5.2.3 解决思想问题与解决实际问题相结合 — 162
5.3 深化"六个为什么"教育原则的具体运用 — 165
  5.3.1 把握规律性 — 165

5.3.2 体现时代性 — 169
5.3.3 富于创造性 — 172

六、在大学生理想信念教育中深化"六个为什么"教育的方法和路径 — 176

6.1 深化"六个为什么"教育的方法和路径概述 — 178
    6.1.1 方法和路径的涵义特征 — 178
    6.1.2 方法和路径的理论基础 — 182
    6.1.3 方法和路径的功能作用 — 185
6.2 深化"六个为什么"教育的主要方法 — 190
    6.2.1 科学选择教育方法 — 190
    6.2.2 正确运用教育方法 — 200
    6.2.3 不断改进教育方法 — 203
6.3 深化"六个为什么"教育的具体路径 — 206
    6.3.1 切实抓好科学理论的学习 — 206
    6.3.2 引导参加广泛的社会实践 — 211
    6.3.3 认真开展批评与自我批评 — 215

七、在大学生理想信念教育中深化"六个为什么"教育的语言艺术 — 221

7.1 深化"六个为什么"教育的语言艺术概述 — 222
    7.1.1 语言艺术的涵义 — 223
    7.1.2 语言艺术的特征 — 225
    7.1.3 语言艺术的作用 — 228
7.2 深化"六个为什么"教育的语言艺术要求 — 231

7.2.1 观点准确、说理透彻 —— 231

7.2.2 生动形象、事例鲜活 —— 234

7.2.3 深入浅出、通俗易懂 —— 236

7.3 深化"六个为什么"教育的语言艺术运用 —— 238

7.3.1 选择时机、注意场合 —— 238

7.3.2 把握适度、表里如一 —— 241

7.3.3 平等相待、注重交流 —— 243

八、在大学生理想信念教育中深化"六个为什么"教育的内化机制和过程 —— 247

8.1 深化"六个为什么"教育的内化机制和过程概述 —— 248

8.1.1 内化机制和过程的涵义 —— 249

8.1.2 内化机制和过程的要素 —— 251

8.1.3 内化机制和过程的作用 —— 255

8.2 深化"六个为什么"教育的内化机制和过程分析 —— 257

8.2.1 大学生接受心理分析 —— 257

8.2.2 大学生内化机制分析 —— 260

8.2.3 大学生内化过程分析 —— 265

8.3 深化"六个为什么"教育的内化机制和过程要求 —— 270

8.3.1 明确内化的目标 —— 270

8.3.2 增强内化的动力 —— 274

8.3.3 完善内化的环境 —— 278

九、在大学生理想信念教育中深化"六个为什么"教育的体制机制 — 281

9.1 深化"六个为什么"教育的体制机制概述 — 282
    9.1.1 体制机制的涵义 — 282
    9.1.2 体制机制的结构 — 284
    9.1.3 体制机制的功能 — 286

9.2 深化"六个为什么"教育的体制机制构建 — 289
    9.2.1 教育的管理体制 — 289
    9.2.2 教育的运行机制 — 291
    9.2.3 教育的科学评估 — 294

9.3 深化"六个为什么"教育的外部条件优化 — 296
    9.3.1 创造教育的良好环境 — 296
    9.3.2 整合丰富的社会资源 — 298
    9.3.3 发挥家庭的重要作用 — 300

结束语 — 303
后记 — 306

导言

在纪念党的十一届三中全会召开30周年理论研讨会上，中央领导同志明确要求紧密联系干部群众的思想实际，深入回答六个与社会主义核心价值体系建设密切相关的重大问题，即为什么必须坚持马克思主义在意识形态领域的指导地位，而不能搞指导思想的多元化；为什么只有社会主义才能救中国，只有中国特色社会主义才能发展中国，而不能搞民主社会主义和资本主义；为什么必须坚持人民代表大会制度，而不能搞"三权分立"；为什么必须坚持中国共产党领导的多党合作和政治协商制度，而不能搞西方的多党制；为什么必须坚持公有制为主体、多种所有制经济共同发展的基本经济制度，而不能搞私有化和单一公有制；为什么必须坚持改革开放不动摇，而不能走回头路[1]（简称"六个为什么"）。这"六个

---

[1] 李长春. 李长春在纪念党的十一届三中全会召开30周年理论研讨会上的讲话[N]. 人民日报，2008-12-22（2）.

为什么"紧密联系国际国内形势的深刻变化，联系干部群众的思想实际，结合我国近现代170多年的历史、新中国60多年的实践以及改革开放30多年的历程，用生动的事实深入浅出、全面准确地阐述了关于社会主义核心价值体系的六个重大问题，涉及我们党和国家应坚持的指导思想、发展道路、经济制度、政治制度、政党制度、发展方向等重大问题。

新中国成立特别是党的十一届三中全会召开以来，中国人民的面貌、社会主义中国发生了翻天覆地的变化，中国特色社会主义赢得了中国人民乃至全世界的广泛认可与普遍尊重。当前，我国发展进入新阶段，改革进入攻坚期和深水区，社会组织形式、经济成分、就业方式和分配制度等各方面发生了深刻变化，思想意识多样化发展，统一认识的难度大大增强。大学生是十分宝贵的人才资源，是民族的希望和祖国的未来。在新形势下，对于世界观、人生观和价值观尚未完全定型的大学生，面对各种社会思潮的激荡以及西方文化与价值观念的冲击，如何引导他们正确认识我国的基本国情，掌握马克思主义中国化的最新成果，提高分析和解决复杂问题的能力，树立科学的理想信念，已成为一项重大而紧迫的任务。科学的理想信念是青年大学生成长成才的根本动力和精神支柱，大学生理想信念教育实质上是为大学生树立科学信仰导航。"为扎实推动用中国特色社会主义理论体系武装全党、教育人民，深入学习实践科学发展观，帮助广大干部群众深入把握社会主义核心价值体系，2009年5月，中央宣传部理论局组织编写了《'六个为什么'——对几个重大问题的回答》。"[1]为深入学习贯彻党的十八大和十八届二中、三中全会精神,学习贯彻习近平总书记系列讲话精神,扎实推动用中国特色社会主义理论体系武装全党、教育人民,帮助广大干部群众澄清对一些重大思想理论问题的认识,2013年12月,中央宣传部理论局又组织编写了《"六个为什么"——对几个重大问题的回答》(2013年修订版),并要求各高校要把《"六个为什么"》及其2013年修订版作为大学生思想政治理论课的重要辅助教材,推动中国特色社会主义理论体系"进教材、进课堂、进头脑"。"六个为什么"既是关系党和国家发展前途命运的根本性问题,也是包括青年大学生在内的广大社会成员普遍关心的重大理论和现实问题。正确认识"六个为什么"与大学生树立科学的理想信念之间是相辅相成、相互促进的关系。一方面,理想信念教育依托"四信"教育,即马克思主义信仰教育、社会主义信念教育、对社会主义现代化建设事业的信心教育、对党和政府的信任教育。大学生能否做到"四信",其"四信"的程度如何,直接取决于他们对"六个为什么"的认识与理解。因此,抓住"六个为什么",便抓住了理想信念教育的关键点和根本点,也抓住了与大学生思想认识的联系点和结合点。可以说,对"六个为什么"的正确回答,既坚持马克思主义基本原理,又紧密结合中国国情,从而为卓有成效地开展大学生理想信念教育提供了坚实的思想基础与科学的理论基础。另一方面,在大学生理想信念教育中深化"六个为什么"教育,不仅可以推进马克思主义中国化、时代化、大众化,推进马克思主义理论创新,加强社会主

---

[1] 中央宣传部理论局. "六个为什么"——对几个重大问题的回答[M]. 北京:学习出版社,2009.

义核心价值体系和社会主义核心价值观建设,而且可以回答包括大学生在内的广大干部群众深层次的思想认识问题,进一步加强和改进大学生思想政治教育。在当前和今后相当长一个时期,深入开展"六个为什么"与大学生理想信念教育研究,对于增强大学生理想信念教育的吸引力、感染力、亲和力和科学性、针对性、实效性,引导大学生树立科学信仰,坚定中国特色社会主义的道路自信、理论自信、制度自信,培养中国特色社会主义事业的合格建设者和可靠接班人,具有重大的理论意义和现实意义。

信 仰 导 航

一
社会主义核心价值体系建设与"六个为什么"的关系

社会主义核心价值体系是社会主义意识形态的本质体现,"六个为什么"是围绕社会主义核心价值体系展开的六个重大问题。本章拟对两者的内在逻辑关系进行充分阐述,以引导大学生在正确认识"六个为什么"的过程中,全面、深入地把握社会主义核心价值体系,深刻认识自身在社会主义核心价值体系建设中应当承担的历史使命,使社会主义核心价值体系为广大学生所认同、所接受,并内化为价值观念,外化为自觉行动。

1.1
社会主义核心价值体系概说

建设社会主义核心价值体系,是党的十六届六中全会在思想文化建设上提出的一项重大战略任务。党的十七大进一步强调"建设社会主义核心价值体系,增强社会主义意识形态的吸引力和凝聚力"[1]。随后,党的十七届四中全会又在《中共中央关于加强和改进新形势下党的建设若干重大问题的决定》中指出:"党员、干部模范学习践行社会主义核心价值体系,是建设马克思主义学习型政党的重要任务。把理想信念教育作为全党学习践行社会主义核心价值体系的重中之重。"[2] 2011 年 10 月 18 日,中国共产党第

---

[1] 高举中国特色社会主义伟大旗帜 为夺取全面建设小康社会新胜利而奋斗——在中国共产党第十七次全国代表大会上的报告,中国共产党第十七次全国代表大会文件汇编[M].北京:人民出版社,2007:33.
[2] 中共中央关于加强和改进新形势下党的建设若干重大问题的决定[N].人民日报,2009-09-28(1).

十七届中央委员会第六次全体会议通过《中共中央关于深化文化体制改革推动社会主义文化大发展大繁荣若干重大问题的决定》，指出："必须强化教育引导，增进社会共识，创新方式方法，健全制度保障，把社会主义核心价值体系融入国民教育、精神文明建设和党的建设全过程，贯穿改革开放和社会主义现代化建设各领域，体现到精神文化产品创作生产传播各方面，坚持用社会主义核心价值体系引领社会思潮，在全党全社会形成统一指导思想、共同理想信念、强大精神力量、基本道德规范。"[1]党的十八大报告提出："要深入开展社会主义核心价值体系学习教育，用社会主义核心价值体系引领社会思潮、凝聚社会共识。"[2]可以说，社会主义核心价值体系是我们党总结历史经验，适应形势发展要求，领导中国人民在进行社会主义建设实践过程中形成的重大理论创新成果，是兴国之魂，决定着中国特色社会主义发展方向，也是对思想政治教育工作提出的一项重大任务。

1.1.1 社会主义核心价值体系的内涵

党的十六届六中全会通过的《中共中央关于构建社会主义和谐社会若干重大问题的决定》明确指出："建设社会主义核心价值体系，形成全民族奋发向上的精神力量和团结和睦的精神纽带。马克思主义指导思想，中国特色社会主义共同理想，以爱国主义为核心

---

[1] 中共中央关于深化文化体制改革推动社会主义文化大发展大繁荣若干重大问题的决定[N].人民日报，2011-10-26（1）.

[2] 中国共产党第十八次全国代表大会文件汇编[M].北京：人民出版社，2012：29.

的民族精神和以改革创新为核心的时代精神，社会主义荣辱观，构成社会主义核心价值体系的基本内容。"[1]我们应全面准确地理解社会主义核心价值体系的科学内涵，正确把握和谐文化建设的发展方向。

1. 马克思主义指导思想是社会主义核心价值体系的灵魂

马克思主义深刻揭示了人类社会发展规律，能够真正反映和代表人民群众的根本利益和要求，是指引人民推动社会进步、创造美好生活的科学理论。随着改革开放的逐步深入，思想文化和价值观念呈现多样化发展的趋势，各种社会思潮此起彼伏。这就要求我们更加坚定马克思主义的指导地位不动摇，运用马克思主义的立场、观点、方法来认识和解决改革开放和社会主义现代化建设中出现的问题，看清错综复杂的社会现象的本质，科学分析世情、国情、党情新变化，不断深化对共产党执政规律、社会主义建设规律、人类社会发展规律的认识，不断把党带领人民创造的成功经验上升为理论，不断赋予当代中国马克思主义鲜明的实践特色、民族特色、时代特色，明确前进方向，始终坚持用马克思主义引导和整合各种社会思潮，牢牢掌握意识形态领域的主动权和话语权。列宁曾指出："沿着马克思理论的道路前进，我们将愈来愈接近客观真理（但决不会穷尽它）；而沿着任何其他的道路前进，除了混乱和谬误之外，我们什么也得不到。"[2]马克思主义作为人类历史上最科学、最先进、最严密的思想体系，是我们党的立党之本，决定着社会主义核心价

---

[1] 中共中央关于构建社会主义和谐社会若干重大问题的决定[N].人民日报，2006-10-19（1）.

[2] 中共中央马克思恩格斯列宁斯大林著作编译局（简称为编译局）.列宁选集：第2卷[M].北京：人民出版社，1995：103-104.

值体系的方向和性质。毛泽东思想、邓小平理论、"三个代表"重要思想以及科学发展观是马克思主义基本原理同中国社会主义实践相结合的产物,是中国化的马克思主义。因此,社会主义核心价值体系的建设,最根本的就是坚持马克思主义的指导地位,坚持用马克思主义基本原理以及马克思主义中国化的最新理论成果来武装全党、教育人民,推进马克思主义中国化、时代化、大众化,只有这样,才能保证社会主义意识形态的正确方向以及和谐文化建设的顺利进行。

2. 中国特色社会主义共同理想是社会主义核心价值体系的主题

中国特色社会主义共同理想就是坚持中国共产党领导,走中国特色社会主义道路,实现中华民族的伟大复兴。鸦片战争以来一百多年的历史充分证明,中国共产党的领导和中国特色社会主义道路是历史和人民的选择,只有中国特色社会主义才能发展中国。中国共产党领导全国各族人民通过不断的、艰辛的探索和奋斗,改变了中国近代以来积贫积弱、备受列强欺凌的状态,取得了社会主义现代化建设的瞩目成就,综合国力和国际地位明显提高,人民的生活发生了翻天覆地的变化。可以说,中国特色社会主义道路既是实现社会主义现代化和中华民族伟大复兴的必由之路,也是创造人民美好生活的必由之路,这个共同理想反映了中国共产党和中国各族人民最核心的价值追求,符合我国社会主义初级阶段发展的客观要求,将党在社会主义初级阶段的目标、国家富强、民族复兴与个人的发展紧密结合起来,把社会各个阶层、利益群体的共同理想和要求有机联系起来,具有广泛的社会共识与强大的感召力、凝聚力,是全民族的精神纽带和支柱。

习近平同志在2012年11月29日参观《复兴之路》展览时强调,

实现中华民族伟大复兴，就是中华民族近代以来最伟大的梦想。习近平同志关于中国梦的深情阐述，激发着中华儿女走向伟大复兴的新的自觉，激励着中国人民面向未来开拓进取。我们应紧密结合中国特色社会主义成功实践，通过形势政策教育、国情教育、革命传统教育、改革开放教育、国防教育等方式，从理论和实践结合上对各类社会热点难点问题做出有说服力的回答，引导干部群众在重大思想理论问题上划清是非界限、澄清模糊认识，自觉抵制各种错误和腐朽思想影响，坚定广大干部群众对中国特色社会主义的信心和信念。"只要我们不动摇、不懈怠、不折腾，坚定不移地推进改革开放、坚定不移地走中国特色社会主义道路，就一定能够胜利实现我们的宏伟蓝图和奋斗目标。"[1]

3. 民族精神和时代精神是社会主义核心价值体系的精髓

在五千多年的发展历程中，中华民族形成了以爱国主义为核心的团结统一、爱好和平、勤劳勇敢、自强不息的伟大民族精神，这是维护国家团结统一、鼓舞人民奋发进取、赢得民族独立的力量源泉，是中华民族生生不息、薪火相传的精神支撑。中国共产党在领导各族人民进行革命、建设和改革的伟大实践中，形成了井冈山精神、长征精神、延安精神、抗战精神、西柏坡精神、沂蒙精神、雷锋精神、"两弹一星"精神、大庆精神、抗洪精神、抗击"非典"精神、载人航天精神、抗震救灾精神、北京奥运精神、上海世博精神等。这些精神是伟大的中华民族精神的发扬光大，是中华民族长期形成的民族精神在现当代历史中震撼人心的新表现，已成为全国

---

[1] 胡锦涛.胡锦涛在纪念党的十一届三中全会召开30周年大会上的讲话[N].人民日报，2008-12-19（1）.

各族人民团结一心、共同奋斗的精神动力与价值取向。同时，在新的历史时期，中华民族要实现二〇二〇年全面建成小康社会的宏伟目标和民族伟大复兴的中国梦，以崭新的姿态屹立于世界民族之林，还必须坚持以改革创新为核心的时代精神。"创新是一个民族进步的灵魂，是一个国家兴旺发达的不竭动力"。[1]以改革创新为核心的时代精神，是马克思主义与时俱进的理论品质、中华民族自强不息的思想品格与中国特色社会主义建设实践相结合的伟大成果，是我们党永葆生机的源泉，也是推进社会主义现代化建设发展的直接动力。民族精神和时代精神二者相辅相成，共同服务于中国特色社会主义共同理想的实现。

4. 社会主义荣辱观是社会主义核心价值体系的基础

荣辱观是人们对荣誉和耻辱的根本看法和态度，社会主义荣辱观是对与中华民族传统美德相承接、与社会主义市场经济相协调、与优秀革命道德与时代精神相结合的社会主义思想道德体系全面性、大众化的概括与阐述，反映了马克思主义世界观、人生观、价值观的重要内容，旗帜鲜明地指出在社会主义社会里，应当坚持什么、反对什么，倡导什么、抵制什么。同时，社会主义荣辱观还将思想道德的先进性要求与广泛性要求有机统一起来，把新时期社会主义的道德要求贯穿于社会生活各个领域之中，为全体社会成员分清是非荣辱，明辨善恶美丑，确定正确的价值取向和道德选择提供了基本准则与行为规范。总之，社会主义荣辱观明确了人们在社会生活中应该遵循的社会道德底线，有利于不同层次、不同领域、不同利益的人们树立正确的人生态度，形成良好的社会道德风尚，实

---

[1] 江泽民.江泽民文选：第3卷[M].北京：人民出版社，2006：103.

现人际关系的和谐发展，是社会文明程度的重要标志，也是构建社会主义和谐社会的精神支柱。

社会主义核心价值体系这四个方面，相互联系、相互贯通，科学严谨、完整系统。其中，马克思主义指导思想解决了举什么旗的问题，是整个社会主义核心价值体系的灵魂与理论基础；中国特色社会主义共同理想解决了走什么道路的问题，是社会主义核心价值体系的主题；民族精神、时代精神以及社会主义荣辱观共同解决了人们应具备什么样的精神面貌、道德观念和行为规范的问题，是社会主义核心价值体系的精髓与基础。这四个方面集中体现了社会主义意识形态的本质属性，构成了一个有机统一的整体。

加强社会主义核心价值体系建设，一项基础性工作就是培育和践行社会主义核心价值观。党的十八大报告提出，要"倡导富强、民主、文明、和谐，倡导自由、平等、公正、法治，倡导爱国、敬业、诚信、友善，积极培育和践行社会主义核心价值观"[1]。这与中国特色社会主义发展要求相契合，与中华优秀传统文化和人类文明优秀成果相承接，是我们党凝聚全党全社会价值共识做出的重要论断。2013年12月23日，《关于培育和践行社会主义核心价值观的意见》正式向社会发布，这是党的历史上第一次就核心价值观建设出台重要文件，在党的宣传思想文化工作发展历程中具有里程碑意义。

---

[1] 中国共产党第十八次全国代表大会文件汇编[M]. 北京：人民出版社，2012：29.

1.1.2 社会主义核心价值体系的特征

社会主义核心价值体系是社会主义意识形态的本质体现，决定着社会意识的性质和方向。因此，社会主义核心价值体系作为社会主义的内在精神，区别于其他任何社会形态的核心价值体系，体现出中国特色社会主义经济、政治、文化等各方面的根本属性，具有自己独特的本质特征。

1. 科学性与阶级性的统一

社会主义核心价值体系是一个逻辑严谨、层次分明的整体系统，其中指导思想、共同理想、民族精神、时代精神和社会主义荣辱观等基本内容相互贯通，共同构成社会主义核心价值体系的科学体系。这个科学体系以马克思主义理论为指导，以我国社会主义初级阶段的基本国情和发展规律为现实基础，体现了最广大人民群众的根本利益和价值取向，蕴含着以人为本、科学发展和构建社会主义和谐社会的要求，具有鲜明的科学性和先进性。

同时，正如马克思恩格斯所说："统治阶级的思想在每一个时代都是占统治地位的思想。……占统治地位的思想不过是占统治地位的物质关系在观念上的表现。"[1]我国是人民民主专政的社会主义国家，中国共产党是执政党，因此，社会主义核心价值体系作为社会主义主流意识形态的本质体现，必然反映出社会主义的经济、政治、文化等各方面的特征，具有鲜明的阶级性。

2. 主导性与包容性的统一

随着改革开放和社会主义市场经济的日益发展，各种社会思潮

---

[1] 编译局.马克思恩格斯选集：第1卷[M].北京：人民出版社，1995：98.

和文化观念对我国社会的影响日益扩大，人们思想活动的独立性、选择性、多变性和差异性进一步增强，社会价值取向和人们道德观念呈现出多样化的发展趋势。但是，在任何一个阶级社会中统治阶级的思想意识与价值取向必然占支配地位。社会主义核心价值体系体现了中国共产党领导的各族人民群众的共同理想信念和价值追求，代表着先进文化的发展方向，决定着社会主义意识形态的性质和方向。因此，一方面，应坚持用社会主义核心价值体系引领社会思潮，既尊重差异、包容多样，又有效抵制各种错误观念和腐朽思想，确保社会主义核心价值体系在社会价值观念体系中的主导地位；另一方面，应在坚持社会主义核心价值体系主导性的同时，承认并尊重社会思想和个人价值追求的多样性，促进意识形态领域的有序化发展。

3. 先进性与广泛性的统一

社会主义核心价值体系的建设是把党在社会主义初级阶段的奋斗目标、国家的发展与全国各族人民的共同理想紧密联系起来，是把党实现共产主义的最终目标与我国现实的基本国情紧密联系起来，使之成为感召和激励人们为实现中华民族伟大复兴的中国梦而奋斗的精神支撑。可以说，社会主义核心价值体系是我国社会主义现代化建设发展进程中对社会价值追求、道德理想以及社会发展目标的总体概括，它反映了中国社会发展进步的前进方向和客观规律，无疑具有鲜明的先进性。同时，作为在全社会占主导地位的社会主义核心价值体系，所倡导的是社会主流的价值观念和主导的价值认同，包含着"每个人的自由而全面的发展"之意，表达了广大人民的共同愿望，并且经过中国共产党领导各族人民进行社会主义现代化建设的实践检验证明，能够代表最广大人民群众的根本利益，具有强大的亲和力和凝聚力，为社会各个阶层所普遍认可和接受，因而它也具有鲜明的广泛性。

4. 继承性与创新性的统一

任何一种社会意识形态都不是凭空产生的。社会主义核心价值体系科学传承了中国五千年传统文化的精髓，发扬了中国共产党领导各族人民进行社会主义革命和建设过程中的优良传统，秉承了马克思主义理论的精神实质，是基于社会主义初级阶段现实国情，对我国悠久历史传统和革命传统的继承。同时，正如马克思指出："每一历史时代的经济生产以及必然由此产生的社会结构，是该时代政治和精神的历史基础。"[1] 社会主义核心价值体系是我们党对新形势下思想文化建设提出的一项重大任务，是和谐文化建设与科学发展的主旋律，随着中国特色社会主义现代化建设实践的不断推进，世界经济、政治、文化环境的日益变化，社会主义核心价值体系在保持其继承性和稳定性的同时，表现出极大的开放性和创新性，其内涵也将随着社会实践而不断丰富与发展，为全体人民始终保持昂扬向上的精神状态提供源源不断的力量源泉。

1.1.3 社会主义核心价值体系的功能

现阶段，我国经济制度、组织形式、利益结构以及人们的就业方式、价值取向、思想观念都发生着深刻变化，各种社会思潮和文化观念互相交织，人们的思想道德出现多样多元多变的新情况。在新形势下，建设社会主义核心价值体系并充分发挥其应有功能，具

---

[1] 编译局. 马克思恩格斯选集：第1卷[M]. 北京：人民出版社，1995：232.

有极强的理论和现实意义。

1. 整合和创新功能

社会主义核心价值体系的科学性、包容性、继承性与创新性等特征决定了它具有极大的统筹整合的功能。一方面，社会主义核心价值体系既坚持马克思主义科学的世界观和方法论，又广泛吸收人类优秀文明成果，将社会主义制度的特质与人们的价值观念相统一，涵盖了社会主义经济、政治、文化等各个方面的内容，蕴含着中国特色社会主义理论体系的本质属性、丰富内涵、价值意义，是对中华优秀传统文化、中国社会主义建设实践与我们党丰富执政经验的提升与总结。另一方面，价值观是人们在实践活动中形成的对事物价值的客观反映与评价，具有鲜明的主观性、个体差异性和多样性。社会主义核心价值体系承认社会文化的多样性，体现"以人为本"的特色，使现阶段我国社会不同群体和阶层的多样性精神文化需求与价值追求能够达成广泛的共识，体现了最广大人民群众的根本利益与建设和谐文化的本质，具有先进性与广泛性相结合的特点。

同时，社会主义核心价值体系又是一个发展开放的理论体系，它是在中国特色社会主义伟大实践中形成的，也必将随着时代的发展与社会主义建设实践的推进而不断充实完善，尤其是其中包含的以改革创新为核心的时代精神也对社会主义核心价值体系自身的不断发展与丰富提出了内在需求。加强社会主义核心价值体系建设作为我们党在思想文化建设上的一个重大理论创新，作为我们党对新形势下思想文化建设提出的一项重大任务，也必将推动社会意识形态领域及经济、文化等各方面的科学发展。

只有尊重差异、包容多样、与时俱进、不断创新，推动社会利益整合，关注人们思想变化，最大限度地增强群体的认同感，形成社会思想共识,才能使社会主义核心价值体系既能引领先进文化的前进方向,又能反映社会发展进步的要求,从而形成全民族团结和睦、奋发向上的精神力量。

2. 凝聚和保障功能

社会主义核心价值体系是构建和谐文化的根本,是激发各族人民凝聚力和创造力的重要源泉,有助于提高国家文化软实力,使人民基本文化权益和中国特色社会主义建设事业发展得到更好保障。

首先,建设社会主义核心价值体系有利于形成全民族奋发向上的精神力量和团结和睦的精神纽带。江泽民指出:"我们必须坚持用马克思列宁主义、毛泽东思想、邓小平理论,用爱国主义、集体主义、社会主义思想,作为凝聚和团结全党全国人民的坚强精神支柱,并确立建设有中国特色社会主义共同理想。"[1]无论是在革命战争年代还是在改革开放进程中,我们党都坚持用先进的思想文化来引领人们自觉践行正确的世界观、人生观、价值观,增强中华民族的凝聚力,唯有如此,才能使我们民族以独立的国格屹立于世界民族之林。社会主义核心价值体系靠马克思主义这一在中国革命、建设和改革实践中得到充分证明的科学理论来指导人,靠渗透到人民群众中、代表广大人民群众利益并得到广泛认同的中国特色社会主义共同理想凝聚人,靠中华民族优秀传统以及改革开放以来我国所取得的显著成就、所形成的具有时代特征的创新精神来增强民族自尊心、自豪感,靠中国共产党的正确领导以及持之以恒反腐倡廉、为民谋利的决心来赢得人民的信赖,靠不断充实发展来增强社会主义核心价值体系的合理性与凝聚力。通过建设社会主义核心价值体

---

[1] 江泽民.江泽民文选:第3卷[M].北京:人民出版社,2006:199.

系，可以丰富人民精神世界，增强人民精神力量。

其次，建设社会主义核心价值体系是坚持意识形态领域社会主义性质和方向的可靠保障，是调动人们社会主义积极性和创造性的可靠保障。社会主义核心价值体系是在中国特色社会主义建设实践中形成发展的，贯穿于社会经济、政治、文化之中，体现了社会全体成员基本的、长远的、共同的利益。动摇了马克思主义的指导地位，就动摇了中国特色社会主义建设的理论根基与全国人民团结奋斗的精神基础，西方社会错误思潮、封建腐朽思想意识就会乘虚而入，造成意识形态领域的混乱；而社会主义荣辱观是建设良好社会风气和新型人际关系的根本，是人们在社会生活中应该遵循的基本道德规范。改革开放和市场经济的发展，在提高人民生活水平的同时也伴随着拜金主义思想、享乐主义思想、见利忘义、不讲诚信等一些负面效应，应当说，许多新的自发性的观念并不全都是科学合理的。只有当人民从切身利益上把握社会主义核心价值体系的内涵，理解党的各项方针政策，站在全民族的角度用时代的眼光看待我国发展中出现的问题，才能激发出自己建设社会主义事业的积极性和创造性，自觉维护我国政治的稳定，推进市场经济良好秩序的建立以及文化的健康发展。

3. 导向和调节功能

社会主义核心价值体系的导向和调节功能是指运用启发、教育、引导等方式，促使人们的思想和行为符合社会发展的基本要求。

首先，社会主义核心价值观体系具有突出的导向和引领功能，它旗帜鲜明的地告诉广大人民群众，当今中国要"举什么旗、走什么路、以什么样的精神状态、朝着什么样的发展目标继续前进"。它为人们的活动确定方向，使人们的活动沿着正确的方向逐步达到预期目标或目的。[1]其次，它具有内在的多层次性和包容性，能够着眼全面建成小康社会的新实践，顺应人民群众的新期待，因此，社会主义核心价值体系的建设有利于其在百花齐放、百家争鸣的文化背景下，将党的路线、方针、政策及时有效地宣传给广大人民群众，并帮助人们形成正确的价值观念，在面对社会主义发展道路上出现的困难或问题时，把人们的思想引向积极、健康、向上的方向。

此外，改革开放带来了新旧制度的交替，也带来了新旧观念的冲突，当人们在社会生活中出现了矛盾与利益冲突时就会表现出思想观念内部冲突，产生情绪变化。社会主义核心价值体系是和谐社会、和谐文化等和谐理念的集中体现，建设社会主义核心价值体系就是要包容多种价值追求，调节人们相互关系，有效促进全社会公正、合理、和谐利益关系的形成，在多样化的思想观念、价值追求和文化理念中寻求能够反映我国最广大人民群众的共同愿望、利益和要求，并得到最广泛认同和支持且不懈追求的价值体系，把人们的思想和情绪调整到有利于社会主义现代化建设上来。

社会主义核心价值体系是建设和谐文化的根本，是站在历史和现实的高度对当前社会转型期科学、合理的价值论证。可以说，建设社会主义核心价值体系作用于经济、政治、文化和社会生活的各个方面，对于进一步加强社会主义精神文明建设，巩固马克思主义在意识形态领域的指导地位，完善人们在社会实践中的价值观念，提高舆论引导能力，等等，都具有非常重要的理论和现实意义。物质贫乏不是社会主义，精神空虚也不是社会主义，在新的历史起点上推动社会主义文化大发展，深入推进社会主义核心价值体系建设，

---

[1] 韩震.社会主义核心价值体系研究[M].北京：人民出版社，2007：78.

把我国建设成为社会主义文化强国，是实现全面建成小康社会奋斗目标的应有之义。

1.2 "六个为什么"阐释

1.2.1 "六个为什么"的确立依据

恩格斯指出："现代社会主义……就其理论形式来说……和任何新的学说一样，它必须首先从已有的思想材料出发，虽然它的根源深藏在物质的经济的事实中。"[1] "六个为什么"是社会主义制度体系与价值体系的集中体现，它的确立与科学回答必然需要以马克思主义的科学体系以及中国特色社会主义建设的伟大实践为依据。

1. "六个为什么"确立的理论依据

第一，以完整准确的马克思主义为根本理论指导。马克思主义的基本理论，包括马克思主义的哲学、政治经济学和科学社会主义三个重要组成部分，用完整准确的马克思主义科学体系来指导对"六个为什么"的科学回答，就是要特别注重以马克思主义的科学世界观和方法论为指导，特别注重完整准确地领会和理解马克思主义的基本原理和精神实质，用科学的态度和发展的眼光看待马克思主义。具体来说，马克思主义理论体系中社会存在和社会意识辩证统一关

---

[1] 编译局.马克思恩格斯选集：第3卷[M].北京：人民出版社，1995：719.

系原理、政治与经济辩证关系原理、科学社会主义揭示的资本主义必然灭亡,社会主义必然胜利的社会历史发展总趋势、对社会主义社会的未来展望以及东方社会发展理论等社会形态理论,都从不同角度揭示了社会历史发展的道路问题。比如,马克思、恩格斯在《德意志意识形态》《〈政治经济学批判〉序言》以及《资本论》中都论述了社会形态发展理论,并指出了社会生产力是社会形态更替的根本动力,与此同时,他们也认识到了东西方社会结构的不同,并认同社会历史发展的多样化,形成了东方社会发展理论体系;关于生产资料所有制,马克思、恩格斯认为,"共产主义的特征并不是要废除一般的所有制,而是废除资产阶级的所有制"[1],并在《资本论》中通过对资本主义大生产的客观规律予以分析,得出无产阶级要通过社会主义革命建立生产资料公有制的结论;马克思、恩格斯在《共产党宣言》中全面阐述了关于无产阶级政党的领导,等等,这些都使人们从理论上懂得为什么我们可能而且必须跨越资本主义"卡夫丁峡谷"和怎么跨越的问题,使人们从理论上懂得今天我们坚持实行中国特色社会主义的政治制度、政党制度、经济制度具有现实合理性和历史必然性,为正确确立和科学回答"六个为什么"提供了根本理论指导。

第二,以马克思主义中国化的最新理论成果为现实理论指导。马克思主义只有与我国的基本国情相结合、与时代发展共进步、与人民群众同命运,才能焕发出强大的生命力、创造力和感召力。建党90多年、新中国成立60多年以及改革开放30多年来我们党的全部理论和实践经验归结起来就是,坚持马克思主义的思想路线,

---

[1] 编译局.马克思恩格斯选集:第1卷[M].北京:人民出版社,1995:286.

"创造性地探索和回答了什么是马克思主义、怎样对待马克思主义，什么是社会主义、怎样建设社会主义，建设什么样的党、怎样建设党，实现什么样的发展、怎样发展等重大理论和实际问题"[1]。坚持并发展了党的基本理论、基本路线、基本纲领、基本经验，开辟了当代中国马克思主义发展的新境界。毛泽东思想、邓小平理论、"三个代表"重要思想以及科学发展观等重大战略思想在内的科学理论体系，凝结着几代中国共产党人带领人民群众不断进行革命、建设和改革的伟大实践探索的智慧和心血，其中人民民主专政理论、社会主义革命和建设规律问题、社会主义初级阶段基本路线、社会主义本质论以及坚持改革开放等一系列相关理论囊括了党的基本理论、基本路线、基本纲领、基本经验，既是对共产党执政规律、社会主义建设规律以及人类社会发展规律的认识，也是继续把社会主义现代化事业推向前进的法宝，为正确确立和科学回答"六个为什么"提供了现实理论指导。

第三，以社会主义核心价值体系为直接理论指导。社会主义核心价值体系是立足于社会主义经济基础之上的社会主义意识形态的本质体现，涉及经济、政治、文化等社会生活的各个方面。其中，马克思主义指导思想以及马克思主义中国化最新理论成果居于统领地位，是对人类社会发展规律以及中国特色社会主义建设实践规律的科学反映；中国特色社会主义共同理想是符合我国经济基础和上层建筑发展的客观要求，并有着广泛社会共识的关于国家、民族发展的价值追求；民族精神和时代精神是社会主义共同理想这种价值

---

[1] 胡锦涛.胡锦涛在纪念党的十一届三中全会召开30周年大会上的讲话[N].人民日报，2008-12-19（1）.

追求的不竭动力；而社会主义荣辱观则规定了每一个社会主义公民的思想道德选择和行为价值取向。这四个方面相互联系、相互贯通，并以其特有的深刻内涵和实践要求，明确表明了在社会发展的各个领域、各项关系和各种问题上的正确的价值导向。"六个为什么"的正确确立和科学回答必然要以社会主义核心价值体系为直接理论指导。

2."六个为什么"确立的现实依据

第一，从国际背景来看，经济全球化、政治多极化以及文化多样化发展是世界各国共同面临的机遇与挑战。从20世纪70年代开始，随着世界经济政治格局的深刻变化以及中国融入世界程度的日益加深，西方敌对势力对我国进行"西化"、"分化"的步伐进一步加快，他们长期以来从未放弃对我国进行意识形态的渗透，"中国威胁论"、"颜色革命"背后所隐藏的是使中国走上资本主义道路，成为他们主导世界的附庸等不可告人的目的。这些年，一些西方资本主义国家大肆兜售新自由主义、鼓吹宪政民主、宣扬"普世价值"等思想理论与社会思潮，使得社会上一些人尤其是青年学生，在缺乏理论修养和社会实践的条件下，很容易陷入"只见树木，不见森林"的困境之中。同时，互联网等新媒体的发展又为西方敌对势力传播其思想价值、政治模式、文化理念以及文化产品，传播反马克思主义的思想理论带来了便利条件。应该说，当今时代，经济全球化、政治多极化、文化多样化以及科学技术革命浪潮迅猛发展，已经构成世界形势发展的新特点。如何纠正国内外关于"中国模式"或"中国经验"、"中国道路"的片面认识，抵制各种错误思潮对人民群众尤其是青少年的不良影响，使中华民族在复杂多变的国际环境中，始终坚持以独立的姿态屹立于世界民族之林等等，这些都是时代发展对确立"六个为什么"提出的新命题。

第二，从国内环境来看，改革开放和社会转型是"六个为什么"确立的时代背景。当前，我国已经进入改革开放和社会转型的关键时期。一方面，新中国成立特别是党的十一届三中全会召开以来，社会主义中国的面貌发生了翻天覆地的变化，综合国力不断增强，人民的物质文化生活水平不断提高，国际地位不断提升，全民族思想观念和道德水准也有了明显进步，中国特色社会主义不仅得到了我国最广大的人民群众的支持，也受到了全世界的高度关注；另一方面，我们还应该看到，随着经济体制深刻变革，社会结构深刻变动，利益格局深刻调整，人们的思想观念及生活方式都发生了深刻变化，各种社会矛盾日益增多、日益凸显，各种思想文化相互交织、相互激荡。这种广泛而深刻的社会变革，给我国发展进步带来巨大活力的同时，也给人们的价值观念和思想道德带来了空前的冲击。当人们面对大量西方文化思潮和价值观念的冲击，面对各种甚嚣尘上的"资本主义化"论调时，这些腐朽没落的价值观念难免会让一些人产生疑惑、误解，甚至迷失方向。为了统一思想认识，形成全民族奋发向上、团结和睦的精神纽带，党中央提出了建设社会主义核心价值体系的重大战略任务。"六个为什么"就是在这种形势下应运而生的。

1.2.2 "六个为什么"的科学回答

1. 为什么必须坚持马克思主义在意识形态领域的指导地位，而不能搞指导思想的多元化

马克思主义指导地位的确立是历史和人民的选择，它是完全被

实践证明了的符合我国国情的科学真理。首先，马克思主义坚持辩证唯物主义和历史唯物主义的观点，用生产力和生产关系的矛盾运动科学分析了社会历史的发展规律，并把人的自由而全面发展作为社会历史发展的归宿，是发展着的科学体系。其次，在中国人民争取民族独立和人民解放的历程中，先进的中国人曾经尝试过西方各种思想理论，如改良主义、社会达尔文主义、无政府主义、自由主义、实用主义、民粹主义等等，但都没有能够解决中国的问题，直至十月革命的一声炮响，为我们送来了马克思主义，马克思主义一经同中国的具体实际相结合，就焕发出强大的生命力。在马克思主义指导下，中国共产党带领中国人民推翻了三座大山，建立了新中国，并根据中国社会主义实践的发展，产生和形成了中国特色社会主义理论体系。改革开放 30 多年来的丰硕成果，无不证明了马克思主义的科学性和真理性，证明了马克思主义是符合中国特色社会主义发展规律的指导思想。再次，我国是工人阶级领导的人民民主专政的社会主义国家，是以公有制为主体的社会主义国家，我国的国家性质及经济基础决定了能代表最广大人民群众根本利益的马克思主义的指导与支配地位，决定了我们需要以马克思主义为我国社会科学的繁荣发展提供世界观与方法论的理论指导，引领社会思潮的发展方向，而不能搞指导思想多元化。最后，在改革开放的实践中，我们应该坚持解放思想和实事求是的统一，把马克思主义从错误的、教条式的理解中以及主观主义和形而上学的桎梏中解放出来，把马克思主义同我国的实际国情相结合，坚持马克思主义中国化、时代化、大众化的正确方向，认清新自由主义、西方宪政民主、"普世价值"等一系列错误思想观念的本质，不断开辟马克思主义发展的新境界。

2. 为什么只有社会主义才能救中国，只有中国特色社会主义才能发展中国，而不能搞民主社会主义和资本主义

邓小平指出："中国搞现代化，只能靠社会主义，不能靠资本主义。历史上有人想在中国搞资本主义，总是行不通。我们搞社会主义虽然犯过错，但总的说来，改变了中国的面貌。"[1]回顾近代以来中国发展的历程，我们可以清楚地看出，中国之所以走上社会主义的道路，是由当时的经济、政治、文化等时代条件所决定的。一个半世纪以前，中国逐步沦为半殖民地半封建国家，屡遭帝国主义列强的欺凌，许多爱国的仁人志士历经千辛万苦，向西方寻找救国图强之路，进行了多种尝试，保皇与变革的斗争、革命与改良的斗争，以及中体西用与西体中用之争，[2]但戊戌变法、辛亥革命以及各类变革斗争最终都未能使中国人民走向革命的胜利。与此同时，中国共产党提出的改造旧中国、开辟新道路的政治、经济主张以及当时社会主义国家苏联在20世纪30年代金融危机中坚挺的表现都使得社会主义的吸引力日益增强。而中国共产党作为无产阶级的先锋队，是当时革命的领导者，必然将革命引向社会主义方向。可以说，是近代中国历史的发展使中国选择了社会主义道路。

从社会主义制度建立伊始，我们党就进行了艰辛探索。在深刻总结正反两方面经验教训的基础上，邓小平在党的十二大上提出了"建设有中国特色的社会主义"的重大命题。30多年来，我们党

---

[1] 邓小平. 邓小平文选：第3卷[M]. 北京：人民出版社，1993：229.

[2] 陈先达. 中华民族的复兴之路——为什么只有社会主义才能救中国，只有中国特色社会主义才能发展中国，高校学者解读"六个为什么"教育部社会科学司[M]. 北京：高等教育出版社，2009：57.

带领中国人民在中国特色社会主义的道路上昂首阔步，彻底改变了我国经济社会比较落后的状况，人民生活水平实现了历史性跨越，中国在世界上的地位不断提高，经受住了东欧剧变、苏联解体的严峻考验，成功举办了奥运会、残奥会、世博会，沉着应对了国际金融危机的冲击，战胜了汶川、玉树等特大自然灾害，中国特色社会主义道路赢得了中国人民的高度认同和世界各国的密切关注。党的十八大后，以习近平同志为总书记的新一届中央领导集体站在新的历史起点，提出并深刻阐述了实现中华民族伟大复兴中国梦的思想，为坚持和发展中国特色社会主义注入了新的内涵。

3. 为什么必须坚持人民代表大会制度，而不能搞"三权分立"

人民代表大会制度是我国的根本政治制度，是同我国国情与国体相适应的组织形式，是实现人民当家做主的根本保证。邓小平指出："我们评价一个国家的政治体制、政治结构和政策是否正确，关键看三条：第一是看国家的政局是否稳定；第二是看能否增进人民的团结，改善人民的生活；第三是看生产力能否得到持续发展。"[1]我国是人民当家做主的社会主义国家，广大人民群众的根本利益是相同的，但13亿人民不可能直接管理国家，因此，必须借助于一定的组织形式来实现对国家的管理，这就是以民主集中制为原则的人民代表大会制度。全国人民代表大会和地方各级人民代表大会都由民主选举产生，对人民负责，受人民监督。随着社会主义民主政治建设的不断完善与中国特色社会主义法律体系的基本形成，人大监督的工作体制也更加规范化、程序化，人民代表大会制度更具广泛性与有效性。西方"三权分立"、两院制的国家政体

---

[1] 邓小平.邓小平文选：第3卷[M].北京：人民出版社，1993：213.

与我国人民代表大会制度有着本质上的区别，它们是适合资产阶级专政国家的国体要求，维护的是资产阶级的权利，西方的国家政体从参加人员、组织形式到国家机关间的关系都与我国人民代表大会制度不同，搞"三权分立"必然动摇人民民主政治的根基。因此，在中国特色社会主义政治发展道路上，我们要积极借鉴人类政治文明有益成果，但决不照搬西方的那套政治制度模式，必须坚持党的领导、人民当家做主、依法治国的有机统一，推动人民代表大会制度与时俱进。

4.为什么必须坚持中国共产党领导的多党合作和政治协商制度，而不能搞西方的多党制

辛亥革命后，中国曾效仿西方，实行多党制和议会制度，但最终党派之争导致社会矛盾激化，政治动荡，国家陷入纷乱之中；随后，国共两党也曾进行过两次国共合作，共产党和各民主党派曾多次主张实行多党政治协商，但由于蒋介石推行"一个主义、一个政党、一个领袖"的政策，最终在经历反复的探索实践后，各民主党派和中国人民选择和接受了中国共产党的领导。可以说，以中国共产党为核心领导是中国人民在新民主主义革命的伟大斗争以及反抗帝国主义、封建主义和官僚资本主义的斗争中做出的顺应时代发展潮流的选择，而中国社会主义建设的稳定与发展也必须依靠中国共产党这个坚强的领导核心，胡锦涛同志在党的十八大报告中提出建设学习型、服务型、创新型的马克思主义执政党，是新时期党赋予全心全意为人民服务这一根本宗旨的新的时代内涵，更是确保党始终成为中国特色社会主义事业坚强领导核心的保障。与此同时，中国共产党与各民主党派既亲密合作又互相监督，长期以来坚持"长期共存、互相监督、肝胆相照、荣辱与共"的方针政策。人民政协

成立60多年来，充分发挥各民主党派、社会阶层、人民团体的民主积极性，促进执政党决策民主化，推动了社会政治民主的发展。历史证明，西方的多党制在中国行不通，经济是政治的基础，西方资本主义国家与我国的基本经济制度的不同从根本上决定了我们应坚持和完善中国共产党领导的多党合作和政治协商制度，而不能搞西方的多党制，西方的多党制不可能实现长期稳定的发展，也不可能在我国发展的黄金期、改革的攻坚期、矛盾的凸显期形成全体人民的共同意志。因此，任何时候、任何情况下，我们都必须牢记："中国由共产党领导，中国的社会主义现代化建设事业由共产党领导，这个原则是不能动摇的；动摇了中国就要倒退到分裂和混乱，就不可能实现现代化。"[1]

5. 为什么必须坚持公有制为主体、多种所有制经济共同发展的基本经济制度，而不能搞私有化和单一公有制

将公有制为主体、多种所有制经济共同发展的基本经济制度作为我国社会主义初级阶段的基本经济制度，是由社会主义本质属性和我国初级阶段的基本国情所决定的。首先，坚持公有制经济为主，非公有制经济共存是历史的选择。无论是旧中国的多种私有制经济并存，还是新中国成立后片面追求的"一大二公"、"纯而又纯"的经济制度，都没能使中国的经济走向繁荣昌盛。改革开放以后，我国由计划经济转向社会主义市场经济，市场经济逐步与社会主义公有制相结合，有效地增强了市场资源优化配置的能力，防止了垄断的出现，使社会主义经济充满活力。其次，坚持公有制经济为主，非公有制经济共存是符合我国国情的。公有制的主体地位是

---

[1] 邓小平.邓小平文选：第2卷[M].北京：人民出版社，1994：267-268.

由社会主义制度决定的，没有公有制就没有社会主义，许多国家的实际也证明私有制并不是包治百病的良方。同时，我国人口多、底子薄、生产力发展不平衡的特点决定现阶段实行单一公有制是不符合我国国情的，不利于调动各方面的积极性发展社会主义生产力。在2008年国际金融危机下，中国经济保持了9%的增长速度，对世界经济增长的贡献超过20%。[1] 此外，我国还积极寻求深化国有企业改革和集体企业改制的有效途径，创新公有制经济的实现形式，公有制与非公有制经济都得以迅速发展，逐步形成公有制、混合所有制、非公有制经济三位一体的所有制结构。实践证明，发展公有制经济必须立足于生产力发展水平，是符合我国的社会主义性质和初级阶段的基本国情的。积极推动各种所有制经济相互促进、共同发展，是坚持和完善我国社会主义初级阶段基本经济制度的一项重要任务。[2]

6. 为什么必须坚持改革开放不动摇，而不能走回头路

1976年10月粉碎"四人帮"之后，我国广大干部群众强烈要求纠正"文化大革命"的错误，彻底扭转十年内乱造成的局势，但这一愿望受到了严重阻碍，而与此同时，经济与科技的快速发展，使落后的中国必须做出历史的抉择。在邓小平等老一辈革命家支持下，党的十一届三中全会果断停止"以阶级斗争为纲"的口号，决

---

[1] 新华网——中国经济2008年对于世界经济增长的贡献超过20%［EB/OL］、［2009-1-22］http://news.xinhuaet.Com/video/2009-01/22/content_10701211.html.

[2] 国务院研究室课题组.在实践中坚持和完善我国的基本经济制度［M］//人民日报理论部.人民日报系列解答理论文章（一）"六个为什么".北京：人民日报出版社，2009：122.

定把党和国家工作中心转移到经济建设上来,实行改革开放伟大决断,标志着党重新确立了马克思主义的思想路线、政治路线、组织路线,党带领各族人民开始了有步骤的社会主义现代化建设进程,社会主义民主法制、党和国家领导体制以及国家各项事业得以逐步健全和蓬勃发展。30多年来,我们党在实践中及时了解新情况,认真解决新问题,不断总结新经验,始终坚持"十个结合"的原则,形成了中国特色社会主义的理论体系,经历和战胜了各种严峻考验和挑战,通过不懈努力,党和国家各项事业取得举世瞩目的伟大成就,13亿中国人民的生活奔向富裕安康。虽然在改革开放的进程中,出现了这样或那样的问题,值得我们注意和重视,但改革开放的方向和道路是完全正确的,"开弓没有回头箭",我们必须坚持改革开放不动摇,坚决不能走回头路。走回头路,就意味着回到封闭僵化和停滞落后,意味着离开以经济建设为中心,意味着死路一条。习近平同志强调,改革开放"是大势所趋、人心所向,停顿和倒退没有出路"。因此,我们应继续坚持改革开放的方针政策,坚定不移地走改革开放伟大道路,不动摇、不懈怠、不折腾,用发展的眼光看问题,以更大的勇气和智慧全面深化改革开放,在改革开放的深化中解决前进中的问题,完善适合我国国情的发展道路和发展模式,努力开创中国特色社会主义伟大事业的新局面。[1]

---

[1] 国务院研究室课题组.在实践中坚持和完善我国的基本经济制度[M]//人民日报理论部.人民日报系列解答理论文章(二)"六个为什么".北京:人民日报出版社,2009.

1.2.3 "六个为什么"的现实意义

"六个为什么"是关于社会主义核心价值体系的六个重大问题，涉及我们党和国家的命运和前途。从思想认识的深层次上深化对"六个为什么"的理解，对我们丰富和发展中国特色社会主义理论体系，全面把握中国特色社会主义的内涵，在社会转型期形成统一认识，并使全世界更好地了解中国具有重要的理论意义和实践意义。

第一，"六个为什么"的提出与科学回答有利于丰富和发展中国特色社会主义理论体系，推动社会主义核心价值体系建设。改革开放30多年来，我们党始终坚持解放思想、实事求是、与时俱进、求真务实的原则，不断探索和回答什么是马克思主义、怎样对待马克思主义，什么是社会主义、怎样建设社会主义，建设什么样的党、怎样建设党，实现什么样的发展、怎样发展等重大的理论和实际问题，形成了中国特色社会主义理论体系。在纪念党的十一届三中全会召开30周年理论研讨会上，为扎实推动用中国特色社会主义理论体系武装全党、教育人民，深入学习实践科学发展观，中央领导同志明确要求要深入回答六个与社会主义核心价值体系建设密切相关的重大问题。这"六个为什么"具有鲜明的政治性、时代性与极强的思想性、理论性，是马克思主义基本理论同中国现实情况和时代特征的紧密结合，蕴含了对共产党执政规律、社会主义建设规律、人类社会发展规律和改革开放30多年来的经验的认识与总结，是中国特色社会主义理论体系的具体阐释。因此，科学回答"六个为什么"，有助于我们丰富和贯彻中国特色社会主义理论体系，更好地学习和把握社会主义核心价值体系的内涵与外延，是对当前社会中存在的一些疑惑和杂音的有力回应，是推动用中国特色社会主义理论体系武装全党、教育人民的理论基础。

第二,"六个为什么"的提出与科学回答是确保人们树立和维护社会主义主流意识形态的现实基础。"意识形态领域是和平演变与反和平演变斗争的重要领域。"[1]当前,我们正处于一个新的发展阶段,国内国际形势都发生了深刻变化,人们的思想观念、价值取向呈现出多样化发展的趋势,一些深层次的社会矛盾日益显露,意识形态领域的斗争更加尖锐复杂,包括新自由主义、西方宪政民主、"普世价值"等一些西方错误观点和社会思潮干扰和影响了许多人的正确判断,国内外对马克思主义理论科学性以及社会主义理论正确性的疑问仍然存在,"资本主义化"论调时有所闻、"纯而又纯"公有制理论仍有市场。面对这些关系到党和人民利益的原则性问题,"六个为什么"斩钉截铁地说出了当今中国的"六必须"和"六不能",明确地向世人宣示了中国共产党始终不渝地高举中国特色社会主义伟大旗帜、坚持走中国特色社会主义道路、坚持中国特色社会主义理论体系的决心和信心。[2]它们的科学回答,推动了当代中国马克思主义的不断发展,是对各种错误思潮的有力回击,是维护主流意识形态的现实保证,有助于澄清人们各种模糊认识,增强干部群众贯彻落实科学发展观的自觉性、坚定性,帮助人们在重大原则问题上自觉划清界限,形成思想共识。

第三,"六个为什么"的提出与科学回答能够帮助中国各族人民以及国际社会更加了解中国的发展模式的必然性和正确性,增强

---

[1] 江泽民.在庆祝中国共产党成立70周年大会上的讲话[N].北京:人民日报,1991-07-02(1).
[2] 徐贵相.怎样读《"六个为什么"》[J].时事报告(大学生版)2009(1).21.

人们对中国特色社会主义道路的认同感，促使人们更加积极地投身到中国特色社会主义伟大事业之中。"六个为什么"从理论和实践、历史和现实、国内和国际的结合上，全面准确阐述党和国家的指导思想、发展道路、政治制度、政党制度、经济制度、发展方向等六个当代中国理论和实践中的重大问题，着力把中国特色社会主义理论体系贯穿到社会实践中，使理论更加贴近实际、贴近生活、贴近群众。因此，科学回答"六个为什么"，有利于不同层次文化水平、实践经验、认知能力的人民群众进一步了解中国发展模式的历史必然性与深刻内涵，深刻领会我国现行的各种政治、经济、文化制度是符合我国民意国情的正确抉择，明确中国特色社会主义的前进方向、必由之路和理论指导，由此增强全党全国各族人民对社会主义基本制度的认同感，坚定各族人民群众的社会主义理想信念，并给予国际社会关于中国发展道路的系统、正面的回答。

1.3 社会主义核心价值体系建设与"六个为什么"的关系分析

1.3.1 社会主义核心价值体系为回答"六个为什么"提供理论依据

党的十六届六中全会提出的社会主义核心价值体系这一概念，指的是中国特色社会主义社会的核心价值体系，它既反映社会主义基本的、稳定的社会关系及其价值追求，是社会主义价值体系中最基础、最核心的部分；又反映我国社会主义革命、建设和改革开放历程中逐步形成和发展起来并指导社会主义健康发展的价值目标和价值观念，是对中国特色社会主义经济、政治、文化、思想、社会等领域属性和功能的高度概括，是我们民族长期秉承的反映社会主义本质和建设规律的根本原则和价值观念的理性集结体。[1]准确理解社会主义核心价值体系的概念内涵，可以为"六个为什么"的科学回答提供有力的理论支撑和价值导向。

第一，马克思主义指导思想决定了"六个为什么"的正确政治方向。在党的第十七次全国代表大会上，胡锦涛同志针对我们面临的机遇与挑战，明确提出并强调要加强社会主义核心价值体系建设，指出："社会主义核心价值体系是社会主义意识形态的本质体现。要巩固马克思主义指导地位，坚持不懈地用马克思主义中国化最新成果武装全党、教育人民，不断赋予当代中国马克思主义鲜明的实践特色、民族特色、时代特色。推动当代中国马克思主义大众化。"[2]这就旗帜鲜明地告诉世人当今中国要"举什么样的旗"。马克思主义指导思想在社会主义核心价值体系中居于首要位置并决定"六个为什么"的性质和基本方向，是由其科学性和发展性所决定的，而马克思主义与中国国情和时代特征的结合使其更好地发挥

---

[1] 本刊记者.大力建设社会主义核心价值体系——访中国人民大学伦理学与道德建设研究中心主任、博士生导师吴潜涛教授[J].思想理论教育导刊，2009（5）：4.

[2] 高举中国特色社会主义伟大旗帜 为夺取全面建设小康社会新胜利而奋斗——在中国共产党第十七次全国代表大会上的报告，中国共产党第十七次全国代表大会文件汇编[M].北京：人民出版社，2007：33.

了指导实践的作用，也更具旺盛活力。因此，真正认识马克思主义的科学性，坚持马克思主义在意识形态领域的指导地位，才能从更深层次科学回答和搞明白在中国特色社会主义现代化建设中"为什么要坚持马克思主义的一元化指导地位，决不搞指导思想的多元化"。并运用马克思主义的世界观和方法论分析当今世界和中国实际，把握中国特色社会主义发展道路、政治制度、政党制度、经济制度、发展方向等各方面的深刻内涵与发展规律，促进党和国家事业的健康发展。

第二，中国特色社会主义共同理想决定了"六个为什么"的现实价值基础。坚持马克思主义指导思想，只有同中国特色社会主义共同理想结合起来，才有其现实的价值。在社会主义核心价值体系中，树立中国特色社会主义理想就是同中国共产党领导、社会主义制度、改革开放事业以及全面建成小康社会目标的信念和信心结合在一起的。因此，科学回答"六个为什么"，必须坚持以中国特色社会主义共同理想为现实价值基础。其一，中国特色社会主义共同理想是建立在中国共产党领导各族人民群众进行社会主义革命和建设的实践以及对人类社会发展规律正确认知的基础之上，反映了我国社会主义初级阶段的基本国情，是一切科学理论的现实基础和出发点。其二，中国特色社会主义共同理想是党领导各族人民对祖国及民族美好未来的价值追求，是我国社会主义发展道路、政治制度、政党制度、经济制度的未来目标与方向引导，具有最大广泛性、包容性、代表性，是一切科学理论的落脚点。可以说，中国特色社会主义共同理想从现实的角度为科学回答"六个为什么"奠定了坚实基础。

第三，以爱国主义为核心的民族精神和以改革创新为核心的时代精神是科学回答"六个为什么"的根本要求和精神内核,为"六个为什么"内涵的不断充实提供力量源泉。理想的顺利实现依赖于持续不断的精神支持。中华民族在五千多年的发展历程中形成的以爱国主义为核心的团结统一、爱好和平、勤劳勇敢、自强不息的伟大民族精神,早已深深融入我们的民族意识、民族品格、民族气质之中,成为各族人民团结一心、共同奋斗的道德规范和价值取向。以改革创新为核心的时代精神与民族精神紧密相连,贯穿于整个改革开放和现代化建设实践的过程之中,是马克思主义与时俱进的品格与中华民族开拓进取精神的完美结合,也是中华民族不断进步的持续动力。事实证明,以爱国主义为核心的民族精神和以改革创新为核心的时代精神二者相辅相成,共同融入中国特色社会主义事业的经济、政治、文化、社会建设等各个方面,无论是在抗击敌寇入侵、赢得民族独立的时代,还是在改革开放的当代,都需要依靠这两种精神的支撑。"六个为什么"的科学回答无疑必须建立在中华民族自身发展特色基础之上,必须紧密联系改革开放和中国特色社会主义事业的新实践,紧密联系中国的历史进程;同时,"六个为什么"的科学回答还需要紧密联系国内外发展形势以及思想领域的深刻变化,并随着时代的不断发展而日臻完善。概括起来说,以爱国主义为核心的民族精神和以改革创新为核心的时代精神是科学回答"六个为什么"的根本要求和精神灵魂,为"六个为什么"内涵的不断充实提供力量源泉。

第四,社会主义荣辱观为科学回答"六个为什么"确定了根本目标与归宿点。社会主义荣辱观贯穿着爱国主义、集体主义、社会主义思想,是优秀中华民族精神、时代精神与马克思主义世界观、人生观、价值观的集中体现。它旗帜鲜明地指出了在社会主义市场经济条件下，应当提倡和抵制什么，是我们这个 13 亿人口、56 个民族的中华大家庭中的每个公民必须遵循的根本道德行为规范，也是确立和实践社会主义核心价值体系的基础。"六个为什么"涉及中国特色社会主义经济、政治、文化等领域的各个方面，是与人民群众社会生活息息相关的根本性问题。科学回答"六个为什么"，就是让人们从关乎自己切实利益的实际生活出发，搞明白马克思主义的旗帜与中国特色社会主义道路的正确性及科学性，弄清楚中国特色社会主义真正是"为谁建设""靠谁建设"，由此而更加深刻认识我们在进行中国特色社会主义建设的过程中必须弘扬社会主义荣辱观的现实必要性。应该说，社会主义荣辱观以人为本并把人民群众作为价值主体的思想为科学回答"六个为什么"确定了根本目标与归宿点。

1.3.2 认识"六个为什么"
是把握社会主义核心价值体系的根本要求

在纪念党的十一届三中全会召开 30 周年理论研讨会上，中央领导同志明确要求深入研究建设社会主义核心价值体系方面取得的重大成果，深入研究社会主义核心价值体系的重大意义、内涵外延和实践要求，特别是要紧密联系干部群众的思想实际，回答六个与社会主义核心价值体系建设密切相关的重大问题。正确认识"六个为什么"对于把握社会主义核心价值体系具有以下几方面的意义。

第一，正确认识"六个为什么"，有利于人们全面系统掌握社会主义核心价值体系的内涵外延与本质特点，并可以促进社会主义核心价值体系的内涵的丰富与发展。随着改革开放的逐步深入，我国经济制度、组织形式、分配方式、利益关系等各方面都发生了深刻变化,西方社会思潮也在不断涌入我国,人们的思想意识、价值观念呈现多样化发展的趋势,各种深层次利益矛盾和新问题逐步凸显。为巩固统一的思想基础,中央提出了建设社会主义核心价值体系的战略任务。马克思主义认为,理论越彻底越容易为人民群众所把握。"六个为什么"是涉及党的基本路线以及我国基本制度、前进方向的根本性问题,是将社会主义核心价值体系与干部群众的思想实际相结合,推动当代中国马克思主义大众化的具体行动。正确认识"六个为什么",紧紧抓住当前意识形态领域的重大现实问题,将思想性和导向性相结合,将逻辑的力量与情感的力量相结合,从时代和国际国内形势发展的三维视角阐述人们在社会主义现代化实践中遇到的普遍关心的热点及疑难问题,做到有理有据、深入浅出,可以使不同文化水平、实践经验、认知能力的人们都能够认知中国特色社会主义的价值理念、发展道路、发展模式,澄清对中国特色社会主义理论体系以及核心价值体系的模糊认识。总之,正确认识"六个为什么",不仅有利于充分发挥马克思主义理论以及社会主义核心价值体系的指导作用,使人们深刻理解核心价值体系的本质与内涵,也有利于社会主义核心价值体系在人民群众的实践中丰富与发展。

第二,正确认识"六个为什么",有利于人们深刻理解扎实推进社会主义核心价值体系建设的重要理论和实践意义。社会主义核心价值体系是由四个方面构成的逻辑严谨、层次分明的有机体系,其出发点和归宿点在于将其转化为人民的自觉追求和价值认同。这就要求:一方面,社会各阶层群众共同努力,在实践过程中自觉践行社会主义核心价值体系,并为构建社会主义核心价值体系提供多方面的有力支持；另一方面，也是更重要的一方面，就是要不断赋予社会主义核心价值体系鲜明的实践特色、理论特色、民族特色、时代特色，增强社会主义核心价值体系的感染力和凝聚力。正确认识"六个为什么"，系统阐述什么是马克思主义、怎样对待马克思主义，什么是社会主义、怎样建设社会主义，建设什么样的党、怎样建设党，实现什么样的发展、怎样发展等一系列与社会主义核心价值体系相关的重要问题，是在坚持解放思想、实事求是、与时俱进、求真务实原则的基础上，将我们国家的基本国情以及党的最新理论成果和路线、方针、政策用通俗化、大众化的语言表达出来，让蕴含人文关怀的价值体系走进人们日常生活，从而更有利于人们加深对人类社会发展规律、社会主义建设规律以及共产党执政规律的认识，进一步掌握中国特色社会主义理论体系，及时把握时代潮流和社会发展大势，在一些重大问题上肃清错误思想，增强人们对构建社会主义核心价值体系必要性和必然性的肯定认知。

第三，正确认识"六个为什么"，有利于进一步深化社会主义核心价值体系的实践要求。高度重视用社会主义主流意识形态引领社会思潮，是我们党传统的政治优势。社会主义核心价值体系是在我国社会主义革命和建设实践过程中逐步形成和发展起来的具有时代特征与民族特征的价值目标，并从整体社会价值层面引导人们树立正确的世界观、人生观、价值观。而真正彻底的理论应该是能够反映时代变化、实践发展的理论。正确认识"六个为什么"，则是以中国特色社会主义实践为背景，将社会主义核心价值体系融入人们的日常社会生活，融入人们的思想实际，在阐述关系党和国家前途命运的重大问题上，不回避社会发展中的矛盾，不兜圈子，用现实情况来说明社会主义理论体系的正确性，在对中国特色社会主义建设成就进行实事求是总结的基础上，讲事实、摆道理，使社会主义核心价值体系更贴近人民、贴近生活、贴近实际，也更具有实践性和说服力；同时，随着社会主义现代化建设成就越来越显著，中华儿女对祖国的自豪感也日益增强，更加关注国家和民族未来的发展问题。因此，在改革开放的攻坚时期、社会转型的关键时期，深刻认识"六个为什么"还能够为社会主义核心价值体系找出与实践结合的侧重点奠定理论和现实基础。

综上所述，"六个为什么"丰富和发展了社会主义核心价值体系的内涵，有利于人们从思想认识深层次上弄明白建设社会主义核心价值体系的重大意义、内涵外延和实践要求，有利于促进社会主义核心价值体系的建设，有利于增强社会主义核心价值体系的吸引力和感召力。

1.3.3 社会主义核心价值体系建设与正确认识"六个为什么"相辅相成

"六个为什么"比较全面、系统地回答了关系党和国家前途命运的六个重大问题，比较全面、准确地阐述了关于社会主义核心价值体系的六个重大问题，在本质内容上与社会主义核心价值体系是一脉相承的。总体而言，社会主义核心价值体系建设与"六个为什么"是相辅相成，相互贯通的，统一于中国特色社会主义现代化建设实践之中，并随着中国特色社会主义事业的深入推进而不断发展丰富。

第一，"六个为什么"在本质上与社会主义核心价值体系的指导思想相同，二者相互促进。马克思主义作为人类发展史上最严密的科学思想体系，是认知和运用人类社会发展规律的科学，中国共产党坚持把马克思主义基本原理同中国实际和时代特征结合起来，同中国社会主义现代化建设实践结合起来，经过艰辛探索、接力奋斗、不懈努力，成功开创了中国特色社会主义道路，构建出中国特色社会主义理论体系，建立起中国特色社会主义制度，为实现中华民族伟大复兴中国梦的战略任务提供了理论指引。毫无疑问，马克思主义不但是指导中国革命胜利的理论指南，而且是指导我国社会主义各项事业发展的理论基础。作为社会主义意识形态的核心内容和重要组成部分，社会主义核心价值体系是马克思主义理论同中国特色社会主义实践相结合的产物，建设社会主义核心价值体系最根本的就是坚持以马克思主义为指导，马克思主义的指导决定了社会主义核心价值体系的性质和方向，中国特色社会主义共同理想等社会主义核心价值体系的其他三个方面都是马克思主义运用于中国特色社会主义建设实践的具体产物；而正确认识"六个为什么"则有利于我们从理论与实际相结合、历史与现实相结合、宏观与微观相结合的角度，深刻理解马克思主义的科学性以及马克思主义中国化的必要性，弄清楚"六个为什么"的理论根基——马克思主义为什么在我国社会主义意识形态领域应当而且必须始终居于指导地位。

第二，"六个为什么"在本质上与社会主义核心价值体系的现实基础与理论主题相同，二者相互促进。社会主义核心价值体系是在中国特色社会主义实践中形成和发展的，是立足于社会主义经济基础之上的价值观体系，它所包含的基本理念，是对中华民族数千年优秀文化传统以及中国人民革命与建设过程丰富经验的总结与提炼，也是站在未来的、世界的角度对中国特色社会主义发展道路的探索与思考。"六个为什么"从历史与现实的结合上、理论与实践的结合上，面对国内外对中国现行制度的质疑以及各种复杂形势，旗帜鲜明地告诉人们，当今中国要"举什么旗、走什么路、以什么样的精神状态、朝着什么样的发展目标继续前进"，是对当今中国面临的重大问题的合理解释与科学阐释。因此，"六个为什么"在本质上与社会主义核心价值体系的现实基础和理论主题相同。

第三，"六个为什么"在本质上与社会主义核心价值体系的出发点相同，二者相互促进。社会主义核心价值体系以马克思主义为指导，马克思主义所追求的是"每个人全面而自由的发展"，中国特色社会主义共同理想则是一个能够体现广大人民根本利益、为社会各阶层所广泛接受和认可的共同理想，而社会主义核心价值体系的构建也同样是为了给全体社会成员做出正确的道德选择和价值取向提供科学标准，以促进人的全面发展。可以说，社会主义核心价值体系本质上集中体现了最广大人民的根本利益。"六个为什么"深刻地、具体地揭示了党和国家的指导思想、发展道路、政治制度、经济制度、政党制度、发展方向等六个关系人民群众切身利益的重大问题，更加贴近实际、贴近生活、贴近群众，有利于从根本上解开人们思想的"扣子"，有助于各阶层形成思想共识，使之投入到中华民族的伟大复兴事业中去。

总体而言，"六个为什么"在本质上与社会主义核心价值体系具有内在的一致性，它们都是社会主义意识形态的重要组成部分，是从我们党领导人民进行社会主义革命与实践过程中形成的丰富理论成果中提炼和概括出来的精华，是对中国特色社会主义理论体系深刻内涵的科学揭示。社会主义核心价值体系是向人们提供的在错综复杂的形势下如何沿着正确方向前进的精神道德指引，而回答"六个为什么"则是从社会生活的具体方面分析阐释人们关心的重大疑难问题，将社会主义核心价值体系同人民群众的普遍意识、心理情感与文化归属紧密结合，从而把社会主义核心价值体系的建设落到实处。社会主义核心价值体系建设和正确认识"六个为什么"二者是辩证统一的，我们只有用发展的眼光来看待与处理这两个问题，将两方面都抓好、抓紧，才能把握住社会主义意识形态的正确方向，促进中国特色社会主义事业以及改革开放事业的稳步发展。

信仰导航

二

社会主义核心价值观与"六个为什么"的关系

党的十八大提出,倡导富强、民主、文明、和谐,倡导自由、平等、公正、法治,倡导爱国、敬业、诚信、友善,积极培育和践行社会主义核心价值观。这"三个倡导"与中国特色社会主义发展要求相契合,与中华优秀传统文化和人类文明优秀成果相承接,是我们党凝聚全党全社会价值共识做出的重要论断。本章拟通过对社会主义核心价值观的概述、对社会主义核心价值观与"六个为什么"二者内在联系的分析,阐明培育社会主义核心价值观与正确认识"六个为什么"相互促进,在培育社会主义核心价值观中要深化"六个为什么"教育,引导大学生将个人的理想和追求与国家社会的共同理想、价值追求以及实现中华民族伟大复兴的中国梦自觉结合起来,使自己健康地成长和成才。

2.1 社会主义核心价值观概说

2.1.1 积极培育社会主义核心价值观的重要意义

自2006年10月党的十六届六中全会第一次提出"建设社会主义核心价值体系"的战略任务以来,概括和凝练社会主义核心价值观的需求日益凸显。随后,党通过十七大、十七届四中全会及十七届六中全会不断深化对社会主义核心价值体系的认识。2012年11月,党的十八大重申了加强社会主义核心价值体系建设的重要性,在强调要"用社会主义核心价值体系引领社会思潮、凝聚社会共识"的同时,第一次明确提出"积极培育和践行社会主义核心价值观",并围绕培育和践行社会主义核心价值观提出了"三个倡导"。2013年12月23日,《关于培育和践行社会主义核心价值观的意见》正式向社会发布。这是党的历史上第一次就核心价值观建设出台重要文件。深刻认识和把握"三个倡导",积极培育社会主义核心价值观，具有很强的理论和现实意义。

1. 积极培育社会主义核心价值观是发展马克思主义价值学说的内在要求

马克思主义作为社会主义实践运动的理论指南，正确地揭示了人类社会的发展规律以及资本主义终将灭亡的历史必然性，为无产阶级进行社会主义革命实践活动提供了科学的世界观和方法论。马克思主义经典作家在对资本主义核心价值观进行辩证分析的过程中，虽涉及相关价值问题，但未曾提出关于社会主义核心价值观"一劳永逸的现存方案"。因此，结合无产阶级革命、建设实践活动，在充分挖掘、阐释马克思主义科学世界观、价值观的基础上，培育能够反映社会主义本质、符合中国特色社会主义现代化建设需要且容易被广大人民群众所认同和接受的社会主义核心价值观势在必行。这不仅是中国共产党带领全国各族人民对社会主义核心价值理论的新认识，也是对马克思主义科学价值观的丰富和发展，是根据时代条件以全新的视野深化对人类社会发展目标、社会主义建设规律以及共产党执政理念的认识。

2. 积极培育社会主义核心价值观是抵御西方资本主义价值观侵袭的客观需要

价值观是人们对事物有无价值和价值程度的认知评判标准，核心价值观则是人们在处理各种价值问题时所持有的较为稳定且具有核心地位的价值标准，一个人的核心价值观是其树立正确世界观的基本内核，一个国家的核心价值观则是其文化、意识形态和政治制度的本质体现。社会主义制度作为人类历史上最先进的社会制度，它所强调的集体主义、社会主义、平等包容等精神与资本主义核心价值观有着本质区别。一些西方资本主义国家利用其经济、文化、外交等手段和载体,向我国宣扬和推行其价值观,故意淡化社会主义和资本主义的区别,力图形成西方价值观和话语体系的强势渗透,其目的就是要推行它们的政治制度,对我国实施西化和分化。从国际社会主义运动的经验教训看,价值观的偏失是灾难性的。在当今社会结构和思想观念发生深刻变化的时代背景下,我们同西方资本主义敌对势力在意识形态领域的斗争,必然要抓住其核心,积极培育和建设社会主义核心价值观,这样才抓住了我国社会主义意识形态和思想文化领域的核心,能够正确解决社会主义实践发展的价值方向问题。

3. 积极培育社会主义核心价值观是增强中华民族凝聚力,不断提高我国综合实力的思想保障

当前,世情国情党情发生深刻变化,综合国力竞争空前激烈,我们在全面建成小康社会的进程中,构筑中华民族共同的理想信念和价值追求,形成民族共同体对广大人民群众的内聚力,能够促进中华民族伟大复兴事业的顺利进行。首先,积极培育社会主义核心价值观是增强我国文化软实力,维护国家稳定的重要手段。民族凝聚力很大程度上表现为一个国家文化的软实力,而国民对于核心价值观的追求是这种软实力的核心内容。我国是一个有着56个民族13亿多人口的大国,多样化的民族文化、多层次的思想认识以及多元化的利益诉求使得增强我国文化的吸引力和感染力变得尤为重要。推动社会主义核心价值体系大众化,使理论教育更加简洁凝练、更加生动通俗,从而在全体国民中生成一种共有的国家观念和国民情感,形成全社会巨大的价值共识和思想共鸣,确保人们对政治合法性的理性认同,可以为中国特色社会主义发展提供有力的思想保障。其次,积极培育社会主义核心价值观是促进社会主义市场经济发展的需要。改革开放以来,市场经济在为经济社会发展注入新的活力的同时，也带来了极端个人主义等道德失范现象，而要克服市场经济的弱点或缺点，一靠法治，二靠德育。这就需要我们以社会主义核心价值观为引领，形成与社会主义市场经济相适应的新的思想道德观念，树立人们的诚信意识，降低因信用缺失、经济秩序混乱造成的无效成本，促进社会主义市场经济的健康发展。

2.1.2 概括社会主义核心价值观必须遵循的原则

1. 继承性和发展性相统一

社会主义核心价值观是在实践中逐步凝练出来的，而不是由先知先觉闭门造车形成的。因此，社会主义核心价值观的概括必须从中华优秀传统文化所蕴含的价值理念尤其是中国特色社会主义理论中汲取有益成果，这是先进文化引领社会主义意识形态的现实语境，也是马克思主义关于建立科学理论体系的重要方法。在90多年艰苦卓绝的奋斗中，我们党带领全国各族人民取得革命建设改革的伟大胜利，开启了中华民族伟大复兴的壮丽征程，确立了中国特色社会主义道路，形成了中国特色社会主义理论体系，建立了中国特色社会主义制度，这些成就是社会主义核心价值观的应有之意。同时，我们也应清醒地认识到，中华优秀传统文化所蕴含的价值理念存在着一定的历史局限性，随着改革开放和社会主义现代化建设的不断推进，社会主义核心价值观需要站在历史唯物主义的基本立场上，充分反映时代发展进步的积极成果，并能够科学合理回答时代提出的重大理论和现实问题，以全新的视野解答社会主义建设规律、人类社会发展规律等，凸显时代特色，顺应时代潮流，为中国特色社会主义发展提供思想引领。

2. 阶级性和普遍性相统一

任何社会都有自己的核心价值观念，社会主义也不例外，社会主义核心价值观作为社会主义意识形态的重要组成部分，不是抽象的、中性的，而是体现我们社会主义国家和广大人民群众的意志，为推动社会主义经济发展服务，规定着社会主义经济建设、政治建设、文化建设、社会建设、生态文明建设等的价值目标和价值取向。因此，提炼社会主义核心价值观必须以马克思主义为指导，牢牢把握社会主义本质要求，以完善社会主义道路、理论、制度创新为目标导向，壮大社会主义主流思想舆论，教育人民、凝聚共识，摒弃任何照搬照抄西方价值观的民族虚无主义和历史虚无主义倾向，提高国家文化软实力。同时，"过去那种地方的和民族的自给自足和闭关自守状态，被各民族的各方面的互相往来和各方面的互相依赖所代替了。物质的生产是如此，精神的生产也是如此。各民族的精神产品成了公共的财产"[1]。凝练社会主义核心价值观还应坚持面向现代化、面向世界、面向未来，切实尊重人类文明多样性，积极吸收人类文明有益成果，不断促进人类文明繁荣发展，增强中华民族精神文化的国际影响力。此外，概括社会主义核心价值观还应该充分发扬民主，广泛听取民意，用通俗易懂的话语体系、简明扼要的表达形式来展现其精神实质，便于群众传播践行，推动人民的自我教育和自我引导，真正实现理论践行的大众化和理论根源的普遍化发展有机统一。

3. 主导性和引领性相统一

就社会文化层面来说，社会主义核心价值观集中反映了社会主

---

[1] 编译局马克思恩格斯选集：第1卷[M].北京：人民出版社，1995：276.

义的价值目标、价值取向,对社会主义文化发展起到统摄和支配作用,是具有主导性、包容性而非次生性的价值范畴。就社会工作各个层面来说,社会主义核心价值观体现了社会主义制度的内在精神,贯穿于社会经济、政治、文化、生活等各个领域,为全体社会成员确定价值取向、形成和谐社会关系提供了根本准则,它具有引领性、规范性。因此,坚持主导性和引领性相统一,就要在凝练社会主义核心价值观的过程中,尊重差异、包容多样,汲取整合不同层次文化的有益成分,始终保持社会主义文化的活力和生命力,并最大限度地把国家发展、社会目标和个体价值紧密结合起来,体现广大人民的根本利益,形成思想共识,坚持正确导向,牢牢掌握意识形态领域工作的领导权、话语权,把广大人民团结凝聚在中国特色社会主义伟大旗帜之下。

2.1.3 社会主义核心价值观的基本范畴和主要特点

党的十八大提出,"倡导富强、民主、文明、和谐,倡导自由、平等、公正、法治,倡导爱国、敬业、诚信、友善,积极培育和践行社会主义核心价值观。"[1] "三个倡导"从国家、社会、公民个人三个维度明确了社会主义核心价值观的基本内容,为培育和践行社会主义核心价值观提供了基本依据。

1. 国家层面的价值目标——富强、民主、文明、和谐

中国特色社会主义道路,就是在中国共产党领导下,立足基本

---

[1] 中国共产党第十八次全国代表大会文件汇编[M]. 北京:人民出版社,2012:29.

国情，以经济建设为中心，坚持四项基本原则，坚持改革开放，解放和发展社会生产力，建设社会主义市场经济、社会主义民主政治、社会主义先进文化、社会主义和谐社会、社会主义生态文明，促进人的全面发展，逐步实现全体人民共同富裕，建设富强民主文明和谐的社会主义现代化国家。其中，富强是经济价值目标，民主是政治价值目标，文明是文化价值目标，和谐是社会价值目标。

富强。"贫穷不是社会主义"，解放和发展社会生产力是中国特色社会主义的根本任务，共同富裕是社会主义经济发展的本质要求和根本原则。党的十六大以来，党带领全国人民取得了一系列新的历史性成就，我国经济总量跃居世界第二位，社会生产力、经济实力、科技实力、人民生活水平等都迈上了一个大台阶，为保障我国长治久安、铸就中华民族伟大复兴之梦提供了物质基础。同时要看到，我国仍处于并将长期处于社会主义初级阶段。以经济建设为中心是兴国之要，发展仍是解决我国所有问题的关键。我们必须坚持发展是硬道理的战略思想，聚精会神搞建设、一心一意谋发展。

民主。人民民主是我们党始终高扬的光辉旗帜，其本质就是坚持国家的一切权利属于人民。为了更加健全人民民主，必须坚持在党的领导下，依法治国，全心全意为人民服务。改革开放以来，党不断推进社会主义民主政治建设的科学化进程，积极拓展人民民主选举、民主决策、民主管理、民主监督途径，基层民主制度逐步完善，成功开辟了中国特色社会主义民主政治道路。

文明。"文化上的每一个进步，都是迈向自由的一步"[1]。

---

[1] 恩格斯. 反杜林论[M]. 北京：人民出版社，1999：58.

当今时代,国家文化软实力越来越成为国际竞争力的重要组成部分。发展以"文明"为价值目标的社会主义先进文化,实现中华民族伟大复兴的中国梦,就要不断推进社会主义先进文化的大发展大繁荣,激发全民族文化创造活力,开展贴近实际、贴近生活的群众文化活动,推动人民群众在文化建设中的自我教育、自我服务,全面提高人民思想道德素质,持续提升社会主义文化的整体实力和国际影响力。

和谐。社会和谐不仅是我国传统文化的核心思想,同时也是中国特色社会主义的本质属性。实现社会和谐,就要实现人民安居乐业、社会安定有序、国家长治久安,积极贯彻落实科学发展观,牢牢把握经济建设、政治建设、文化建设、社会建设、生态文明建设五位一体总布局的基本内涵,加强和改善民生,激发社会改革创造力,不断推进中国特色社会主义伟大事业各方面协调发展。

2. 社会层面的价值取向——自由、平等、公正、法治

倡导自由、平等、公正、法治,体现了中国特色社会主义社会的基本属性,继承了马克思主义的根本精神,反映了中国共产党人一以贯之的精神追求。

自由。马克思在《共产党宣言》中明确指出,"代替那存在着阶级和阶级对立的资产阶级旧社会的,将是这样一个联合体,在那里,每个人的自由发展是一切人的自由发展的条件"[1]。我们党始终把共产主义作为自己的最高理想,将"促进人的全面发展"写入中国特色社会主义道路之中,并作为党不懈追求的价值目标,贯穿于社会主义经济、政治、文化等多个领域的具体工作之中,保障

---

[1] 编译局.马克思恩格斯选集:第1卷[M].北京:人民出版社,1995:294.

我国公民享有广泛的权利和自由。

平等。"无产阶级平等要求的实际内容都是消灭阶级的要求"[1]。我国由于历史上长期处于封建专制制度之下，解放后很长时间内人们的平等观念较淡薄，要实现公民在法律和制度面前的平等，就要克服错误思想影响，逐步建立健全保障人民民主权利的各项规章制度。党的十八大把平等问题摆在了重要位置，从法律制度、经济社会、城乡发展、民族关系、国际合作、教育权益等多方面阐述平等的要求，为弘扬平等价值观念营造了良好的氛围。

公正。公正是社会主义制度的首要条件，体现了社会主义意识形态的基本价值目标，也是发展中国特色社会主义的重大任务。要保障我国人民真正实现权益上的公正，就需要党员干部率先垂范，公正司法，不断完善社会公平保障体系，使广大人民群众充分享受到中国特色社会主义发展成果，形成权利公平、机会公平、规则公平等的良性社会机制。

法治。法治是治国理政的基本方式，也是中国特色社会主义的重要目标。改革开放以来，社会主义民主政治不断深入发展，民主法治意识日益深入人心。在全面推进依法治国、建设法治中国进程中，要不断弘扬社会主义法治精神，推动法治体制改革，切实做到有法必依、执法必严、违法必究，拓宽人民有序参与国家法治途径，使全社会形成学法知法懂法尊法用法护法的良好风气。

3. 公民个人层面的价值准则——爱国、敬业、诚信、友善

国家层面的价值目标、社会层面的价值取向最终要体现和落实在公民个人层面的价值准则上，这就是爱国、敬业、诚信、友善。

---

[1] 编译局. 马克思恩格斯选集：第3卷[M]. 北京：人民出版社，1995：448.

爱国。无产阶级爱国主义作为人类历史上最高类型的爱国主义，以马克思主义理论为指导，以维护最广大劳动人民的利益为出发点，摆脱了剥削阶级爱国主义的狭隘性和历史局限性。我国目前处于社会主义初级阶段，爱国主义具体体现为自觉维护民族和国家利益，拥护党的领导，拥护社会主义制度，积极投身于中国特色社会主义伟大事业。

敬业。中华民族自古有"敬事而信"、"克勤于邦、克俭于家"的优良传统。在新的历史条件下，随着市场经济的不断发展，人们可以根据自身兴趣爱好、能力专长来自主选择职业，在实现人力资源合理配置的同时，也极大地体现了社会倡导的人文关怀精神，为爱岗敬业提供了基础。弘扬爱岗敬业精神，就要引导公民自觉履行法定义务，增强职业道德操守，不断提高自身业务能力，忠于职守，营造全社会爱岗乐业的良好氛围。

诚信。"诚之者，天之道也；诚之者，人之道也"。诚信意识是主体内在道德品质的具体表现形式，在市场经济飞速发展的今天，诚信意识作为当代公民人际交往最基本的道德准则，不仅是个体的立身之石，更是促进社会和谐发展的重要因素，融入了社会生活的各个方面。要不断加强政务诚信、商务诚信、社会诚信和司法公信建设，弘扬中华民族的诚信美德，切实做到内诚于心、外信于人，逐步提高公民道德素质。

友善。友善集中体现了中华民族传统美德和社会主义道德的精神。在新世纪新阶段，党中央抓住机遇，提出构建社会主义和谐社会的战略任务，这不仅要求我们实现对自身、他人的友善，将友善和谐的思想贯穿于人际交往和处理人与社会关系之中，还要求我们全面发展同各国的友好合作，对内走仁爱和谐发展之路，对外走求同存异、共同发展之路。

2.2 社会主义核心价值观与"六个为什么"的关系分析

社会主义核心价值观是中国共产党领导全国各族人民在社会主义革命、建设和改革过程中逐步产生的对社会生活和行为理想等方面的核心价值目标与总体认识,不仅从国家、社会、公民个人三个层次反映了社会主义基本的社会关系、社会制度等所特有的文化精神和价值理念,还具有鲜明的大众性。它用高度凝练性、简洁性的语言体现国家意志和党的指导思想,是党把中国特色社会主义道路、制度、理论提升到精神、价值层面的重大理论尝试。

2.2.1 社会主义核心价值观为回答"六个为什么"提供理论支撑

1. 从国家层面,社会主义核心价值观体现了中国特色社会主义发展道路的根本目标,从价值层面丰富和完善了"六个为什么"关于发展道路、经济制度、政治制度等方面的理论内涵

中国特色社会主义的发展既需要经济、政治、文化、社会和生态文明等各方面协调科学发展,也需要从精神价值层面为深入回答中国特色社会主义现代化建设发展规律及现实问题提供价值依托。

"倡导富强、民主、文明、和谐"从国家层面明确了我国社会主义经济、政治、文化、社会建设的现实目标,是我们党长期以来围绕社会主义建设进行艰苦卓绝探索的经验总结与价值指向,也符合当代党和全国各族人民寻求中华民族伟大复兴的共同愿景要求。因此,凝练和倡导社会主义核心价值观,并通过彰显国家特色及优越性,为国家建设和社会发展提供稳定价值评判标准,从而引领经济、政治、文化各领域具体价值观念,以全新的视野不断深化对我国社会主义思想建设、组织设计、制度建设、发展部署的认识,确保中国特色社会主义建设符合广大人民群众的期待,并沿着正确方向前进。这不仅有利于促进人们认清中国特色社会主义道路的价值追求,增进对中国发展模式的理解与认同,也有利于进一步丰富和完善对"六个为什么"科学内涵的回答和阐发。

2. 从社会层面,社会主义核心价值观体现了我国社会主义和谐社会的价值追求,为回答"六个为什么"关于指导思想、发展方向等方面的问题提供了根本价值遵循

社会主义作为共产主义的初级阶段,它与资本主义等其他社会意识形态具有本质区别。新世纪新阶段,党中央提出构建社会主义和谐社会,就是要从根本上按照民主法治、公平正义、诚信友爱、充满活力、安定有序、人与自然和谐相处的总要求,形成全体人民各尽其能、各得其所而又和谐相处的局面。可以说,"倡导自由、平等、公正、法治"体现了中国特色社会主义的基本属性,是马克思主义的基本要求。尤其是随着国际形势日益复杂,一些西方国家利用价值观外交搞颜色革命的斗争渐趋激烈,其实质就是两种制度模式的较量。在这种情况下,鲜明提出社会主义核心价值观,用最简洁易懂的语言表明社会主义与资本主义等社会制度之间在核心价值观层面的本质区别，充分认识社会主义是在马克思主义理论指导下形成的社会制度和实践活动，这既是对社会主义意识形态和价值取向的科学认识，也是回答"六个为什么"的题中之意。

3. 从公民个人方面，社会主义核心价值观体现了公民价值规范与我国社会主义制度价值理念的有机统一

历史表明，只有当社会公民形成共同的价值目标和理想信念时，一个国家和民族才能够避免分化混乱，形成团结奋斗的凝聚力和向心力。现在，我国社会转型的加剧以及各种思想文化交相杂陈使人们价值观念发生了深刻变化，为统一认识，"六个为什么"应运而生，其目的就是为了理清广大人民群众对关系党和国家发展前途命运的一系列重大问题的看法，树立正确的世界观和价值观。"爱国、敬业、诚心、友善"蕴含着社会主义国家公民价值取向的基本目标和道德准则要求，是社会主义基本价值追求在公民个人道德行为方面的体现。"六个为什么"教育实践活动离不开广大人民主体，紧密联系干部群众的思想实际，培育和践行社会主义核心价值观，能够在尊重不同思想差异的同时，找到全体社会成员在价值认同上的最大公约数，将国家形象、社会制度与个体利益有机统一起来，有效增强"六个为什么"理论指导的可操作性。

2.2.2 认识"六个为什么"
是社会主义核心价值观的根本要求

1. 深刻认识"六个为什么"，以马克思主义中国化时代化大众化发展促进社会主义核心价值观不断创新

马克思主义理论尤其是科学社会主义理论是我们建设中国特色

社会主义强有力的理论依据，而马克思主义不仅是科学的世界观和方法论，马克思主义基本原理与马克思主义中国化理论成果中还蕴含着丰富的马克思主义价值观、道德观思想。历史证明，无论是苏联解体还是东欧剧变，国际社会主义运动遭到空前挫折的一个重要因素就是人民群众失去了马克思主义信仰，所谓"民主化"、"全人类价值高于一切"等价值观念取代了马克思主义的指导地位。近代以来，我们党把马克思主义基本原理与中国实际及时代特征相结合，取得了中国特色社会主义革命和建设实践的伟大胜利，并成功开辟了马克思主义中国化时代化大众化发展的新境界，这体现着我们党对社会主义建设规律认识水平的不断提高，也为国家社会稳定奠定了理论基础与精神指引，是社会主义核心价值观的题中之意。回答"六个为什么"首先就是要认识马克思主义的内涵及其在意识形态领域中的主导性，使科学抽象的理论通俗易懂，从而更好地抓住群众的心理，自觉坚持和巩固马克思主义的指导地位，不搞指导思想的多元化。而在回答"六个为什么"过程中，充分挖掘富有实践特性、时代特点、大众特征的马克思主义理论，能够为社会主义核心价值观的提炼和培育不断提供活水源头。此外，"六个为什么"是围绕社会主义核心价值体系提出的六个重大问题，而社会主义核心价值观作为社会主义核心价值体系的内核，认识"六个为什么"不仅可以深化社会主义核心价值体系的实践要求，同时还能够推动社会主义核心价值观的创新，不断丰富社会主义核心价值观的内涵。

2. 深刻认识"六个为什么"，坚持走中国特色社会主义道路，为倡导和践行社会主义核心价值观寻求合理现实基础

中国特色社会主义伟大实践活动是社会主义核心价值观形成发

展的本源，脱离或孤立、片面看待这一社会实践，势必混淆人们对中国特色社会主义制度及其价值理念的正确认识，影响人们对社会主义核心价值观的正确把握。因此，运用辩证唯物主义的基本观点，立足当代中国实际，把握时代发展要求，顺应人民共同愿望，深刻认识"六个为什么"，从不同层面、不同角度诠释中国发展模式的丰富内涵及中国特色社会主义总体布局的科学性，将关系党和国家发展前途命运的经济制度、政治制度、政党制度等重大问题说清说透，回答社会主义实践提出来的理论和现实问题，才会符合广大人民群众的利益诉求，使广大人民群众明白中国道路的正确性，促进广大人民群众将个人的理想与国家社会的共同理想、价值追求以及实现民族伟大复兴的中国梦自觉结合起来，增强社会主义核心价值观的理论彻底性和感召力。与此同时，社会主义核心价值观也只有充分反映中国特色社会主义实践的价值导向和本质属性，才能展现特有的中国气质，并成为凝聚全国各族人民实现中国梦的精神指引，具有源源不断的生命力。

3. 坚持改革开放，逐步构建社会主义和谐社会，实现国家、社会和个人价值三者的统一是社会主义核心价值观的精神理念

党的十八大报告一个理论亮点，就是指出"改革开放是坚持和发展中国特色社会主义的必由之路"[1]。30多年来，我们依靠改革开放取得了中国特色社会主义现代化建设的伟大成就，而在现阶段，实现十八大提出的全面建成小康社会的新要求关键仍是发展。正如邓小平同志所说："发展才是硬道理。"面对深刻变化的世情、

---

[1] 中国共产党第十八次全国代表大会文件汇编[M]. 北京：人民出版社，2012：13.

国情，我们必须讲究科学发展，以更大的政治勇气和智慧，不失时机深化重要领域改革，推动社会主义生产力发展，加快完善社会主义经济体制、政治体制、文化体制、社会体制和生态文明体制建设，提升国家综合实力和世界影响力，这是我国广大人民群众对国家社会理想形态的价值诉求，是实现中国梦的关键抉择。也只有把改革开放伟大成就同社会主义核心价值观联系起来，以改革开放促进中国特色社会主义制度自我完善和发展，才能从真正意义上实现国家富强、政治民主、社会和谐，把自由、平等、公平、法治等理念更加深入到群众意识及中国特色社会主义理论和实践之中，使广大人民群众更加充分地认识到社会主义核心价值观是"共同富裕"、"人民幸福"价值诉求的集中体现，从而自觉践行社会主义核心价值观。

2.2.3 培育社会主义核心价值观
与正确认识"六个为什么"相互促进

1. 社会主义核心价值观与"六个为什么"的理论基础具有内在一致性

坚持以马克思主义为指导思想，是中国特色社会主义文化的基本特征，这不仅仅由马克思主义的科学性所决定，也符合我国的基本国情与最广大人民群众的根本利益。而对于社会主义核心价值体系这一中国特色社会主义文化的精髓来说，马克思主义尤其是中国特色社会主义理论不仅仅是其理论基础，也是其内在要素。社会主义核心价值观与"六个为什么"作为社会主义核心价值体系一个问题的两个方面，从不同角度阐释了社会主义核心价值体系的内涵与外延。其中，社会主义核心价值观是社会主义核心价值体系的高度凝练与集中表达，是这个体系的内核。"六个为什么"是围绕社会主义核心价值体系去谈关系我们党和国家前途命运的重大问题，通过对这些问题的回答化解人们现实思想困惑，帮助人们全面把握社会主义核心价值体系。因此，无论是社会主义核心价值观还是"六个为什么"，都是党中央从中国特色社会主义文化建设特别是社会主义核心价值体系建设的实践出发而做出的理论创新，都有利于深化人们对社会主义核心价值体系的整体认识。而在培育社会主义核心价值观与深化"六个为什么"教育过程中，我们也都需要注意深入挖掘马克思主义理论尤其是当代中国马克思主义理论成果中富有时代特征的资源，使社会主义价值观与"六个为什么"具有旺盛的生命力。

2. 培育社会主义核心价值观与"六个为什么"都以为人民服务、为社会主义服务为价值取向

经过改革开放特别是党的十六大以来这些年的发展，我们越来越深刻地认识到，无论是促进我国经济实力和综合国力的不断增长，还是切实有效改善民生，确保全面建成小康社会奋斗目标如期实现，都要求我们必须加强文化在引领社会思潮中的积极作用，在全党全社会形成强大的精神凝聚力，在多元化的社会思潮中掌握话语权和国际影响力。而要实现这一目标，基础性的工作就是要在文化建设中把握住社会主义本质，解决好人民最关心最直接最现实的利益问题，把教育人民和满足人民精神文化需求相结合，把人民自身利益与社会主义发展相结合，牢固树立马克思主义群众观点，在人民伟大实践中汲取营养，用人民听得懂的语言切切实实地让人民了解"什么是社会主义、怎样建设社会主义"、"建设什么样的党、怎样建设党"、"实现什么样的发展、怎样发展"等问题，从根本上为中国特色社会主义制度设计、决策部署等道路发展问题提供群众基础，也为群众深入认识中国特色社会主义本质特征提供价值理论依据。社会主义核心价值观和"六个为什么"就是顺应这种需要而产生的最新理论成果，不仅实现了理论观念的简明扼要、便于传播践行，而且随着中国特色社会主义事业的深入发展和各项宣传教育活动的深入，这些理论已经在实践中显现出巨大的生命力，为中国特色社会主义现代化建设取得新胜利提供了理论依据和精神支撑。

3. 社会主义核心价值观与"六个为什么"互相促进、相辅相成

社会主义核心价值观与"六个为什么"不仅在理论基础和价值取向上具有一致性，二者在内涵、实现路径、本质特征等方面也具有一致性。社会主义核心价值观中的基本范畴将传统合理价值观念和人类文明有益成果中的价值理论赋予时代特色和新的诠释，反映了中华儿女长久以来对社会生活最美好的目标理想和价值追求，并影响着我国经济、政治、文化、社会制度方方面面的发展。进一步提炼、概括社会主义核心价值观，使之更为简明、准确地反映我们党在中国特色社会主义建设过程中的最新探索成果和价值理念，为回答和丰富"六个为什么"提供了深厚的根基。与此同时，社会主义核心价值观的凝练与"六个为什么"的回答都坚持贴近实际、贴近生活、贴近群众的原则和方法，充分挖掘人民群众中的文化潜在价值，积极反映人民心声，实现了先进性与广泛性的结合，推进了马克思主义中国化时代化大众化发展。

总体而言，社会主义核心价值观与"六个为什么"二者互相促进、相辅相成，都立足于中国特色社会主义现代化建设的伟大实践，并在实践中不断探索发展，二者还都是对中国特色社会主义理论体系的创新发展，符合广大人民群众的根本利益要求，为增强社会主义意识形态的凝聚力，形成全民族奋发向上的思想共识提供了精神价值支撑，对于促进人类社会进步具有积极意义。

2.3 在培育社会主义核心价值观中深化"六个为什么"教育

2.3.1 培育社会主义核心价值观的基本路径和要求

社会主义核心价值观的培育是一个系统工程，需要立足现实，通过多种路径，方能使之得到人民群众的广泛认同。

1. 深化社会主义核心价值观的理论研究和学习

科学理论的研究和学习是成功实践的前提和先导，对马克思主义价值理论以及社会主义核心价值观的探索与创新，直接关系到社会主义核心价值观的培育践行成效。因此，在全社会培育和践行社会主义核心价值观，就必须积极组织专家学者开展对"三个倡导"的新理念和新要求的研究，把"三个倡导"的科学内涵、精神实质和内在关系讲清讲透，根据"三个倡导"的理念进一步深化社会主义核心价值观本身的研究，推动社会主义核心价值观的创新发展。并在此基础上，全面掌握不同阶层人民群众的价值需求，加强全体社会成员对以"三个倡导"为基本内容的社会主义核心价值观的认真学习和深度解读，明确当前社会价值共识，为社会主义核心价值观的培育和践行奠定思想认识基础和提供学术理论支持。

2. 发挥党员干部在培育和践行社会主义核心价值观过程中的示范引领作用

建党以来，我们党一直同人民保持着血肉联系，党坚强有力，国家人民就稳定安康，党员干部廉洁奉公，人民群众就会信赖拥护。党员干部作为党和国家各项事业的领导者和组织者，通过他们以身作则、率先垂范式的创造性活动，才能从根本上形成整个社会的良好风气，党的理论路线方针才能变为广大人民群众的实际行动。因此，培育社会主义核心价值观应充分发挥全体党员干部的示范引领作用，教育引导党员自觉学习践行社会主义核心价值观的新要求，在各个社会领域都树立起坚持和践行社会主义核心价值观的榜样和模范，倡导"富强、民主、文明、和谐"的价值目标，汇聚民意、凝聚力量，形成致力于民族复兴的共同意志和精神家园；倡导"自由、平等、公正、法治"的价值取向，形成和谐稳定的社会环境；倡导"爱国、敬业、诚信、友善"的价值准则，形成致力于构建个体价值观与整体价值观高度统一的社会道德体系。

3. 营造认同社会主义核心价值观的舆论环境

辩证唯物主义认为，环境与人的作用是辩证的，环境对人的性格、对价值观的培育有重要的影响作用，因此，培育社会主义核心价值观必须大力营造有利于每一个人形成正确认同科学价值观的社会舆论环境。在我国现实社会中，营造认同社会主义核心价值观的舆论环境，首先要确保舆论导向正确，始终坚持用马克思主义及其中国化创新理论成果武装人民；其次要深入开展共同理想教育，进一步坚定走中国特色社会主义道路的决心和信念；再次要深入开展民族精神和时代精神教育，进一步增强中华民族的凝聚力和创造力；同时还要深入开展社会主义荣辱观教育，努力推动形成良好的社会风尚，使广大人民群众明确社会最基本的价值取向和行为准则。在全社会利用多种手段大力宣传社会主义核心价值体系，促进基于"三个倡导"的社会主义核心价值观走进人们的日常生活和内心世界，从而使社会主义核心价值观的理念和思想真正既"顶天"又"立地"，入脑入耳入心，切实推动社会主义核心价值观的普及化和大众化。

2.3.2 挖掘深化"六个为什么"教育中的价值资源

1. 挖掘深化"六个为什么"教育中国家层面的价值资源

90多年来，我们党带领全国各族人民为实现中华民族的解放和振兴而奋斗，中华民族伟大复兴展现出光明前景。党的十八大报告指出，"新中国成立一百年时建成富强民主文明和谐的社会主义现代化国家"。要坚定这样的道路自信、理论自信、制度自信，依靠的不仅仅是单纯的理论灌输，更为重要的是让人民群众清楚认识到我国经济、政治制度的正确性和改革开放的巨大成就，从而真正拥护我国经济、政治、社会制度，形成对国家的认同感和归属感，产生共同的理性价值认同。改革开放以来，我国所有制形式不断完善，政治体制建设迈出新步伐，人民的生活水平逐步提高，国家综合国力日益增强。然而，在市场经济发展的过程中，由于现实社会的一些不正之风和个别党员干部的腐败现象的影响，一些人对当代资本主义的某些现象及我国发展中产生的某些问题缺乏全面、正确的认识，容易产生对党和政府的信任危机。要挖掘深化"六个为什么"教育中国家层面的价值资源，使广大人民群众真正清楚地认识到我国政治、经济、社会制度的正确性和先进性，把握中国特色社会主义发展规律，客观分析我国政治、经济、社会生活中出现的阶段性问题，并从实践中切身体会党依靠人民历经千辛万苦开创和发展中国特色社会主义所取得的伟大胜利，增强中国人民和中华民族的自豪感，从而明确我国发展的基本方向和价值目标，更加坚定建设富强民主文明和谐的社会主义现代化国家的决心和信心。

2. 挖掘深化"六个为什么"教育中社会层面的价值资源

从历史发展来看，社会主义作为资本主义和共产主义之间的过渡，汲取了人类文明史上丰硕的优秀成果和美好的价值追求，体现着人类文明发展的趋势和进步的方向。但当前，世界多极化、经济全球化趋势曲折发展，社会主义运动遭受东欧剧变的挫折，再加上资本主义在同社会主义的较量中所表现出来的某些优势，使得一些社会成员常常感到实现共产主义似乎是缥缈和虚无的，对中国共产党领导下的社会主义前途信心不足，对树立中国特色社会主义共同理想产生怀疑，这是对中国基本国情的不了解，也是对社会主义本质的认知模糊。社会主义制度的建立，实现了中国历史上最广泛、最深刻的社会变革，坚持走中国特色社会主义道路，既符合中国国情，也是社会主义制度优越性的充分体现。深化"六个为什么"教育，就是从不同方面、不同角度诠释对中国特色社会主义本质的最新探索和价值追求，帮助人民群众深刻认识，社会主义的生命是人民民主，中国特色社会主义的内在要求是公平正义，社会主义法治国家建设是我国的基本方略，自由是马克思主义对人类社会发展的根本追求，是科学发展观"以人为本"的精神实质，中国特色社会主义发展道路就是在吸收借鉴包括资本主义文明成果在内的人类文明有益成果基础之上形成的。挖掘深化"六个为什么"教育中社会层面的价值资源，必须坚持马克思主义立场，善于将马克思主义中国化同我国具体国情以及人民群众的价值追求相结合，立足国家建设和社会发展实际，抓住社会主义制度的本质属性，不断深化对社会主义意识形态和价值取向的认识。

3. 挖掘深化"六个为什么"教育中个人层面的价值资源

建设社会主义文化强国必须坚持发展为了人民、发展依靠人民的思路，尤其在当今日益激烈的国际思想舆论战中掌握主动权和话语权，把全国各族人民群众团结凝聚在中国特色社会主义伟大旗帜之下，形成全社会强大的凝聚力，归根结底是要以发挥人民群众主体作用为前提的，离开人民群众，国家和社会的发展就没有了主体。"六个为什么"中包含着广大人民群众密切关注的六个现实问题，这六个现实问题既是关系党和国家前途命运的重要问题，又是和人民根本利益密切相关的重要问题。深化"六个为什么"教育的目的也不仅仅在于壮大主流思想舆论，服务社会，同时也要实现有效引导、凝聚不同认识水平的人们向着共同的国家和社会发展目标迈进，将国家、社会与个体价值目标统一起来，实现自身的全面发展。因此，塑造爱国、敬业、诚信、友善的公民，既是深化"六个为什么"教育的目标内容，也为"六个为什么"教育实践提供人力保障。同时，中华民族伟大复兴的实现依赖于具有爱国、敬业、诚信、友善精神的全体人民，而如果没有国家的独立繁荣，人民的权利就无法得到保障。只有在深化"六个为什么"教育中善于发掘人民群众中与中国特色社会主义发展相一致的积极向上的精神，引导群众自我教育、自我管理、自我服务，在尊重差异的同时扩大社会价值认同，才能发展壮大主流思想意识形态，为中国特色社会主义现代化建设营造良好的社会氛围。

2.3.3 培育社会主义核心价值观要深化"六个为什么"教育

"一个阶级是社会上占统治地位的物质力量，同时也是社会上占统治地位的精神力量。支配着物质生产资料的阶级，同时也支配着精神生产的资料。"[1]"六个为什么"紧紧抓住我国当前意识形态领域的重大现实问题，从时代和国内外形势发展的视角有理有据、深入浅出地解释和回答了人们在社会主义现代化实践中普遍遇到并关心的热点和难点问题，澄清了当前社会上存在的一些对社会主义核心价值观的模糊认识，使不同文化水平、认知能力的人们都能够认知中国特色社会主义的核心价值观念、发展道路和发展模式。深化"六个为什么"教育，既有利于人们全面系统掌握社会主义核心价值体系的内涵外延与本质特点，充分发挥马克思主义理论以及社会主义核心价值体系的指导作用，使人们自觉把社会主义核心价值观内化为自己的价值观念、政治信念和社会理想；又有利于人们深刻理解扎实推进社会主义核心价值体系建设的重要理论和实践意义，加深人们对人类社会发展规律、社会主义建设规律以及共产党执政规律的认识，使人们准确把握时代潮流和社会发展趋势，增强人们对构建社会主义核心价值体系必要性和必然性的肯定认知；还有利于进一步深化社会主义核心价值体系的实践要求，在改革开放的攻坚期、社会转型的关键期为社会主义核心价值体系找出与实践结合的侧重点奠定理论和现实基础。

因此，在培育社会主义核心价值观的过程中应当而且必须进一

---

[1]　编译局.马克思恩格斯选集：第1卷［M］.北京：人民出版社，1995：98.

步深化"六个为什么"教育。一方面,要抓好科学理论的学习,拓宽理论学习的路径,实现科学理论学习的立体化、全方位发展,加强科学理论的宣传教育,确保科学理论教育具有持续、强化的效应;另一方面,积极引导人们参加广泛的社会实践,借助各种实践工具在现实社会生活中深化"六个为什么"教育,潜移默化地使人们将通过理论学习获得的理论知识在工作和生活实践中转化为中国特色社会主义现代化建设的方向指导和精神动力。

三

"六个为什么"与大学生理想信念教育的关系

正确回答"六个为什么"与加强大学生理想信念教育这二者紧密联系、相互作用。"六个为什么"是新时期大学生理想信念教育面临的主要问题,对"六个为什么"的正确认识,需要坚定的理想信念做支撑。在制约和影响大学生树立正确的理想信念的诸多因素中,对"六个为什么"存在一些模糊甚至错误的认识是主要因素之一。搞清楚"六个为什么"是大学生树立正确理想信念的思想政治基础。只有把"六个为什么"深刻领会了、真正把握了,大学生才能自觉树立正确的理想信念。本章在论述新中国成立以来大学生理想信念教育发展历程、基本经验和时代要求的基础上,对"六个为什么"与大学生理想信念教育的关系进行深入阐述,使之构成一个有机整体,探索形成新形势下加强大学生理想信念教育的新模式。

3.1
理想信念概述

3.1.1 理想信念的科学涵义

1. 理想信念的涵义

"理想"一词,最早源于希腊语"ideal",意思是人生的奋斗目标。在中国古代,理想又被称作"志",即志向。理想,是人们在生活实践中,通过自我认知和对社会发展规律认识逐步深化所形成的对未来社会和自我发展的向往和追求,是与奋斗目标相联系且有实现可能性的一种高度自觉的价值诉求,体现了现实性和可能性的统一、超前性和时代性的统一。根据内容不同,我们一般将理想划分为社会理想、职业理想、道德理想和生活理想。其中,社会理想居于主要地位,决定着其他方面的内容。

信念是人们在长期的实践过程中、在一定的认知基础上形成的对某种思想或事物坚信不疑并身体力行的心理态度和精神状态。信念渗透了人们的认识、情感和意志，是经历极其复杂的内化过程而形成的，因此，信念与其他观念形式不同，它"是由一个观念或意象加上一种感到对的情感所构成的"[1]。坚定的信念一旦形成，就具有很大的稳定性，成为支配人们行动持久的精神动力。

理想和信念作为人类意识的一部分，同属精神范畴；作为人们对客观社会存在的价值追求，它们既是人们所生活其中的社会的全部历史条件、环境等的反映，又体现了人的主观能动性。理想和信念之间还是相互联系、相互依存的。理想的选择是坚定信念的前提，信念的形成则是理想实现的力量。在很多情况下，理想是信念，信念同样是理想。崇高的理想和科学的信念都是人们百折不挠、勇往直前的不竭动力和精神力量。

2. 理想信念教育的主要内容

理想信念不是凭空产生的，而是社会历史的产物。因此，作为一种社会意识，理想信念必然带有鲜明的阶级性和时代性。现阶段，我国各族人民的社会理想从总体上看可分为最高理想和共同理想两个层次。共同理想是建设中国特色社会主义、实现中华民族伟大复兴，最高理想是为将来实现共产主义而奋斗。

具体而言，大学生理想信念教育主要包括三个方面的内容，即马克思主义信仰、中国特色社会主义理想信念以及共产主义理想。马克思主义是被中国革命和建设实践证明了的科学理论，是符合我国基本国情的理论体系。随着中国特色社会主义实践的发展和时代的变化，邓小平理论、"三个代表"重要思想、科学发展观等马克思主义中国化的最新理论成果成为大学生理想信念教育的重要内

---

[1] 罗素. 人类的知识 [M]. 张金言，译. 北京：商务印书馆，1983：183.

容。中共中央、国务院于2004年颁布《关于进一步加强和改进大学生思想政治教育的意见》，对新形势下大学生思想政治教育进行了全面部署,强调大学生思想政治教育要"以理想信念教育为核心"，并对中国特色社会主义的共同理想信念做了具体阐释，即在中国共产党的领导下，走中国特色社会主义道路，实现中华民族伟大复兴。这包括三个层次的内容：其一，对中国共产党领导的信任。其二，对走中国特色社会主义道路的信念。其三，对改革开放和推进社会主义现代化建设、实现中华民族伟大复兴的信心。中国共产党90多年的奋斗历程表明了一个质朴的道理，马克思主义信仰和共产主义信念是中国革命和建设的动力。1848年2月，马克思、恩格斯在《共产党宣言》中运用历史唯物主义的观点分析了资本主义走向灭亡的必然趋势，并揭示了社会主义取代资本主义的历史必然性。《共产党宣言》的问世，标志着马克思主义的诞生，从此，共产主义成为一切先进人士前赴后继为之奋斗的共同目标。

总而言之，任何理想信念都是源于现实、高于现实的，它的产生和存在依赖于一定时代的社会物质生活条件，随着实践的深入和人们自我认知能力的提高，理想信念的内涵也将越来越丰富。中国特色社会主义共同理想和共产主义信念，是中国共产党领导我国人民群众对人类社会发展规律和自身历史使命自觉意识的集中体现，也是当代大学生尤其是大学生中的共产党员和先进分子应该追求的崇高目标。

3.1.2 理想信念的基本特征

理想信念作为人类特有的精神现象，是产生于认知主体在实践过程中对认识结果进行体验和评价的基础之上的，是一个人确立人生奋斗目标和人生价值取向的最高准则，具有自身固有的特征。

1. 阶级性

在阶级社会里，理想信念总是被打上阶级的烙印，其具体内容和实现程度都体现着一定阶级的利益关系和要求，具有鲜明的阶级性特征。纵观人类历史，人们对未来的向往和追求，都是由其所处的社会生活环境所决定，并以其特定的阶级利益为出发点的。无论是奴隶社会、封建社会或者资本主义社会，统治阶级为了维护其统治，通过各种手段和方式，力图将能够代表其利益的理想和信念传递给人们，使其内化为全体社会成员的理想信念。但是，奴隶主、封建地主、资本家是站在剥削阶级的立场上，宣扬的是代表剥削阶级利益的理想信念，而没有一个统治阶级能够像无产阶级那样，以全人类的解放为己任，没有自己的狭隘私利和特权需要维护。因此，作为无产阶级的思想理论武器和理想信念，马克思主义信念以及共产主义理想信念是人类历史上最科学的理想信念。而我国作为社会主义国家，建设中国特色社会主义的共同理想信念，也正反映了最广大人民群众的共同利益，是现阶段包括大学生在内的全国各族人民都应树立并为之努力奋斗的。

2. 时代性

理想信念的时代性，就是指理想信念的具体内容不是固定不变的，而是随着社会的发展变化而发展变化的。

应当说，理想信念不同于空想或幻想，它不是人头脑中先天固有的，也不是凭空产生的。作为一种社会意识形态，它是一定社会历史条件、生产方式和经济政治关系的产物，受到特定时代的制约。由于处于不同的历史时代，人们的全部政治、经济、文化条件以及社会环境都有所不同，因而所产生的理想信念也就相异。从我国社会主义现代化建设的历程来看，新中国成立初期，人们理想信念的目标就是要肃清社会中的封建、买办、法西斯主义思想，建设社会主义新中国；而现阶段，当我国政治、经济、文化已经趋于稳定，人民生活水平有了大幅度提高，共同理想的具体内容就转变为建设中国特色社会主义，实现中华民族伟大复兴。由此可知，理想信念不是无源之水、无本之木，它必然随着社会历史条件的不断变化而向前发展，而理想信念的这种循环往复、逐渐上升又推动着整个社会的进步。

3. 稳定性

理想尤其是信念的产生，是人们在长期的社会实践中，通过对接触到的大量形形色色的思想、价值进行分析和判断之后，自己认为正确并坚定不移地在行动上加以维护和贯彻的结果。与此同时，对于这种行为主体主动加以维护的结果，它不仅仅是一种在认知层面上的肯定，更是一种在情感上的强烈认同。因此，理想信念作为一种对未来的美好憧憬和坚定信念，自从确立之后就表现出一种比一般认识要高的稳定性。

此外，理想信念的稳定性还因为它具有合目的性，是符合人们自身发展的一般规律，是确立人生价值取向的最高准则，集中体现了人生的基本价值取向。因此，理想信念一旦形成，就会成为支配人们某一阶段乃至终生行动的持久的精神向导。当然，这并不是说理想信念不可改变。一般情况下，对于已经确立的理想信念，人们往往会对其持肯定的态度，只有在经过长期的观察和反复的验证、并确认其真正错误之后才有可能逐步改变。

4. 实践性

与一般认识不同，理想信念更具有强烈的实践性，这种实践性突出地表现为它是直接建立在人们长期社会实践基础之上的对自我认识和社会规律认识的深化。从意识形态上看，它不是简单思辨的产物，也不是单纯理论推理的结果，而是人们通过对大量社会实践经验材料的分析，所形成的对现实或未来深信不疑的精神状态，并随着主体社会生活实践深度和广度的拓展而逐步发展完善。同时，理想信念一旦形成，就会成为一种具有持久作用的精神力量，反过来作用于人们的社会实践，指导并鼓励人们在社会实践中去正确地追求个体目标并实现自身价值，促使理想转变为现实。可见，理想信念的形成和发展一刻都离不开实践，它引导人们社会实践不断向前发展并在社会实践中不断得以检验完善、循环升华。

5. 前瞻性

理想信念前瞻性的特征首先表现在它是人们对未来生活有依据的、合理的想象或追求，是对自我和社会发展现实状态的价值目标追求和科学超越构想。理想信念往往不直接表现为对眼前现实的实然性认识，而是表现为建立在现实基础之上的对一种理想状态的应然性认识。它是人们立足于现实基础、发挥主体创造性的产物。其次还表现在理想信念作为人们可以实现的目标和追求，这种目标和信任感往往来源于人们在脑海中勾勒出来的远期的、在当前看来暂时是难以企及却又深刻而持久的情感体验，正是由于这种确认和笃信的情感体验，使人们能够具备对现实开发和拓展的可能性和积极性，使人们的思维在空间上指向世界，在时间上指向未来，促使理想信念随着实践的发展而不断丰富。

3.1.3 理想信念教育的作用

正如江泽民所说:"为了凝聚全国各族人民的力量,共同推进建设有中国特色社会主义的伟大事业,必须在全社会牢固树立共同的理想信念和精神支柱。这不仅是推进事业发展、增强人民团结的要求,也是国家长治久安的需要。"[1]随着国际国内形势的深刻变化和改革开放的不断深入,为了廓清当前意识形态领域中存在的非马克思主义甚至反马克思主义的错误思潮,帮助大学生深化对中国特色社会主义理论体系的认识,深入理解社会主义核心价值体系,引导他们积极投身社会主义现代化建设之中,牢固树立科学的理想信念变得愈发重要。

1. 理想信念具有导向功能,它能够引导人们的思想、行为朝着正确方向发展

理想信念是个人根据自己的社会实践经验确定起来的稳定、持久的价值认同。当一定的理想信念确定之后,它就会使人的思想、行为具有明确的目的性,人们会根据自己的理想信念对社会事物作出选择、分析、评价,并使之朝着自己期望的方向发展。个人理想信念为个人的发展提供了精神支柱和奋斗目标,社会理想则为社会的发展确定了共同的价值目标和价值导向。它是社会和个人发展的方向盘、导航器。俄国作家列夫·托尔斯泰说过,理想是指路明灯,没有理想,就没有坚定的方向,而没有方向,就没有生活。

改革开放以来,中国在经济、社会和文化等各个领域发生了巨

---

[1] 中共中央文献研究室编. 十五大以来重要文献选编:中[M]. 北京:人民出版社, 2001: 1585-1586.

大变化，国民经济飞速发展，综合国力显著增强，国际影响力日益扩大。但与此同时，国际敌对势力与我们争夺下一代的斗争更加激烈，新自由主义、所谓普世价值等西方社会思潮借助全球化浪潮进一步蔓延；随着市场经济的深入发展，我国组织形式、就业方式、利益关系和分配方式等方面更加多样化。面对国际国内形势的深刻变化，大学生理想信念教育也面临着严峻挑战，一些大学生不同程度地存在着理想信念模糊、政治信仰迷茫、道德理念失范、价值取向扭曲、社会责任感缺失等问题。因此，我们必须坚持和强化大学生理想信念教育，紧密联系国际国内形势的深刻变化，联系大学生的思想实际，结合中国特色社会主义建设的伟大实践，使大学生自觉划清马克思主义同反马克思主义的界限，社会主义公有制为主体、多种所有制经济共同发展的基本经济制度同私有化和单一公有制的界限，中国特色社会主义民主同西方资本主义民主的界限，社会主义思想文化同封建主义、资本主义腐朽思想文化的界限，牢固树立科学、坚定的中国特色社会主义理想信念。

2. 理想信念具有激励作用，它能够驱动人们向着既定目标不断努力奋斗、锐意进取

人的行为是一定内部思维意识向外部现实表现转化的反映，是人们在一定的动机驱使下将纳入自己意识体系的思想规范、价值观念自主地转化为自己的行为表现和行为习惯。在这种转化的过程中，物质利益和精神激励的双重驱动都使人们自觉地产生这种外化行为。但相比较而言，作为确定个人奋斗目标和价值取向的最高准则——理想信念，是人们深层次、高层次的思想观念，它显示出比一般的思想、动机更长久、稳固的驱动力量。因为，理想信念产生之后就会自觉地与人们的需要、意志、兴趣、动机有机结合起来，激发人们去努力奋斗。同时，我们应该注意到，人类社会生活的多样性，决定了人们的理想信念具有多层次性和多样化的特点，高尔基说得好："一个人追求的目标越高，他的才力就发展得越快，对社会就越有益。"[1]可以说，理想信念越崇高，人们在克服困难时候的动力就越强大越持久。

新中国成立以来特别是党的十一届三中全会召开以来，我国社会主义建设取得了举世瞩目的巨大成就。现在，我国进入了改革开放的关键期和攻坚期，经济体制、社会结构、利益格局都发生了深刻变动，西方资本主义国家的一些腐朽、错误思想对包括大学生在内的广大人民群众的渗透力度也日益加大。在新形势下，引导大学生树立坚定的马克思主义信仰、共产主义信念和中国特色社会主义共同理想，将使他们进一步坚定对走中国特色社会主义道路的信心，进而激发其从实际出发，自觉为发展完善社会主义制度贡献力量的决心和热情。

3. 理想信念具有凝聚作用，一个民族的共同理想能够产生巨大的吸引力和推动力，激发人们万众一心，向着同一目标前进

正如前面所述，个人理想信念是个体奋发图强的精神动力，而社会理想，则是人们对社会政治、经济、文化等的追求和规划，体现了一个国家、一个民族最广泛的利益要求。在一定意义上可以说，个人理想是社会理想的重要组成部分，而社会理想又是个人理想实现的重要前提基础。因而，共同的理想和信念能够使人们在思想和感情上产生特有的共鸣，从而成为凝聚一个国家和民族的精神纽带。如果没有共同的理想信念，一个社会就可能似一盘散沙，一个国家

---

[1] 高尔基.论文学[M].北京：人民出版社，1978：340.

就可能会四分五裂。

现阶段，包括大学生在内的我国各族人民的共同理想就是在中国共产党领导下，走中国特色社会主义道路，实现中华民族的伟大复兴。这个理想信念反映了全国各族人民的共同利益，也是我国各族人民对祖国未来的共同期望。邓小平曾说："我认为，最重要的是人的团结，要团结就要有共同的理想和坚定的信念。我们过去几十年艰苦奋斗，就是靠用坚定的信念把人民团结起来，为人民自己的利益而奋斗。没有这样的信念，就没有凝聚力，没有这样的信念，就没有一切。"[1]因此，我们要引导大学生正确把握中国特色社会主义的共同理想与个人理想之间的辩证关系，将个人的理想和奋斗融入中国特色社会主义的共同理想和奋斗之中，在服务中国特色社会主义现代化建设的过程中，实现个人的价值和理想，这不仅是大学生成长的内在需求，也是社会主义事业发展的必然要求。

3.2
大学生理想信念教育

3.2.1 大学生理想信念教育的发展历程

理想信念作为社会意识形态的重要组成部分，是社会存在的反映和体现。在人类社会发展的不同阶段，经济基础、政治制度、文

---

[1] 邓小平. 邓小平文选：第3卷[M]. 北京：人民出版社，1993：190.

化交流、阶级关系等呈现出不同情况，这决定了其理想信念的具体内容及其教育的基本要求具有明显的时代特征。

新中国成立以来，根据社会政治经济发展以及高校贯彻党和国家教育方针的情况，大学生理想信念教育的发展历程可以大致分为两个阶段：20 世纪 50 年代至 70 年代末、20 世纪 70 年代末至今。

1. 20 世纪 50 年代至 70 年代末大学生理想信念教育状况

新中国成立初期是中国共产党领导广大人民群众开展巩固人民民主政权的伟大斗争，实现向社会主义社会过渡的时期。这一时期，我国面临着错综复杂的国际国内形势，社会主义和资本主义两条道路斗争激烈，帝国主义和国民党反动派遗留分子等国内外敌对势力疯狂进行各种破坏活动，中国共产党经受着政治、经济、军事等各方面的考验。直至 1956 年，社会主义改造基本完成，社会主义制度在我国基本确立，我国高等学校相应地实现了由新民主主义教育向社会主义教育的转变。

第一，大学生理想信念教育的目标与主要内容。新中国成立初期，理想教育的根本任务就是要肃清封建的、买办的、法西斯主义的思想，引导人们确立集体主义价值观，并将个人理想建立在这一新的价值观基础之上，把人们培养成为具有集体主义价值观的积极的建设者[1]。高校通过对学生进行理想信念教育，培养他们的爱国主义和集体主义思想，以及热爱劳动、兴无灭资的意识和高度的政治警惕性，使其树立正确的马克思列宁主义世界观，具备深厚的革命理论素养、社会主义觉悟以及共产主义道德品质。1956—

---

[1] 苏宝俊. 建国以来的理想教育——以典型人物教育为线索 [D]. 天津：南开大学，2007：2.

1966年曲折中前进的社会主义建设时期，高等院校坚持以马克思列宁主义、毛泽东思想对青年进行社会主义和无产阶级人生观教育，提出培养德智体全面发展、红透专深的社会主义劳动者和接班人的要求，理想信念教育的目标由培养建设者调整为培养革命接班人，促使学生树立和巩固革命的人生观。此时的革命接班人已经大大超越其本来含义，而具有了特殊的内涵：政治可靠性、阶级斗争意识被认为是革命接班人的最为重要的素质。"革命接班人被过度政治化、阶级斗争化，为自觉积极参加祖国建设做好思想准备。"[1] 在此基础上，这一时期的大学生在党的领导和教育下，普遍把为共产主义和社会主义奋斗作为个人理想信念的目标，将"为人民服务"、"为祖国富强而努力"、"为共产主义事业奋斗终生"作为自己职业理想信念的根本出发点。

第二，大学生理想信念教育的主要途径。一方面，高校以课堂为主要渠道，通过各种形式积极组织开展马列主义、毛泽东思想的学习，切实为大学生理想信念教育提供科学的理论基础。20世纪50年代至60年代，全社会掀起学习马列主义、毛泽东思想的高潮，高校开设了新民主主义论、中国革命史、马列主义基础（联共党史）等政治理论课程，教育部门先后发布了《关于全国高等学校马克思列宁主义、毛泽东思想课程的指示》《关于高等学校政治理论课程的规定（试行方案）》《试行"关于高等学校研究生政治理论课的规定"（草案）的通知》等文件，对高等学校政治理论课不断调整和完善。同时，各级各类学校均坚持高起点导入的思想政治教育模

---

[1] 苏宝俊. 建国以来的理想教育——以典型人物教育为线索[D]. 天津：南开大学，2007：2.

式,以共产主义理想信念教育为主导,加强思想政治教育。[1]高校教师和学生也都自觉组织研读马克思主义理论著作并将自己专业知识与马列主义、毛泽东思想相结合,通过不断的学习,提高自己的马克思主义理论素养。另一方面,高校以生产劳动、政治活动为载体,紧密围绕党的中心运动,使理想信念教育在实践中得以贯彻和落实。从新中国成立至70年代末,中国共产党顺利开展了抗美援朝、土地改革、社会主义改造等运动。在此期间,大学生参军参干,有组织地走出学校,主动参与到农民学文化、小私营个体的思想改造等活动之中,在宣讲社会主义政策的同时坚定自己的共产主义理想信念。在"文化大革命"期间,"突出政治"、"上山下乡"、"红卫兵运动"等极大地破坏了高校大学生理想信念教育的正常开展和优良传统。与此同时,这一时期高校大学生的理想信念教育在干扰中坚持,在曲折中发展,许多高校仍然通过各种方式在潜移默化之中引导大学生形成正确的理想信念。雷锋、焦裕禄、邢燕子等劳动模范及行业榜样成为大学生崇拜和学习的目标,"祖国的需要"、"人民的利益"成为高校莘莘学子职业理想的基点和核心。总之,新中国成立后的十几年时间,以课堂教育为主渠道开展的显性教育与通过政治运动等多渠道开展的隐性教育初步结合起来,有力地推动了大学生理想信念教育工作的开展。

第三,大学生理想信念教育师资队伍建设。思想政治理论课教师队伍是马克思主义理论和党的路线、方针、政策的宣讲者,开展大学生理想信念教育的骨干力量,对于培养社会主义事业的建设者

---

[1] 朱卫嘉,向守俊.不同时代理想信念教育的比较研究[M].重庆:重庆出版社,2007:238.

和接班人具有不可或缺、不可替代的作用。新中国成立以后，党和国家根据形势和任务的要求，在实践中积极探索高校思想政治课教师队伍建设的路子，思想政治课教师队伍不断壮大，其素质不断提高。但至20世纪50年代后期，全国高校思想政治教育课教师队伍依然存在数量严重不足的现象。教授和副教授仅占全国思想政治课教师（4600人）的3%，讲师（多为1956年新提升的）占26%，助教则占71%。[1]这种师资队伍严重匮乏的现象制约着思想政治理论教育的发展，不利于培养具有社会主义的价值意识、理想信念的建设社会主义的合格人才。为此，中共中央明确指出，在一切学校中必须进行马克思列宁主义的政治教育和思想教育，加强教师的思想改造工作，把政治思想条件作为提拔师资的首要参考原则。[2]教育部在1958年提出"补充、培养和提高政治课教师的方法"，通过动员党委、政府等部门和团体中政治理论水平较高的干部到高校兼职补充政治课教师、建立专门培养和提高高等学校政治课教师学校、创设马克思列宁主义研修班、召开教学经验讨论会等多种渠道，对高校教师进行思想改造运动，充实马克思列宁主义理论专业师资，成立政治辅导处，配备政治辅导员，初步形成了专职教师队伍与兼职教师队伍相结合、专业组织机构与各部门管理行政相结合的格局，逐渐提高了高校大学生理想信念教育的水平和质量。

新中国成立初期及此后一段时间，按照毛泽东提出的培养又红

---

[1] 教育部社会科学司组编. 普通高校思想政治理论课文献选编（1949-2008）[M]. 北京：中国人民大学出版社，2008：34.

[2] 教育部社会科学司组编. 普通高校思想政治理论课文献选编（1949-2008）[M]. 北京：中国人民大学出版社，2008.

又专的社会主义接班人的方针，高校大学生理想信念教育状况呈现出平稳发展的状态，具体表现为：在政治方面，广大学生的阶级意识较强，他们普遍具有社会主义、共产主义的价值意识、理想信念，以为人民服务为核心观念，重视与工农的结合；在工作、学习方面，广大学生具有尽职尽责、艰苦奋斗、不求功利、大公无私的精神，他们将"能够为祖国服务"作为自己崇高的职业理想，积极响应国家号召，主动到基层、生产一线以及一些偏远的地方，如新疆生产建设兵团、大庆油田接受锻炼，将个人发展与祖国和人民的前途紧密结合。这一阶段，高校大学生理想信念教育工作极大地促进了社会主义制度的巩固，促进了大学生的健康成长，但其同时也存在着明显不足，如片面强调国家、集体的利益，简单地将政治运动作为理想信念教育的重要途径，脱离社会发展的实际，忽略学生全面发展的正当需求，等等。尤其是在"文化大革命"中，受当时特定的政治形势的影响，一些高校要把学生培养成所谓"反潮流英雄"，违反了马克思列宁主义、毛泽东思想关于教育的方针、政策以及人的全面发展的论述，也背离了新中国成立以来高校大学生理想信念教育的正确方向、基本方针和科学内容。这些教训值得认真思考和汲取。

2. 20 世纪 70 年代末至今大学生理想信念教育状况

1978 年党的十一届三中全会以后，党和国家将工作重心从"以阶级斗争为纲"转移到社会主义经济建设上来，重新确立了解放思想、实事求是的思想路线，高校大学生理想信念教育在拨乱反正中迅速恢复正常，重新步入正轨。2004 年 8 月，中共中央、国务院颁布的《关于进一步加强和改进大学生思想政治教育的意见》明确指出，大学生思想政治教育要以理想信念教育为核心，深入进行树立正确的世界观、人生观和价值观教育，使大学生确立在中国共产党领导下走中国特色社会主义道路、实现中华民族伟大复兴的共同理想和坚定信念。[1]改革开放以来，国内外政治、经济、文化、社会环境发生了巨大变化，经济全球化、政治多极化、文化多样化、社会信息化趋势明显。高校大学生理想信念教育逐步适应新的形势和任务，不断实现正规化、科学化发展。

第一，大学生理想信念教育的主要内容和任务。

随着社会主义现代化建设的不断推进，大学生理想信念教育的主要内容和任务也与时俱进，围绕树立共同理想和最高理想特别是共同理想信念这一中心而展开。20世纪70年代末，邓小平就强调要教育大学生坚持四项基本原则，坚决反对资本主义自由化思想，加强对大学生进行拥护社会主义、坚持马克思主义的"三观"教育。党的十一届三中全会以后，中国共产党做出我国还处于社会主义初级阶段的科学判断，邓小平据此提出培养"四有"新人的理想教育目标。党的十二届六中全会上，党中央正式提出把我国建设成为高度文明、高度民主的社会主义现代化国家。在中国特色社会主义理论与实践的发展过程中，大学生理想信念教育的内容不断融入时代精神、不断得到丰富发展，邓小平理论、"三个代表"重要思想、科学发展观等马克思主义中国化最新成果成为大学生理想信念教育的中心内容。现阶段，我国各族人民的共同理想信念是在中国共产党领导下，走中国特色社会主义道路，实现中华民族伟大复兴，最高理想是为将来过渡到共产主义社会而奋斗。当代大学生应当确立在中国共产党领导下，走中国特色社会主义道路，为实现中华民族

---

[1] 中共中央宣传部宣传教育局、教育部社会科学研究与思想政治工作司、共青团中央学校部组编. 加强和改进大学生思想政治教育文件选编（1978—2008）[M]. 北京：中国人民大学出版社，2005：377-378.

伟大复兴而奋斗的共同理想和坚定信念。同时，大学生中的共产党员和先进分子，还应追求更高的目标，树立共产主义的远大理想，确立马克思主义的坚定信念。

第二，大学生理想信念教育的主要途径。

其一，充分利用思想政治理论课主渠道。20世纪80年代初，党和国家明确要求在高校逐步开设"共产主义思想品德课"，旗帜鲜明地对大学生进行共产主义理想信念的宣传教育。20世纪90年代以后，将高校思想品德课统一确定为"思想道德修养"、"法律基础"、"形势与政策教育"，大学生理想信念教育是其中重要内容。1998年，经中央讨论，决定将思想品德课作为"两课"中的一课。思想品德课与政治理论课的结合，形成了我国高校德育的互补与互动，拓展了大学生理想信念教育的广度和深度。进入21世纪，"两课"进一步调整，改称"思想政治理论课"。高校大学生理想信念教育始终坚持与中国特色社会主义建设的实践发展过程和党的理论创新进程相同步、相适应，经历了"85方案"、"98方案"、"05方案"的演化发展过程，通过不断完善学科建设、课程建设、教材建设和教师队伍建设等，促进并深化了大学生理想信念教育。其二，广泛开展各种实践活动。改革开放以来，高校及时调整对大学生社会实践的定位，积极开展志愿服务、科技发明、社区服务、勤工助学、社会调查等各类与大学生专业学习和健康成长相结合的开放式、长效性社会实践活动，形成了专业实习、实践锻炼、就业指导相结合的良好机制。2005年，《关于进一步加强和改进大学生社会实践的意见》的出台，进一步明确了新形势下做好大学生社会实践工作的总体部署和具体要求。在各种形式多样、丰富多彩的主旋律教育活动中，大学生更加坚定了为建设中国特色社会主义、实现中华民族伟大复兴而奋斗的理想信念。其三，大力推进校园文化建设，有效利用各种载体与媒体。改革开放以来，各高校注重陶冶式教育，大力建设各具特色、内涵丰富的校园文化。学生社团纷纷涌现，文化节、艺术节、科技节此起彼伏，各种党团活动生动开展以及综合性校园网络社区加快建设，这一切，使得高校大学生的理想信念教育有了新的载体和工具，更加贴近大学生的生活和实际。总之，随着高等教育的改革发展，开展大学生理想信念教育的手段以及可运用的载体不断增多，隐性教育与显性教育相呼应、传统方式与现代科技相结合，极大地提高了高校大学生理想信念教育的针对性和实效性。

第三，大学生理想信念教育师资队伍建设。

由于"文化大革命"的干扰和影响，当时高校思想政治教育教师队伍不仅数量不足、学历不高，而且部分教师政治理论水平较低、文化科学知识不足，高校以理想信念教育为核心的思想政治教育受到严重影响。改革开放以来特别是党的十三届四中全会以来，党和国家发布了一系列有关思想政治教育师资队伍建设的政策和规定，为加强师资队伍建设提供了政策依据和制度保证。截至1998年5月，全国共有70所高校设置思想政治教育专业，形成了从本科生到硕士生、博士生的完整的专业教育体系，培养了大批从事思想政治教育的高素质人才。进入21世纪之后，党和国家进一步加强对高校思想政治教育教师队伍综合素质的培养。2006年教育部发布《关于高校辅导员队伍建设的规定》，2008年中宣部、教育部联合发布《关于进一步加强高等学校思想政治理论课教师队伍建设的意见》，2010年召开全国加强和改进大学生思想政治教育工作座谈会等，明确提出加强辅导员队伍专业化、职业化建设；确定高校思想政治理论课教师资格标准，要求理论课教师必须与党中央保持高度一致，坚持四项基本原则，在思想上坚信马克思主义，具有全心全意为社会主义教育事业服务的精神；完善准入制度和保障机制，扩大思想政治理论课教师队伍，并通过多层次、多渠道的培训与有计划的出国考察，开阔教师的眼界，提高教师队伍的马克思主义理论素养和专业素养；连续举办哲学社会科学教学科研骨干研修班，组织广大教师系统学习掌握中国特色社会主义理论体系；强调高校各门课程都具有育人功能，所有教职员工都负有育人职责，要把包括理想信念教育在内的思想政治教育融入大学生专业学习的各个环节，渗透到教学、科研和社会服务的各个方面，等等。通过这些工作，初步形成了专业化培养、多样化发展、规范化管理的有中国特色的高校思想政治教育工作队伍建设格局，基本形成了以学校党政干部和共青团干部、思想政治理论课和哲学社会科学课教师、辅导员和班主任为主体的大学生理想信念教育工作队伍。

总体而言，通过改革开放以来的努力工作，高校大学生思想政治面貌和理想信念状况发生了可喜变化，主流积极健康向上。据教育部 2010 年初组织进行的第 19 次高校学生思想政治状况滚动调查表明，当代大学生理想信念更加坚定，89.7% 的大学生对坚持党的领导表示认同，比 2004 年上升近 10 个百分点；70% 的大学生认为只有中国特色社会主义才能发展中国，比 2004 年上升 22 个百分点；88.7% 的大学生对实现全面建设小康社会奋斗目标充满信心，比 2004 年上升 5.5 个百分点。特别是近年来在成功举办北京奥运会、隆重庆祝新中国成立 60 周年、举办上海世博会等大事喜事中，在汶川和玉树抗震救灾、妥善应对拉萨"3·14"事件、乌鲁木齐"7·5"事件和国际金融危机冲击等严峻挑战中，广大青年学生展现出良好的政治素质、高尚的思想境界、强烈的爱国情怀、昂扬的精神风貌和自觉的担当意识，充分表明当代大学生正在成为中国特色社会主义共同理想的坚定信仰者、社会主义核心价值体系的积极践行者、社会和谐稳定的热情维护者。

3.2.2 大学生理想信念教育的基本经验

理想信念教育是一项长期的、复杂的系统工程。新中国成立以来尤其是改革开放以来，高校认真贯彻党的教育方针，坚持大学生理想信念教育的正确方向，在毛泽东思想和中国特色社会主义理论体系指引下，紧密联系中国社会主义建设和改革开放的实际以及时代发展要求和大学生成长规律，注重抓好思想政治教育学科建设，积极构建科学管理和运行协调的长效机制，促进理想信念教育与教学业务工作相结合，在大学生理想信念教育方面取得了显著成绩，积累了宝贵经验。这主要可概括和归纳为以下"三个结合"。

1. 以马克思主义理论尤其是马克思主义中国化最新成果为指导，坚持理论教育与实践教育相结合

从新中国成立初期开始，高等学校就开设了马列主义课程，并按照中央指示加强和扩大马克思列宁主义、毛泽东思想的宣传，对学生进行共产主义道德品质教育。此后，高校通过不断加强和改进思想政治工作特别是思想政治理论课程建设和教材编写，推动邓小平理论、"三个代表"重要思想以及科学发展观等马克思主义中国化最新成果进教材、进课堂、进学生头脑，确保大学生理想信念教育始终沿着正确方向进行。随着我国经济体制深刻变革、社会结构深刻变动、利益格局深刻调整、思想观念深刻变化，社会思想文化越来越多元多样多变，当代大学生处在更加复杂多变的社会思想环境之中。我们坚持用社会主义核心价值体系引领多样化的思想观念和社会思潮,用不断创新的中国特色社会主义理论武装大学生,为大学生理想信念教育提供正确导向和不竭动力。高校在抓好理论教育工作、发挥大学生思想政治教育主渠道作用的同时,还注重实践教育环节,探索理论教育与实践教育相结合的有效途径。新时期,高校在大学生理想信念教育中大力开展参观考察、社会调查、志愿服务、创新创业等活动,引导大学生正确认识党和国家事业发展面临的形势,正确看待我国发展进程中存在的问题和困难,正确处理国家、集体和个人利益的关系,在社会实践中受教育、长才干、做贡献,努力增强实践育人效果,不断强化大学生对中国特色社会主义理想信念的高度认同感、使命感、责任感,大学生理想信念教育工作的时代感和实效性明显增强。

2. 完善高校思想政治教育工作者的素质结构,坚持队伍建设和制度保障相结合

党和国家始终高度重视大学生理想信念教育,因而高度重视作为大学生理想信念教育骨干力量的思想政治教育工作队伍建设。新中国成立初期,教育部就要求各高校校长和副校长中必须有一人亲自领导马克思列宁主义教学工作和教师培养进修计划,克服在职师资量少质差、领导薄弱的现象。新时期,《关于进一步加强高等学校学生思想政治工作队伍建设的若干意见》以及《关于加强高等学校辅导员班主任队伍建设的意见》等文件,明确要求完善大学生思想政治教育工作队伍的选拔、培养和管理机制,提高大学生思想政治教育工作者的育人能力。高校认真落实中央部署,基本形成了以进修为主与攻读学位相结合,职业培训与专题研修相结合,教育部和各相关部门分工负责,较为完善的教师队伍培训网络体系。与此同时，新中国成立60多年来，高校不断完善思想政治教育工作者的素质结构，从思想认识、体制机制、明确政策、培养人才等方面制定措施，逐步在科研立项、职称评聘、国内外学习进修和物质待遇等方面充分考虑思想政治教育工作者的工作特点，在政治上给予信任、工作上给予支持、生活上给予关心，调动广大高校干部、教师、辅导员、班主任等的积极性、主动性和创造性，强化大学生理想信念教育的师资保障机制，促进了大学生理想信念教育师资队伍的年轻化、专业化、职业化和规范化的建设和发展。

3. 以高校为大学生理想信念教育主阵地，坚持学校、家庭、社会多渠道相结合

高校作为大学生理想信念教育的主阵地和主课堂，肩负着为社会主义现代化建设事业培养"四有"新人的重任。新中国成立以来尤其是改革开放以来，高等学校在教材建设、教师队伍建设、教学内容和教学方法改革等方面狠下功夫，充分发挥党团组织的重要作用，积极开辟"第二课堂"，精心打造校园文化建设平台和大学生心理健康教育平台，为开展大学生理想信念教育创造有利条件、打下坚实基础。同时，高校还积极加强与社会和家庭的联系，努力整合教育力量，大力开发教育资源，构建多渠道全方位可持续的大学生理想信念教育体系。社会各方面也主动配合做好大学生理想信念教育工作。特别是2004年《中共中央、国务院关于进一步加强和改进大学生思想政治教育的意见》下发后，中宣部、教育部、团中央等各相关部门陆续下发了17个配套文件，各省市自治区教育主管部门也积极响应和主动跟进，创新方式方法，拓展渠道途径，使大学生理想信念教育始终保持蓬勃生机和旺盛活力，形成了全社会共同关心、引导和帮助大学生树立科学的理想信念的同频共振的合力教育模式和工作发展态势，营造了推进大学生理想信念教育工作向前发展的良好舆论氛围和社会环境。

3.2.3 大学生理想信念教育的时代要求

新中国成立以来，高校大学生理想信念教育尽管经历了许多困难和曲折，但从总体上看所取得的成绩是主要的、所产生的成效是巨大的。必须清醒地看到，当今世界正在发生广泛而深刻的变化，当代中国正在发生广泛而深刻的变革。由于种种原因，当前，大学生理想信念状况也存在一些不容忽视的问题。可以说，现阶段，大学生理想信念教育既面临新形势新任务新要求，又面临新情况新问题新挑战。

邓小平指出："我们一定要经常教育我们的人民，尤其是我们的青年，要有理想。为什么我们过去能在非常困难的情况下奋斗出来，战胜千难万险使革命胜利呢？就是因为我们有理想，有马克思主义信念，有共产主义信念。"[1]站在新的历史起点上，我们应当充分认识加强和改进大学生理想信念教育工作的长期性、复杂性和艰巨性，切实增强工作的预见性、主动性和创造性，在回顾发展历程、总结基本经验的基础上，把握大学生理想信念教育的时代要求，进一步拓展大学生理想信念教育的广度和深度。

1. 注重针对性与实效性的统一

理想信念是大学生世界观、人生观、价值观的根本反映，是大学生政治方向、政治立场、政治态度的集中体现。当代大学生是在

---

[1] 邓小平.邓小平文选：第3卷[M].北京：人民出版社，1993：110.

改革开放后成长起来的。随着社会主义市场经济的建立和西方社会思潮、生活方式的涌入,以"80后"、"90后"为主体的当代大学生的群体特点和个性需求更加鲜明,思想活动的独立性、选择性、多变性、差异性日趋明显。因此,高校大学生理想信念教育必须把立德树人作为根本任务,树立育人为本、德育为先的理念,坚持贴近实际、贴近生活、贴近大学生的原则,准确把握大学生的政治状况、思想特点和成长规律,切实尊重大学生的个性差异、认知特点和接受习惯,充分考虑大学生的群体发展和个人发展的需要,逐渐转变传统重灌输、轻接受,重教育、轻沟通,重理论、轻实践的教育理念和模式,坚持不懈用马克思主义中国化最新成果武装大学生头脑,积极探索用社会主义核心价值体系、社会主义核心价值观引领大学生思想成长的有效途径。把个人理想信念与社会理想信念结合起来,把传授知识与思想教育结合起来,把系统教学与专题教育结合起来。通过有说服力、吸引力、亲和力的解疑释惑、析事明理,回答当前大学生普遍关心的热点难点问题,帮助大学生真正搞清楚"六个为什么",划清"四个重大界限",提高大学生自觉抵制各种错误和腐朽思想影响的能力,引导大学生把个人的理想和奋斗融入中国特色社会主义的共同理想和奋斗之中,融入为实现中华民族伟大复兴的中国梦的奋斗之中,努力增强大学生理想信念教育的针对性和实效性。

2. 注重连续性与长期性的统一

随着解放思想的深入和开放格局的扩大,思想政治教育工作曾一度出现放松的现象,事实上这也带来了一些问题。邓小平敏锐地看到了这一点,在1989年就明确提出:"我们最近十年的发展是很好的。我们最大的失误是在教育方面,思想政治工作薄弱了,教育发展不够。"[1]科学的理想信念的形成和巩固不是一蹴而就、一帆风顺的事情，而是循序渐进、持续发展的过程。在当前和今后相当长的时间内，经济全球化的深化和市场体制的利益驱动、价值相对主义思潮的影响和多元文化的冲突对抗还将继续存在，马克思主义与反马克思主义的思想并存，正确与错误、先进与落后的思想相互交织，大学生在理想信念问题上面临一些困惑、经历一些曲折、出现一些反复是正常的。不能简单指责学生，而应反思改进工作。因此，高校大学生理想信念教育既必须克服形式主义的现象，保持务求实效的态势，注意立足当前、及时应对、抓紧实施、统筹兼顾，也必须克服急功近利的思想，做好长期奋斗的准备，注意着眼长远、前后协调、毫不放松、持续发展。特别是要完善长效工作机制，提高大学生理想信念教育科学化水平。只有坚持大学生理想信念教育的连续性与长期性的统一，才能形成全员育人、全方位育人、全过程育人的生动局面，把教书育人、管理育人、服务育人、环境育人落到实处，使大学生随着实践的锻炼、生活的磨砺、认识的提高和思想的成熟，逐步形成并不断坚定科学的理想信念。

3. 注重继承优良传统与不断改进创新的统一

实践证明，在加强和改进大学生思想政治教育的过程中，以理想信念教育为核心，就必须坚持立德树人，坚持育人为本、德育为先，把社会主义核心价值体系、社会主义核心价值观贯穿于教育教学的全过程；就必须坚持以马克思主义为指导，推动党的理论创新成果进教材、进课堂、进大学生头脑；就必须坚持从当代大学生的思想特点和实际需求出发，不断创新方式方法和手段途径；就必须

---

[1] 邓小平. 邓小平文选：第3卷[M]. 北京：人民出版社，1993：290.

坚持把教育管理与关心爱护结合起来，把解决思想问题与解决实际问题结合起来；就必须建设一支高素质的大学生思想政治教育工作队伍，等等。这些，都是加强大学生思想政治教育、开展大学生理想信念教育的宝贵经验和优良传统，我们应当切实重视、倍加珍惜、自觉坚持。同时，由于我们党在不同时期所面临的历史使命和时代背景不同，思想政治教育也必须与时俱进、不断创新，这就要求我们在开展大学生理想信念教育的时候，既要坚持继承和发扬好的传统和做法，又要紧密联系社会主义现代化建设的实践过程和国际国内形势的发展变化，积极探索新形势下大学生理想信念教育的新途径、新办法、新手段，努力使大学生理想信念教育更好地体现时代性、把握规律性、富于创造性，切实增强高校大学生理想信念教育的时代感和感染力。

4. 注重显性教育与隐性教育的统一

高校思想政治理论课是大学生思想政治教育的主渠道。改革开放30多年来，我们不断加强思想政治理论课的学科建设、课程建设、教材建设和教师队伍建设，不断改进教学内容、教学方法、教学手段和教学载体，着力引导大学生树立正确的理想信念。新时期，适应新的形势和要求，在开展大学生理想信念教育工作中，我们既要继续抓好显性教育，又要努力抓好隐性教育。为此，就必须在坚持和发挥高校思想政治理论课主渠道地位和作用的同时，结合高校和大学生的实际情况，探索并开辟开展隐性教育的渠道和途径。比如，加强校园文化建设，开展校园文化活动，推进高雅艺术和传统文化进校园；重视党团组织和学生组织建设，提高大学生自我教育、自我管理、自我服务的能力；利用重要节庆日、重大活动和开学典礼、毕业典礼等，开展特色鲜明、吸引力强的主题宣传教育活动；积极开辟思想政治教育的"第二课堂",形成专业实习、社会实践、职业生涯指导相结合的长效机制,等等。事实表明,只有将显性教育和隐性教育有机结合起来,才能春风化雨,润物无声,拓展理想信念教育的广度和深度,有效引导大学生树立正确的理想信念,促进以理想信念教育为核心的大学生思想政治教育的科学发展。

总体而言,面临新形势新挑战,把握大学生理想信念教育的时代要求就应以中国特色社会主义理论体系为指导,解放思想,将"坚定不移沿着中国特色社会主义道路前进,为全面建成小康社会而奋斗"的社会政治理想融入大学生日常理想信念教育过程之中,使大学生对党团结带领全国各族人民创造的历史伟业倍加自豪,对党和人民确立的理想信念倍加坚定,对自身肩负的历史责任倍加清醒。

3.3 "六个为什么"与大学生理想信念教育的关系分析

3.3.1 "六个为什么"是大学生理想信念教育面临的主要问题

1. 从"六个为什么"的精神实质来看,"六个为什么"包括了理想信念教育的核心内容,反映了我国人民的共同理想信念,对大学生理想信念教育起着主导作用和基础作用

大学生只有树立正确的理想信念,才能抵制各种诱惑和干扰,

投身到中华民族的伟大复兴中去。而树立正确的理想信念不能囿于口号，也不是做表面文章，而要深刻理解马克思主义指导思想，切实把握中国特色社会主义理论体系，真正了解中国特色社会主义发展的历程与规律，并自觉将其运用于实践活动。"六个为什么"以新中国成立60多年来尤其是改革开放30多年来中国特色社会主义实践为出发点，从历史与现实相结合的角度，坚持立场坚定性和理论彻底性的统一，明确提出了"必须坚持什么"与"不能搞什么"，涉及我们党和国家应当坚持的指导思想、发展道路、政治制度、政党制度、经济制度、发展方向等重大问题，是大学生树立正确理想信念的理论前提与思想基础，是大学生理想信念教育的主要内容与核心内容。不认识、了解、把握"六个为什么"，就不可能说明当今世界社会主义、资本主义已经或正在发生的巨大变化，就不可能回答当代大学生关于理想信念的一系列问题，理想信念教育就将是流于形式、苍白无力的，树立正确的理想信念就将成为无源之水、无本之木。同时，"六个为什么"又是与社会主义核心价值体系建设密切相关的六个重大问题，在目标、任务、内容上与社会主义核心价值体系具有一致性。社会主义核心价值体系的建设，对于引导全国各族人民树立社会主义的共同理想，促进全国各族人民形成思想上的统一和共识，确保中国特色社会主义事业不断向前推进，具有重要的历史和现实意义。"六个为什么"的提出是深入研究社会主义核心价值体系的重大成果，它从理论与实践相结合的高度，围绕社会主义核心价值体系建设，总结概括了我国社会主义发展的基本历程与主要经验，对意识形态领域中出现的各种非马克思主义甚至反马克思主义思想的挑战以及因改革发展进程中凸显的矛盾而怀疑甚至否定十一届三中全会以来党的基本理论、路线方针政策的倾向，都给予了正面回应和有力回答。

　　2. 从高校理想信念教育现状和大学生理想信念状况来看，"六个为什么"从理论与现实两方面揭示了中国发展模式的必然性与规律性，能够克服理想信念教育与大学生实际情况"两张皮"的现象，引导大学生对纷繁复杂的社会现象进行深入分析和认真思考，逐步解决深层思想认识问题，树立正确的理想信念

　　当代大学生以"80后"、"90后"为主体，正处于世界观、人生观、价值观形成的关键时期，具有很强的可塑性，引导他们树立崇高的理想信念，是高校思想政治教育的重要工作和重要内容。从总体上看，应当说，新中国成立60多年来特别是改革开放30多年来，大学生思想状况和精神世界的主流是积极、健康、向上的，他们热爱祖国、志向远大，团结友爱、文明礼貌，对建设中国特色社会主义、实现中华民族伟大复兴有着美好的憧憬。但是，日益复杂多变的国内外形势对大学生产生了较大影响。苏联解体、东欧剧变、国际共产主义运动陷入低潮，社会主义在曲折中发展前进，使一部分大学生对马克思主义在意识形态领域的指导地位产生动摇，对中国特色社会主义道路的历史必然性缺乏正确认识，没有正确看待党内的腐败现象和反腐败斗争，甚至怀疑中国共产党带领中国人民全面建成小康社会、取得社会主义现代化建设全面胜利的领导能力，等等。此外，政治、经济体制改革过程中社会结构与利益关系的调整带来深层次矛盾的凸显，社会就业压力的逐渐加大，部分高校思想政治教育工作薄弱，对思想政治理论课重视不够，对大学生进行理想信念教育的方式方法较为简单，党团活动存在娱乐化现象，等等。这些，使得认知能力发生偏差的部分大学生没有自觉地将个人理想信念与社会共同理想信念有机结合起来，高校理想信念教育

与大学生实际情况存在不同程度的脱节现象。因此，我们必须加强社会主义核心价值体系、社会主义核心价值观的学习和宣传，深刻认识"六个为什么"，从理论和实践的结合上阐述必须坚持什么、不能搞什么，有针对性地教育和引导大学生树立崇高的理想信念，使他们避免思想上出现真空或迷茫的状态，提高从纷繁复杂的社会现象中认识事物本质、把握发展规律的能力，树立中国特色社会主义的共同理想，确立马克思主义的坚定信念。

3.3.2 正确回答"六个为什么"将深化大学生理想信念教育

"六个为什么"全面准确地阐述了社会主义核心价值体系的基本内涵，涉及当今中国"举什么旗、走什么路、以什么样的精神状态、朝着什么样的发展目标继续前进"等重大问题。正确回答"六个为什么"将不断深化并促进大学生理想信念教育，这主要表现在以下几个方面。

1. 坚持马克思主义在意识形态领域的领导地位，而不能搞指导思想多元化，揭示了大学生理想信念教育的本质内容，有利于消除当前各种非主流意识形态和思潮对大学生群体的负面影响，使大学生理想信念教育在抵制干扰、扫清障碍中始终坚持正确的方向

当前，中国正处在社会转型期，面对经济体制、社会结构、利益格局的深刻变化以及西方社会的政治意识、价值观念、各种思潮的猛烈冲击，大学生群体在行为方式、思维观念、价值取向等方面呈现出多样化的发展趋势，但由于没有丰富的社会阅历以及缺乏足够的辨别能力，一些非马克思主义甚至反马克思主义的思想意识对大学生的世界观、人生观和价值观产生了许多负面影响。坚持马克思主义在意识形态的领导地位，推进马克思主义中国化时代化大众化，有力地回应来自于国内、国外非主流意识形态的冲击，抵制新自由主义、民主社会主义、历史虚无主义等消极思想倾向的干扰，是建设社会主义核心价值体系的内在要求，有助于推动大学生理想信念教育沿着正确的方向深入进行。

2. 坚持只有社会主义才能救中国，只有中国特色社会主义才能发展中国，而不能搞民主社会主义和资本主义，对大学生理想信念教育具有重要的导向作用

理念是否科学，道路是否正确，关系到能否自觉引导大学生在社会实践中树立正确的理想信念，关系到高校理想信念教育能否沿着正确的方向前进。深入回答"六个为什么"科学理论，就是要从历史发展的角度详细地阐明社会主义是中国人民和历史的选择，国民党的独裁专政和民族资产阶级的资产阶级民主共和国道路在中国行不通，只有在中国共产党的领导下，社会主义新中国经历历史洗礼和艰辛奋斗才得以建立和发展。目前，高校大学生理想信念教育工作要全面贯彻党的路线、方针和政策，引导大学生在改革开放和发展社会主义市场经济条件下，坚定不移地走中国特色社会主义道路，反对偏离党的基本路线的"左"或右的错误倾向，坚决抵制西方敌对势力支持"台独"等，干涉我国内政的图谋。新中国成立60多年来的伟大成就业已证明坚持社会主义道路的无比正确性，搞民主社会主义和资本主义只会使中国重新陷入动荡不安的困境中而不能自拔。因此，大学生的理想信念教育，必须强调坚持社会主义道路的正确性，只有这样，才能使大学生的理想信念不至于失去正确目标引领而走向虚无或崩溃。

3. 坚持人民代表大会制度，坚持中国共产党领导的多党合作和

政治协商制度，坚持公有制为主体、多种所有制经济共同发展的基本经济制度，而不能搞"三权分立"、不能搞西方的多党制、不能搞私有化和单一公有制，从政治制度、政党制度、经济制度等方面具体阐明了坚持中国特色社会主义的主要内容，不但有助于大学生全面了解社会主义核心价值体系、社会主义核心价值观，而且能够增强大学生树立正确理想信念的信心和决心

改革开放以来，西方敌对势力加紧对我国意识形态领域的渗透，大肆鼓吹新自由主义，企图搞所谓的"颜色革命"，不择手段地颠覆我国的基本政治制度。当代大学生出生于20世纪八九十年代，由于他们未亲身经历过中国革命、建设与改革的艰辛与曲折，受到国际国内各种因素的影响，一定程度上存在着对社会主义制度认识模糊，对社会主义道路把握不够等问题。只有社会主义才能救中国，只有中国特色社会主义才能发展中国，这绝对不是一个理论标签、一句政治口号，而是一个历史结论，是一个包含具体实施方针策略的宏伟蓝图。坚持公有制为主体，既是我国社会主义经济制度的要求和特点，也是我国经济运行的需要和特点，坚持人民代表大会制度和共产党领导的多党合作政治协商制度是我国社会主义道路的必然选择。中国共产党和各民主党派肝胆相照、荣辱与共，精诚合作、相互支持，充分体现了中国特色政党制度的强大生命力和社会主义制度的无比优越性。大学生只有了解这些内容，才能真正树立社会主义理想信念，全身心投入社会主义现代化建设中。深入回答"六个为什么"，以中国革命、建设和改革开放取得的成就以及经历的曲折为出发点，以鲜明的观点、生动的事实、具体的分析、透彻的说理来阐明当代中国发展的一系列重大问题，有助于当代大学生更生动、形象地认识社会主义制度的优越性、中国特色社会主义理论

体系的正确性、实践科学发展观的必要性以及坚持中国特色社会主义发展模式的必然性，有助于正确认识政治制度、政党制度和经济制度等方面的问题。

4. 坚持改革开放不动摇，而不能走回头路，明确了坚持马克思主义理论主导地位，坚持社会主义道路的时代契机，坚持正确的发展方向和道路，为深化大学生理想信念教育的环境建设提供了依据

新中国成立以来特别是改革开放以来，我国经济、政治、文化、社会、生态文明建设等各方面取得了巨大成就，显示了社会主义制度的无比优越性，坚定了当代大学生投身社会主义建设事业的理想信念。但是，经济全球化的深入，世界各种思想文化相互交织、相互激荡，各种非主流意识形态不同程度地冲击着社会主流意识形态，影响着大学生的理想信念，部分大学生对改革开放的深刻内涵和伟大意义认识不清，有的大学生甚至认为改革开放改变了社会主义道路，改向了资本主义道路。这些问题绝不是小问题，而是关系到要不要坚持改革开放的根本问题。深入回答"六个为什么"科学理论，阐述我国改革开放的实质，说明改革开放是决定当代中国命运的关键抉择。改革开放不是搞"私有化"，不是融入资本主义，也不意味着回到过去单一的公有制体制上去，回到过去封闭半封闭的状态，而是坚持科学社会主义的基本原则，以中国特色社会主义理论为指导，牢牢把握社会主义初级阶段这一总依据，根据我国实际情况和时代特征，推进社会主义制度的自我完善和发展。在改革开放中出现一些问题、产生一些矛盾并不可怕，关键是如何认识、如何解决。实践证明，解决前进中的问题、发展中的矛盾同样必须靠坚持改革开放、靠深化改革开放。加强"六个为什么"关于改革开放的科学的阐述和明晰的解释，为我们在理论和改革开放实践之间架起了理解沟通的桥梁，加深了大学生对坚持改革开放的理解，有利于锻炼大学生的鉴别能力，深化他们对社会主义建设和社会主义制度的认知和认同，引导大学生坚持正确的政治方向和价值取向，使大学生理想信念教育更好地发挥导向作用。

3.3.3 大学生理想信念教育促进"六个为什么"发展

高等学校人才比较集中、师资力量雄厚、研究条件较好，承担着人才培养、科学研究、文化传承、社会服务等任务，是思想文化建设的主要阵地和重要场所。在新形势下，加强和改进大学生理想信念教育，总结和提升大学生理想信念教育的经验，对于充实和深化"六个为什么"的科学内涵，丰富和发展"六个为什么"的科学内容，传承和创新"六个为什么"的科学理论，等等，都具有重要的理论意义和实践价值。

1. 加强和改进大学生理想信念教育，发挥高校理论研究优势，推动"六个为什么"科学内涵的不断充实和深化

高校是孕育新思想、新知识、新文化的摇篮，具有浓厚的学术探讨氛围和完善的理论研究机制。新中国成立60多年来，高校培养了一大批马克思主义理论教育工作者和专家教授，成为党和人民事业的"思想库"和"智囊团"，尤其在哲学社会科学研究方面，无论是队伍、项目的数量，还是成果、获奖的数量，高校均占全国哲学社会科学的85%以上，可称之为理论创新发展的主力军。[1]

---

[1] 周济. 高举中国特色社会主义伟大旗帜 进一步繁荣发展高校哲学社会科学[J]. 高校理论战线，2008（3）：4.

高校哲学社会科学紧紧围绕重大现实问题开展探讨和研究，提出了许多重要理论观点，推出了许多重要理论成果，积累了许多重要理论资料，为进行包括大学生理想信念教育在内的思想政治教育提供了坚强的理论支持和有力的理论支撑。"六个为什么"是关系党和国家发展前途命运的根本性问题，也是包括青年大学生在内的广大社会成员普遍关心的重大理论和现实问题。高校在加强大学生理想信念教育的过程中，应当充分发挥哲学社会科学研究方面的人才优势，积极利用哲学社会科学研究方面的理论成果，深入研究"六个为什么"科学理论的内涵、外延、理论结构和实践要求，推动"六个为什么"与社会主义现代化建设的实践相结合、与大学生理想信念教育的实际相结合，使"六个为什么"的科学内涵不断充实和深化。

2. 加强和改进大学生理想信念教育，发挥高校教育启迪作用，促进"六个为什么"科学内容的不断丰富和发展

随着改革开放的不断深化，社会主义市场经济的不断发展，人们的思想意识和价值观念不断丰富变化，这在文化层次高、知识面广、思想活跃、接受能力强的高校大学生中表现尤为明显。一方面，高校大学生在接受理想信念教育时，可以通过自身的理论基础和思想水平，初步加深对"六个为什么"科学内容的认识、理解和认同；但另一方面，由于高校大学生的身心特点及其思想活动的独立性、选择性日趋明显，在面对非主流的思想意识和价值观念与主流的思想意识和价值观念进行理论交锋或实践碰撞、非社会主义理想信念与社会主义理想信念进行理论交锋或实践碰撞时，他们对"六个为什么"科学内容的理解会表现出一定的差异性和多变性。高校广大教师特别是思想政治教育工作者，作为传承历史文化、弘扬先进思想的重要主体，他们不仅要通过自身的言传身教、道德实践、精神风貌，对大学生群体产生广泛教育示范作用，同时还需要通过各种方式和渠道，全面把握、深刻了解大学生的思想观念结构、价值取向结构、道德追求结构和心理素质结构，有针对性地对大学生进行理想信念教育，并通过对实践的总结和经验的提升，丰富和发展"六个为什么"的科学内容，使"六个为什么"的科学理论保持强烈的科学性和旺盛的生命力。

3. 加强和改进大学生理想信念教育，发挥高校宣传导向作用，推进"六个为什么"科学理论的不断传承和创新

一般认为，高校主要具有人才培养、科学研究、社会服务这三大功能。随着实践的发展和高校的改革，人们认为高校还具有文化传承的功能。这些功能足以反映和表明高校在当今社会中的地位和作用。高校作为继承传播民族优秀文化的重要场所、交流借鉴世界进步文化的重要窗口、产生新知识、新思想、新理论的重要摇篮、意识形态工作的重要阵地，既要受到整个社会的影响和制约，也要对整个社会产生影响和作用。高校对于大学生开展的理想信念教育及其成效，高校进行的哲学社会科学研究及其成果，高校推进的校园文化和校风、学风、作风建设及其成绩，对于整个社会的社会主义先进文化的建设、社会主义核心价值体系的构建、社会主义核心价值观的培育、哲学社会科学的繁荣、良好社会风尚的营造，等等，都具有极大的示范作用和引领效应。也可以说，高校的功能、地位决定了其在相当程度上对社会主流意识形态和核心价值体系具有宣传导向作用。高校应该充分发挥这种宣传导向作用和高端引领优势，通过开展大学生理想信念教育并总结其经验、扩大其成果，使"六个为什么"科学理论更好地在全社会得到广泛传播，使当代中国马克思主义更加深入人心；通过引导大学生树立远大的理想信念，推动他们积极发挥自身作用，理论联系实际，校内校外结合，运用自己掌握的理论知识和实践的切身体会去感染、影响身边的人，宣传和普及"六个为什么"科学理论的最新成果，使"六个为什么"的科学理论不断传承和创新。

3.3.4 "六个为什么"与大学生理想信念教育相互促进

"六个为什么"理论问题的鲜明提出与正确回答，有利于深化高校理想信念教育，进一步推动用马克思主义中国化最新成果武装大学生头脑，用社会主义核心价值体系、社会主义核心价值观引领大学生思想成长，提高大学生运用科学理论改造主观世界和客观世界的能力，自觉抵制各种腐朽思想和错误思潮的侵蚀。同时，大学生理想信念教育活动的积极开展与不断深入也是高校社会主义核心价值体系建设和社会主义核心价值观培育取得明显进展和显著成效的有力证明和生动体现，是对"六个为什么"内涵、内容和理论的不断丰富与有益补充，有利于"六个为什么"科学理论在全社会的传播和普及，增强广大干部群众坚持中国特色社会主义方向、旗帜、道路、理论体系、制度不动摇的自觉性和坚定性。二者互相促进、相辅相成。

1. "六个为什么"是推动大学生理想信念教育顺利进行的理论前提和理论支撑

"六个为什么"全面回答了围绕社会主义核心价值体系建设的重大理论问题，不但为解决当前存在于改革开放和人们头脑中的一系列重大问题提供了正确的解答，而且也指出了未来社会主义建设的发展方向，描绘了社会主义祖国发展的宏伟蓝图。马克思主义的指导地位、中国特色社会主义道路是保证大学生理想信念教育始终沿着正确方向进行的根本保证，人民代表大会制度，中国共产党领导的多党合作和政治协商制度，公有制为主体、多种所有制经济共同发展的基本经济制度是促进大学生理想信念教育不断深入的制度保障，而坚持改革开放则为推动大学生理想信念教育科学发展提供了必要的环境条件，这一切，使得大学生理想信念教育因获得强有力的科学理论的支持和支撑而能够更加持久、更加有效。因此，无论是立足于现实，还是着眼于未来，都必须把"六个为什么"与大学生理想信念教育紧密联系起来。

2. 深入进行大学生理想信念教育是促进"六个为什么"科学发展的现实依据和实践动力

实践没有止境，理论发展也没有终点。随着改革开放和社会主义现代化建设的不断发展，我国高等教育已经由过去的精英教育阶段过渡到大众教育阶段。相对于其他社会群体，开展大学生思想政治教育、有效引导大学生思想观念的工作具有特殊性，这需要我们在实践中积极探索和不断总结。在当前形势下，坚持大学生理想信念教育，能够有效地防止存在于部分大学生之中的政治信仰迷茫、理想信念模糊、社会责任感缺乏等现象的蔓延和扩散，有力地抵御西方敌对势力在政治理念、价值观念和思想文化等方面的渗透和侵袭；同时，当代大学生是未来社会主义建设的主力军，是实现中华民族伟大复兴的生力军，加强大学生理想信念教育是确保中国特色社会主义事业兴旺发达、后继有人的基础工程和必要条件，也推动着"六个为什么"科学理论的广泛普及和不断发展。通过我们的不懈努力，一批又一批有远大理想、坚定信念、坚强意志、高尚情操的大学生必将成长起来，成为中国特色社会主义事业的合格建设者和可靠接班人,他们将为社会主义核心价值体系建设和社会主义核心价值观培育添砖加瓦、注入活力,用实际行动和壮丽青春对"六个为什么"做出最好的回答。

信 仰 导 航

四

大学生在"六个为什么"问题上的思想认识状况的调查研究

把握大学生的思想状况,是引导大学生科学认识"六个为什么"、树立正确的理想信念的前提和基础。本章通过调查问卷、座谈访谈、个别谈心、资料借鉴等多种方法,对大学生在"六个为什么"问题上的思想认识状况进行较全面的了解和梳理,为正确开展教育和引导工作提供参考和依据。

4.1 大学生关于"六个为什么"的思想认识状况的调查

正如毛泽东所说,"没有调查是不可能有发言权的"[1]。在将"六个为什么"融入大学生理想信念教育的过程中调查和采集他们关于"六个为什么"的思想认识状况显得尤为重要。作为高校理想信念教育的主体和对象,大学生对"六个为什么"都有哪些认识?产生这些认识的根源在哪?如何才能发挥"六个为什么"对大学生理想信念教育的作用?以及他们对以"六个为什么"指导理想信念教育有什么样的反馈与建议?等等。因此,为了使"六个为什么"能够更好地融入与指导大学生理想信念教育,在本书撰写过程中,我们除广泛搜集相关文献资料之外,还设计了"普通本科院校大学生'六个为什么'与大学生理想信念调查问卷",涵盖"六个为什么"

---

[1] 毛泽东.毛泽东选集:第3卷[M].北京:人民出版社,1991:791.

与大学生理想信念的相关内容，并多次进行修改，力图能够全面反映"六个为什么"与大学生理想信念教育的内在关联性，经测试具有较高的信度和效度。本次问卷采用匿名问卷调查的形式，按照不同地域有代表性地选取了北京、山东、吉林、河北、江苏、湖北、新疆、河南、陕西等 10 余个省（区、市）的高等学校进行，包括综合性大学、工科特色大学、文科特色大学、民族特色大学等各类普通本科高校及民办高校，共发放问卷 500 份，回收有效问卷 497 份，回收率 99.4%。现将调查结果并结合相关文献资料简要介绍如下（本章后面所引资料未注明的均来自这一调查）。

4.1.1 在多元思想文化中坚持马克思主义主流意识形态的指导地位

1. 大学生对于马克思主义指导地位以及各类社会思潮的认识

当前，世界日益多元化，各种思想文化和意识形态也日益多样化，在这种多样、多变的环境中，绝大部分高校学生对马克思主义持有充分肯定的态度，坚持马克思主义等基本政治态度、政治观点，保持着比较清醒的认识，并认同用马克思主义引领各类社会思潮。调查表明，74.2% 的大学生能够对马克思主义有所了解或比较了解[1]，76.7% 的大学生赞同"必须坚持马克思主义在意识形态领域的指导地位，而不能搞指导思想的多元化"，73.2% 的大学生对"马克思主义是被实践反复证明了的科学真理，能够代表我国最广大人

---

[1] 陈跃, 莫小丽. 当代青年大学生信仰问题探析[J]. 西南大学学报（社会科学版）, 2010（3）: 102.

民的根本利益。在当代中国,坚持中国特色社会主义理论体系,就是真正坚持马克思主义"。表示"高度赞同"或"基本赞同"。高校学生普遍认为,坚持马克思主义指导思想的一元化并不会影响思想文化的繁荣,对待外来文化我们要科学地借鉴。但与此同时,部分高校学生对马克思主义及其指导地位还存在一些困惑,例如:为什么马克思主义指导思想居于社会主义核心价值体系的最高层面?马克思主义是否能支撑绝大部分中国国民的精神和信仰?为什么要一直坚持马克思主义的指导地位?其他合理的思想不行吗?在社会主义市场经济不断发展的情况下,文化多样化趋势不断加强,我们又怎么巩固和发展马克思主义的指导地位?[1]等等。

2. 大学生对马克思主义与中国国情之间关系的认识

随着全球化的步履不断加快,我国改革开放也进入了关键期和攻坚期,在对待"马克思主义指导中国特色社会主义发展"问题上,广大高校学生持普遍认同态度,对中国化的马克思主义理论比较认同。[2]调查表明,79.2%的大学生认为马克思主义对个人和社会发展有着积极作用。[3]83.3%的大学生对"马克思主义与时俱进的理论品质决定了它能够很好地指导我国现在和未来的发展"表示"高度赞同"或"基本赞同",并且较之新自由主义等一些西方社会思潮,马克思主义更加符合我国国情。但是,部分大学生在肯定

---

[1] 忻平,王天恩,胡申生. 释疑与解惑:"六个为什么":来自大学生的问题[M]. 上海:上海大学出版社,2009:55-94.

[2] 忻平,陶倩,徐鼎亚. 教学与实证:"六个为什么":来自一线教师的思考[M]. 上海:上海大学出版社,2009:264.

[3] 陈跃,莫小丽. 当代青年大学生信仰问题探析[J]. 西南大学学报(社会科学版),2010(3):103.

马克思主义能够指导中国发展的同时，又产生了如"在马克思主义指导中国的实践过程中，会不会遇到与马克思主义理论产生严重冲突的问题？当问题出现时，我们是坚持马克思主义的指导还是坚持从中国实际出发？"[1]等一些疑问。

3. 大学生个人信仰问题与学习、运用马克思主义理论的反馈

目前，多数大学生能够认同马克思主义是科学理论，学习思想政治理论的兴趣不断提高，对邓小平理论、"三个代表"重要思想以及科学发展观高度认同[2]。同时，在调查中发现，当代"80后"和"90后"大学生由于处于各种思想文化频繁交融的态势之下，自身又广泛接触互联网等新媒介，眼界开阔、思维活跃、批判性与自主性增强，政治信仰教育有所缺失，在选择信仰方面则更加多样化。此外，当代大学生在运用马克思主义解决实际问题方面，经常运用马克思主义解决问题的只有5.2%，很少或从不运用马克思主义解决问题的有32.4%。[3]这些情况值得我们注意和重视。

4.1.2 从中国国情出发，坚持走中国特色社会主义道路

1. 大学生对于中国特色社会主义道路正确性的认同

在当代中国，坚持中国特色社会主义道路，就是真正坚持社会

---

[1] 忻平，王天恩，胡申生. 释疑与解惑："六个为什么"：来自大学生的问题[M]. 北京：上海大学出版社，2009：70-71.

[2] 教育部——2008年高校学生思想政治状况滚动调查[EB/OL].[2010-7-8].http://www.moe.gov.cn/publicfiles/business/htmlfiles/moe/moe_1485/200807/37674.html.

[3] 陈跃，莫小丽. 当代青年大学生信仰问题探析[J]. 西南大学学报（社会科学版）2010（3）：103.

主义[1]。调查表明，当代大学生高度认同中国特色社会主义"一面旗帜"、"一条道路"和"一个理论体系"。68.2%的大学生对"只有社会主义才能救中国，只有中国特色社会主义才能发展中国，而不能搞民主社会主义和资本主义"表示"高度赞同"或"基本赞同"，并且对只有中国特色社会主义才能发展中国表示认同的比例比2004年上升22个百分点[2]。高校学生普遍认为中国决不能搞民主社会主义和资本主义，中国的国情和实际决定了只能走中国特色社会主义道路。民主社会主义和资本主义不能解决中国发展中所遇到的问题，但可以正确地借鉴和吸收其有益成果。与此同时，部分高校学生对社会主义认识上仍存在一些问题，例如：对"社会主义和资本主义逐步走向趋同"的问题，选择"同意"的占29.1%，"说不清"的占34.0%，"不同意"的占35.9%。[3]经过了解，不少学生对这一问题的认识非常模糊。此外，高校学生在某些具体问题上有些思想"扣子"。例如：社会主义初级阶段与资本主义制度相比，都有哪些长短？目前中国社会主义制度是否包含了资本主义特点？[4]等等，都可谓影响高校学生在"中国特色社会主义道路正确性"问题认识上的瓶颈。

---

[1] 高举中国特色社会主义伟大旗帜 为夺取全面建设小康社会新胜利而奋斗——在中国共产党第十七次全国代表大会上的报告，中国共产党第十七次全国代表大会文件汇编[M].北京：人民出版社，2007：11.

[2] 教育部——2010年高校学生思想政治状况滚动调查[EB/OL].[2010-7-8] http://www.moe.gov.cn/publicfiles/business/htmlfiles/moe/s3669/201006/90269.html.

[3] 田霞，王永芳.大学生社会主义核心价值体系教育的调查及对策研究[J].思想理论教育导刊，2010（2）：83.

[4] 忻平，王天恩，胡申生.释疑与解惑："六个为什么"：来自大学生的问题[M].上海：上海大学出版社，2009：130-137.

2. 大学生对于中国特色社会主义道路必然性的认识

新中国已经走过60多年的历程，60多年弹指一挥间，高校学生通过中国近现代史的学习和相关历史的回顾，深刻理解到中国走社会主义道路是历史的选择、人民的选择。调查显示，仅仅13.3%的大学生对"中国没有经过资本主义阶段，应该'补上资本主义这一课'"持赞成态度，大多数大学生认为中国只能走中国特色社会主义道路，不能走资本主义道路，这是由我国社会主义初级阶段的基本国情、历史传统、时代环境以及共同富裕的发展目标等要素决定的，是各民族的根本利益，而非由少数人意志和现阶段各种政治力量对比关系决定的。但部分高校学生对中国特色社会主义道路的历史选择必然性以及中国近代史的历史发展缺乏深刻了解，因此，对一些问题感到困惑。例如：中国为什么在近代发展史上，没有走上君主立宪制？"中学为体，西学为用"为什么会失败？中国跳过资本主义发展阶段对中国有什么影响？等。[1]

3. 大学生对于中国特色社会主义事业发展的认识

教育部2006年高校学生思想政治状况滚动调查结果表明，89%的大学生坚信"中国共产党是中国特色社会主义事业的领导核心"[2]，2007年滚动调查结果表明，95.2%的大学生对未来"中

---

[1] 忻平，王天恩，胡申生. 释疑与解惑："六个为什么"：来自大学生的问题 [M]. 上海：上海大学出版社，2009：105-143.

[2] 教育部——2006年高校学生思想政治状况滚动调查 [EB/OL]. [2010-7-8] http://www.moe.gov.cn/publicfiles/business/ htmlfiles/moe/moe_1485/200606/15474.html.

国特色社会主义事业进一步发展，综合国力增强，国际地位提高"[1]表示乐观。到 2010 年滚动调查结果显示出，高校学生对实现全面建设小康社会的宏伟目标充满信心的比例比 2004 年上升 5.5 个百分点[2]。高校学生对于中国特色社会主义事业发展抱有信心，而且这方面的比例呈现逐年递增的良好态势。同时，大学生对于中国特色社会主义事业未来的发展比较感兴趣，并提出一些问题，例如：中国特色社会主义能解决我国的贫富差距吗？等等。

4.1.3 发扬社会主义民主，坚持人民代表大会制度

1. 大学生对于人民代表大会制度科学性的认识

人民代表大会制度是保障人民民主的最根本的途径。总体来说，大学生对于人民代表大会制度是赞同的。73.2% 的大学生对"必须坚持人民代表大会制度，而不能搞'三权分立'"表示"高度赞同"或"基本赞同"，大多数大学生认同人民代表大会制度是由人民民主专政的社会主义国家这一国体决定的，能够集中反映广大人民的心声，是人民当家做主的根本保障，把人民代表大会制度坚持好、完善好的核心是坚持党的领导。相对于西方国家所谓的"三权分立"，中国的国情需要集中，只有人民代表大会制度才能调动巨大的人力，

---

[1] 教育部——2007年高校学生思想政治状况滚动调查［EB/OL］.［2010-07-08］http://www.moe.gov.cn/publicfiles/business/ htmlfiles/moe/moe_1485/200707/24951.html.

[2] 教育部——2010年高校学生思想政治状况滚动调查［EB/OL］.［2010-07-08］http://www.moe.gov.cn/publicfiles /business/ htmlfiles/moe/s3669/201006/90269.html.

才能提高效率,发挥群众的作用办大事。但同时,部分大学生对于人大与"三权分立"等问题仍缺乏深刻理解,产生一些思想问题,例如:世界上许多国家采用"三权分立"取得成功经验,虽然我们不能搞"三权分立",但能否取其精华,吸收借鉴其优点?"三权分立"已有几百年历史,而我国人大制度只有60多年,中国是否应根据国情发展,赋予其新的时代特色?[1]等等。

2. 大学生对于两会、人民代表的看法

2008年,据教育部高校学生思想政治状况滚动调查显示,高校学生具有高度的政治热情,能够广泛关注党的十七大胜利召开[2]。现如今,随着全国政协会议与全国人大会议的隆重召开,高校学生对人民代表大会的关注度也在不断提升。据调查,许多学校通过广播等形式对两会进行跟踪报道,学生们也通过报纸、网络等立体媒介对两会进行关注,对两会的热点问题进行探讨。北京市团市委、市学联还在2011年3月5日举办了"首都大学生关注'两会'心系国是"主题座谈会,部分代表表示,我们80后的一代已经开始作为代表逐渐走入"两会",作为青年的一代,我们深深地感到了责任的重大和使命的光荣[3]。尽管部分大学生在人大代表选举的过程中,热情不高,并感觉选举是"形式主义",并因个别"人大代表"犯法而对人大代表的素质和能力产生怀疑,但总体上

---

[1] 忻平,王天恩,胡申生.释疑与解惑:"六个为什么":来自大学生的问题[M].上海:上海大学出版社,2009:191—194.

[2] 参见教育部——2008年高校学生思想政治状况滚动调查[EB/OL].[2010-07-08] http://www.moe.gov.cn/publicfiles/business/htmlfiles/moe/moe_1485/200807/37674.html.

[3] 北京共青团——首都大学生关注"两会"心系国是[EB/OL].[2010-07-08] http://www.bjyouth.gov.cn/gzdt/353802.shtml.

仍对"两会"、人民代表持肯定态度。

4.1.4 完善中国特色政党制度,坚持中国共产党的领导

1. 大学生对于政党制度的看法

调查显示,大学生对于目前国家的政党制度普遍抱有认同的心理和态度,71.6%的大学生认为"必须坚持中国共产党领导的多党合作和政治协商制度,而不能搞西方的多党制"。表示中国共产党领导的多党合作和政治协商制度比多党制、两党制、无党派制更符合中国国情,是民主、科学的政党制度,中国共产党与各民主党派之间"长期共存,互相监督,肝胆相照,荣辱与共"的十六字方针更是反映了中国共产党执政、多党合作、参政的良好状况。但仍有少部分学生受西方思潮的影响,对"西方多党制如果在中国国情下实行,会有哪些弊端"等问题认识不清。

2. 大学生对于中国共产党执政能力和当前政府工作等问题的认识

教育部 2010 年高校学生思想政治状况滚动调查结果表明,大学生对坚持党的领导表示认同的比例比 2004 年上升近 10 个百分点[1]。广大学生高度信任党中央,对党和政府的工作特别是驾驭复杂多变局势的领导能力给予高度肯定,2009 年高校学生思想政治状况滚动调查结果也是其很好的证明:99.1% 的大学生对党和政府成功举办北京奥运会、残奥会表示"非常满意"或"满意";

---

[1] 教育部——2010年高校学生思想政治状况滚动调查 [EB/OL]. [2010-07-08] http://www.moe.gov.cn/publicfiles/business/htmlfiles/moe/s3669/201006/90269.html.

99.0%和98.4%的大学生对党和政府在抗击四川汶川特大地震和南方低温雨雪冰冻灾害方面的工作表示"非常满意"或"满意";94.0%和93.7%的大学生对党和政府在扩大内需应对国际金融危机影响和处理拉萨"3·14"打砸抢烧暴力犯罪事件方面的有力领导表示"非常满意"或"满意"。对党和国家在促进农业发展和农民增收方面的工作和举措表示"非常满意"或"满意"的为84.8%;而在2004年调查中,高校学生认为党和政府在解决"三农"问题上"成绩显著"或"较有成绩"的为42.0%。高校学生认为党中央、国务院在上述工作和事件中反应迅速、领导有力、措施到位,充分体现了我们党"立党为公、执政为民"的先进本质,也充分体现了中央领导集体高超的领导水平和驾驭复杂局面的能力。高校学生普遍相信,在党和政府的有力领导下,我国一定能够成功克服国际金融危机的影响,继续保持经济的平稳较快发展。[1]总而言之,共产党执政能力是广大学生最为关注的问题,党开展的廉政肃贪活动成效的大小以及我国各级领导干部的作为程度直接关系到高校学生对党和政府的满意程度。目前,部分大学生对党开展的反腐倡廉工作持有观望的态度,还未充分认识当前社会条件下反腐斗争的长期性和艰巨性。

3.大学生党员情况调查结果

各类高校学生党员占学生总数的比例已从2004年的7.1%上升到2008年的11%,目前每年发展大学生党员数量占全国发展党

---

[1] 教育部——2009年高校学生思想政治状况滚动调查[EB/OL].[2010-07-08] http://www.moe.gov.cn/publicfiles/business/ htmlfiles/moe/ moe_1485/200907/49456.html.

员总数的三分之一以上。[1]据调查，绝大多数高校学生都抱有积极入党的心态，并对党员的身份持有强烈的认同感和责任感。但同时，在日常生活中，一些党团活动形式大于内容，有的党员责任意识淡薄，经常做出有悖党员身份的事情，使得部分大学生对党的认识产生疑虑，对共产主义信仰的坚定性有所降低。此外，从对入党动机的调查结果中，我们也发现了一些不容忽视的问题。76.5%的大学生入党是"为了追求共产主义理想、为人民服务"，17.5%的大学生入党是"为了为以后的仕途做打算"， 1.6%的大学生入党是"为了避免过重的行政处罚"，11.3%的大学生入党是"为了随大流"，24.1%的大学生入党是"为了证明自己的实力"。有些大学生还产生了"党员学生毕业时很抢手，党的宗旨是为人民服务，怎么反过来抢群众的饭碗呢？"[2]等一些不成熟的思想疑问。

4.1.5 保持经济健康发展，坚持公有制为主体、多种所有制经济共同发展

1. 大学生对我国经济制度的认知与对我国目前经济状况的满意度结果

通过调查，我们看到，高校学生普遍对我国目前的经济发展状况表示满意，对坚持我国的基本经济制度持赞同态度。他们认为必

---

[1] 教育部——2010年高校学生思想政治状况滚动调查［EB/OL］.［2010-07-08］http://www.moe.gov.cn/publicfiles/business/htmlfiles/moe/s3669/201006/90269.html.

[2] 忻平，王天恩，胡申生. 释疑与解惑："六个为什么"：来自大学生的问题［M］.上海：上海大学出版社2009：219-222.

须坚持以公有制为主体，但是，公有制的实现形式应该多样化，公有制经济和非公有制经济都是社会主义市场经济的重要组成部分，非公有制经济的发展有利于丰富和提高人民生活水平的质量。调查显示，广大学生比较关注与自身密切相关的问题，在回答"农村经济发展，你认为哪种所有制较好"这个问题时，93.2%的大学生赞同"以家庭联产承包责任制为基础，统分结合的双层经营体制"，并能指出这种农村经济所有制具体有哪些优越性。但同时，一些非公有制和外资企业的发展，给部分学生带来了思想困惑，有些学生认为非公有制和外资企业是有悖于公有制经济的，而因此产生的贫富差距拉大问题又是有悖于社会主义共同富裕目标的。

2. 大学生对社会主义市场经济作用的思考

调查显示，大部分学生认为社会主义市场经济有利于搞活经济，提高人民的积极性、创造性，市场经济讲究的竞争原则能够提高人们劳动的积极性和自主性，从而创造更多的财富。但应该看到，在市场经济带来经济快速发展的同时，市场经济讲究"利润最大化"的游戏规则也给大学生带来了一系列道德、信念方面的问题。在一次海南省大学生专题问卷调查中显示，有24.5%的大学生同意或基本同意"金钱是万能的"，有15.4%的大学生表示"说不清楚"，有26.2%的大学生同意或基本同意"人不为己，天诛地灭"。[1]

3. 大学生对我国经济体制改革的看法

国有经济是我国公有制经济的重要组成部分，国有企业和经济体制的改革直接关系到我国经济的发展。在调查中，广大学生对国

---

[1] 赵康太.大学生理想信念中的认识误区[J].当代青年研究，2005(12)：41.

有企业的作用均持肯定态度并对其发展抱有很大希望，75.1%的大学生认为国有企业改革提高了国企生产效率，实现了科学化发展。并表示国有企业不仅要坚持控制国民经济命脉的行业，也要实现形式多样化发展，提高效率。对国有企业的肯定态度恰恰反映出广大高校学生对我国经济发展模式的赞同。

4.1.6 实现科学发展，坚持改革开放不动摇

1. 对改革开放成就的认同

广大高校学生充分肯定我国改革开放 30 多年来取得的巨大成就和基本经验，95.0%的大学生对"必须坚持改革开放不动摇，而不能走回头路"表示"高度赞同"或"基本赞同"，并认为，改革开放以来，中国政治、经济、文化都有了较大发展，人民生活水平有了很大提高，中国的国际地位也有了较大提升。但仍有部分大学生存在一些模糊认识甚至错误思想，如 3.2%的大学生认为改革开放"把社会主义改没了"，6.6%的大学生认为"国门的开放导致中国越发向资本主义靠近"。应该说，随着改革开放的日益深入，各种西方社会思潮不断涌入，对大学生思想观念、理想信念的形成确实带来了很大程度的影响，从而使 24.9%的大学生产生了"经济建设上去了，但精神文明下来了"的错觉。

2. 对改革开放取得成就原因的探究

对于改革开放以来取得的巨大成就，绝大多数大学生认为与党的正确领导是密不可分的。有 30.5%的大学生认为是坚持以经济

建设为中心取得的，27.3%的大学生认为在于"坚持党的领导"[1]。通过调查，可以看出，对于坚持改革开放强国之路和坚持四项基本原则立国之本二者之间的关系，大多数大学生均能够有正确的认识。而对于未来中国的发展，96.6%的大学生认同"中国的发展可以基于我国基本国情，借鉴人类历史各种文明成果，而不能照搬西方模式"。但大学生对改革开放成就及其原因的肯定并不意味着他们完全能够对改革开放过程中存在的问题看清其本质，如一些大学生提出"我国的改革开放是不是资本主义的嫁接？""改革开放在使人民生活水平提高的同时，怎样避免人民生活压力不断上升"[2]等理论或日常生活中的相关问题，这些问题不是个别大学生的问题，而是反映了一部分大学生对这些问题产生的困惑。

4.1.7 转变教育理念，增强理想信念教育效果

2009年高校学生思想政治状况滚动调查显示，高校学生对学校工作和教师队伍总体评价良好[3]。这是对大学生理想信念教育工作的肯定。但我们应当承认在大学生理想信念教育过程中，还存在着这样或那样的不足。为此，我们以"六个为什么"为基点，对大学生理想信念教育的内容、路径、方式等问题做了调查，并期望

---

[1] 于涵，张瑜，李泽芳.大学生中国特色社会主义理想信念状况调查分析——以首都五所重点高校部分大学生为样本[J].思想政治教育研究，2009（5）：31.

[2] 忻平，王天恩，胡申生.释疑与解惑："六个为什么"：来自大学生的问题[M].上海：上海大学出版社，2009：251-268.

[3] 教育部——2009年高校学生思想政治状况滚动调查[EB/OL].[2010-07-08] http://www.moe.gov.cn/publicfiles/business/ htmlfiles/moe/moe_1485/200907/49456.html.

通过相关数据的分析以增强理想信念教育的效果。

1. 大学生理想信念及其教育情况现状

新中国成立以来,党和国家高度重视对大学生的理想信念教育,并通过各种措施教育和引导大学生坚定理想信念,取得了很大成效。调查显示,关于大学生理想信念教育实效性问题的认识,总体上有68.1%的大学生认同理想信念教育取得了一定效果,仅3.8%的大学生认为"没有效果"。[1]同时,大部分大学生能够认识到理想信念对于个人成长成才具有很大作用,并十分推崇对崇高理想信念的执着追求,如87.3%的大学生认同"只有社会发展了,个人理想才有更好的实现平台",社会理想影响个人具体理想,61.8%的大学生认为中国特色社会主义共同理想可以指导、影响个人理想,并通常能够有意识地将二者结合起来。在对"你的理想"进行调查时,50.1%的大学生选择"马克思主义信仰以及中国特色社会主义共同理想,成为一个对社会有用、品德高尚的人";66.6%的大学生选择"有个好前途";43.3%的大学生选择"有房、有车、有钱"。这一方面表明大学生对科学理想信念的认同,另一方面也反映出部分大学生在理想信念上存在不容忽视的问题。此外,调查发现,部分大学生在将马克思主义信仰以及中国特色社会主义共同理想落实到实际的过程中,不能始终以其为指导,选择也大都比较务实,产生了理想与行动的矛盾。

2. 大学生对在理想信念教育中增加"六个为什么"内容的肯定

2009年6月8日,共青团中央在北京举行了各界青年学习《六

---

[1] 于涵,张瑜,李泽芳.大学生中国特色社会主义理想信念状况调查分析——以首都五所重点高校部分大学生为样本[J].思想政治教育研究,2009(5):31.

个"为什么"——对几个重大问题的回答》座谈会,北京大学学生张慧、北京师范大学学生余春江、中国青年政治学院学生王润泽等纷纷发言表示,"六个为什么"是大学生廓清思想认识上的误区强有力的思想武器,对于加深对中国特色社会主义理论体系的理解具有重要意义[1]。调查显示,75.5%的大学生认同在思想政治理论课中加入"六个为什么"的内容,将理论联系社会生活实际,促使理论大众化发展是有必要的。在上海大学"六个为什么"试点教学中,大学生也表示出极大的认同,认为"六个为什么"系列讲座起到了很大的启发作用,使他们对"思政课"的态度有了改观,并深感开展"思政课"学习和"思政课"创新改革的必要性和重要意义。此外,"六个为什么"不仅有利于大学生正确理解并坚定中国特色社会主义共同理想,还"有利于高校思想政治理论课教师对当代中国马克思主义进行全面理解和系统把握"[2]。它反映了当前复杂社会问题中的热点难点及本质内容,是高校教师对大学生进行理想信念教育的关键性问题。

3. 大学生对理想信念教育相关影响要素的反响

调查显示,高校学生对开设思想政治理论课并进行理想信念教育持肯定态度。对学校工作和教师队伍总体评价良好,在学术水平、学术道德、人格魅力、敬业精神等方面的满意度都超过80%[3]。

---

[1] 中华人民共和国中央人民政府网——共青团中央举行青年学习《六个"为什么"》座谈会[EB/OL].[2009-06-08] http://www.gov.cn/jrzg/2009-06/08/content_1335008.html.

[2] 艾四林.有用管用的思想政治理论课辅导读本[N].人民日报,2009-06-02.

[3] 教育部——2009年高校学生思想政治状况滚动调查[EB/OL].[2010-07-08] http://www.moe.gov.cn/publicfiles/business/ htmlfiles/moe/moe_1485/200907/49456.html.

但在调查中我们发现，现阶段的理想信念教育并不能完全满足大学生的内在需求，随着社会环境的不断变化，影响大学生正确理想信念形成的因素日益复杂化。总体来说，部分大学生理想信念动摇的最主要原因是理想信念教育的过程与现实生活脱节，其次是理论学习不够，缺乏对社会现象本质的把握与对各种错误社会思潮及不良社会现象的负面影响等因素的分析；而影响思想政治理论课对大学生理想信念教育效果的原因依次为：没有什么实际用处，根本不想学（33.2%）、空洞说教不具说服力（53.3%）、授课教师本身理想信念就存在问题（26.8%）、教学方法和内容老套等因素的影响（49.9%）、社会及周围不良风气的影响（35.0%）。一些大学生表示，在思想政治理论课上，部分授课教师对抽象理论的平铺直叙以及期末考核时仅靠理论背诵就能够过关的心态使他们缺乏真正搞懂马克思主义与中国特色社会主义理论的积极性，看不清科学、崇高理想信念产生的真正作用，因而"加大课程改革、改进教学方法（29.8%）"、"加大社会实践（26.7%）"和"优化社会环境（16%）"成为提高大学生理想信念教育实效性的主要途径。[1] 与此同时，我们在调查中还发现，大学生对于国家政治的参与热情高涨，对现阶段国内国外的时事形势很感兴趣。在上海大学试点工作中，"从问题出发"的教育导向也提升了大学生对相关理论知识探讨的积极性，很多学生对"六个为什么"这种以问题为导向的教学思路表示高度赞同。

---

[1] 于涵，张瑜，李泽芳. 大学生中国特色社会主义理想信念状况调查分析——以首都五所重点高校部分大学生为样本[J]. 思想政治教育研究，2009（5）：32.

4.2 大学生关于"六个为什么"的思想认识状况分析

4.2.1 大学生关于"六个为什么"正确思想认识形成的有利条件

1. 大学生关于"六个为什么"正确思想认识形成的思想理论基础

一方面，理想信念教育是党和国家的优良传统和政治优势。马列主义、毛泽东思想、邓小平理论、"三个代表"重要思想以及科学发展观理论中都包含着大量关于大学生理想信念教育的相关内容，思想政治教育学等相关学科也同样为理想信念教育活动提供了理论支撑，从宏观上讲，它们的发展与推进都是现今大学生理想信念教育的科学理论基础；另一方面，2011年是高校学生思想政治状况滚动调查的第20年。据调查表明，与20年前相比，大学生的精神面貌与理想信念发生了转折性的变化，其思想主流保持积极健康向上的态势，在国家大事、难事、急事面前，他们勇于承担责任，对中国共产党的领导、以党中央和政府高度信任，对中国特色社会主义建设充满信心，部分先进分子还树立了共产主义的远大理想和马克思主义的坚定信念。此外，他们紧密关注国际国内形势变化和社会热点、难点问题，及时了解并学习党和国家的路线、方针、政策，并且对"六个为什么"进教材、进课堂、进头脑工作持肯定与期望态度。从微观上说，这些为提高对"六个为什么"的认识及进行理想信念教育提供了现实思想基础。

2. 大学生关于"六个为什么"正确思想认识形成的实践基础

新中国成立60多年来，高等学校在根据时代要求开展大学生理想信念教育的实践过程中，积累了宝贵经验。一方面，党和政府以及各地方相关教育部门重视理想信念教育，进行了积极探索。譬如：高校思想政治理论课程设置先后实施了若干个方案，尤其是"05方案"的实施，从课程的基本内容、课程设置实施工作的基本要求、教材编写、教学研究等各个具体方面作出了较大的调整，并强调大学生"要坚定在党的领导下走中国特色社会主义道路的理想信念"。另一方面，高等学校自身也在教育活动中不断探索引导大学生树立科学理想信念的路径、方法、载体等。通过调查数据的分析，我们可以看出，很多类似红色网站、社会实践考察等喜闻乐见的教育模式受到广大学生的推崇，并且随着社会的发展，这种探索活动还将进一步发展与创新。应该说，从党中央至各省、市、区，到各高校，各项相关工作的扎实推进和各种实践活动的不断深入开展为大学生全面了解"六个为什么"以及以"六个为什么"为主线进行理想信念教育提供了坚实的实践基础。

3. 大学生关于"六个为什么"正确思想认识形成的良好组织基础

2009年高校学生思想政治状况滚动调查显示，高校学生对学校工作和教师队伍总体评价良好。这表明，现在高校教师队伍已逐步趋于完善，能够为当代大学生提高对"六个为什么"的思想认识，以及在"六个为什么"学习过程中深化理想信念教育提供有力的师资保障。众所周知，从新中国成立初期，教育部就开始对思想政治理论课相关教师进行培训，这种优良传统延续至今，很多教学一线的教师通过各种培训熟悉了教材，了解了教学方法、手段，认识了社会思潮发展的最新动态，提高了自身的思想政治素质、专业水平和教学能力。此外，高校还注重专兼职教师相结合，并形成了党政工团齐抓共管的工作格局。可以说，队伍建设的完善和相关管理、评估制度的保障是大学生提高对"六个为什么"的思想认识的良好组织基础。

4.2.2 大学生在"六个为什么"的思想认识过程中存在的主要问题

1. 大学生对"六个为什么"部分相关理论认识模糊，理想信念呈现多样化、嬗变性

调查显示，年级、民族、地区不同，每个大学生所表现的理想信念状况以及认知水平、接受外界信息能力也稍有差异。虽然，从总体来看，大学生主流思想是积极健康进步的，但他们在一些问题上仍存在着模糊的认识，部分大学生对马克思主义理论指导地位产生怀疑，对中国特色社会主义道路缺乏信心，对中国共产党的执政与反腐能力缺乏信任。他们不仅缺少对中国革命和建设实践的亲身体验，也对课本中的理论学习缺乏兴趣。同时，对理想信念的追求趋于务实还使部分大学生产生"共产主义太渺茫"的心理，并认为理想信念教育"没有什么实际用处，根本不想学"。相对于一些先进分子，他们呈现出与之不同的差异性。

2. 部分教师"忽视受教育者自主性"等问题一直存在，先进教育理念亟须上升为集体成员自觉

在理想信念教育过程中，有一些教师深受广大学生欢迎，他们自身思想素质较高，教育理念先进，能够灵活运用多样化的教学手段和生动的语言，活跃课堂气氛，使大学生对"六个为什么"的学习由被动接受转变为主动探求，但就目前情况来看，并非每一个教师都能够很好地承担"传道、授业、解惑"的任务。通过调查我们发现，一些学校、部门和教师对大学生理想信念教育工作重视程度不高，办法不多，导致一些大学生认为"影响思想政治理论课对大学生理想信念教育效果的原因"在于"授课教师本身理想信念就存在问题"，"空洞说教不具说服力"。应该说，教师在当下已不再仅仅局限于"说教"、讲授知识，更着重于挖掘各种有效资源对学生进行引导与启发，发挥学生的自主能动性。因此，转变传统的教育思维，并把部分教师的先进理念上升为整个教师队伍的先进理念已成为增强理想信念教育实效性的有效保障。

3. 教育模式有待改革，理想信念教育缺乏时代性、创新性、实践性

理想信念教育内容、方式、路径、载体、艺术等的选择很大程度影响着教育目标实现的程度。随着社会的不断发展，很多传统的教育方式已经不能完全适应现阶段大学生思维发展和自主学习的需要。据上述调查数据可知，一半以上的大学生认为教学方法和内容老套等因素影响了思想政治理论课对大学生理想信念教育的效果，高达94.1%的学生希望教师通过教学改革提高教育水平。[1]也就是说，绝大多数学生是认同教育模式有待改革的。概括地讲，这方面存在的问题主要有四：其一，理想信念教育内容存在脱离社会发展、脱离学生实际的现象，时代风格减弱，呈现出理想化和泛政治化的特点。其二，理想信念教育管理仍以经验型管理、管教型管理

---

[1] 田霞，王永芳.大学生社会主义核心价值体系教育的调查及对策研究[J].思想理论教育导刊，2010（2）：84.

和单项型管理为主,忽视了学生的主观能动性及自我教育能力的发挥。其三,理想信念教育手段简单化。譬如,传统书本灌输形式往往带来的是教育主客体之间的不平等以及对学生内心活动和思想变化的忽略。其四,理想信念教育评估效果的弱化,理想信念是具有主观性的社会意识,期末考试等量化方式并不能真正反映其实际效果。表面上的了解并不等于真正的理解,能够在实践中运用才算是真正的理解。

4.2.3 大学生关于"六个为什么"的思想认识中存在问题的具体原因

1. 大学生和教师的因素

第一,学生自身素质、认知能力等方面的影响。首先,当代"80后"、"90后"大学生多数是独生子女,他们大多数处在优越的环境中,没有亲身感受过近代以来中国人民的悲惨命运以及新中国成立初期的艰辛,不少人对中国近现代史并不熟悉,因此,在为什么选择当今这样的指导思想、发展道路、政治制度、政党制度、经济制度、发展方向等问题上认识不深刻,而面对现实各种困难或者受到一些思想冲击时,就容易迷失方向。其次,高校大学生,尤其是刚步入大学校门的新生,他们虽然有一定的认知能力,但由于社会实践经验少,对事物内在关系的把握不够全面、深刻,尤其是面对深刻的社会变化以及变革中出现的问题时,容易仅凭表层的现象即作出判断,理论认知大多也停留于被动接受状态,而没有完全内化为自身的知识体系,更难以实现理论的自觉运用。其三,当代"80后"、"90后"大学生思维更为活跃,信息面更为广泛,自主性及批评性增强，务实化转向以及对新鲜事物的追求，这些都使得理想信念教育变得更具挑战性。其四，我们应该承认大学生自身素质高低及认知能力大小是不尽相同的，这也增加了理想信念教育的复杂性。

第二，教师教育观念和方式存在不足。理想信念教育者自身的教育背景、知识构架、年龄构成不同，受过的学术培训以及实践经验相异，这就使得每个教育者在相关问题认知、教育方式运用、教学思维表现等方面也就不一样，但这并不代表所有的教育观念和方式都是科学的、可行的，尤其是长期以来教育者为主体的思维定式，致使部分教师在进行理想信念教育的过程中往往忽视学生的感受、反馈以及学生自我学习的能力，他们习惯于采用传统的理论灌输方式，不断套用过往教育内容与模式，而不能及时将社会新的热点问题融入教学之中，从而脱离了社会发展与学生实际，限制了学生的自主性，但是，这种靠书本灌输形成的理想信念教育是十分脆弱的。与此相类似的问题还很多，从总体上来说，是否符合学生思维规律和学习规律，能否增强理想信念效果，已成为检验教师教育观念和方式正确与否的标准。

2. 国际和国内环境的影响

第一，国际环境及外来文化的冲击。一方面，20世纪80年代末90年代初，东欧剧变使国际共产主义跌入低潮，部分大学生不可避免对马克思主义所阐述的"资本主义必然灭亡，共产主义和社会主义必然代替资本主义"的理论产生疑问，对共产主义的信仰产生动摇；另一方面，近些年来，随着世界多极化和经济全球化的趋势不断增强，西方思想文化和社会意识形态对我国渗透不断增强，以韩剧为代表的日、韩文化的影响也在不断扩大，大学生受到了世界范围内多元文化的冲击。应该看到，这些思想意识文化传播中包含着浓厚的思想意识、价值观念、文化传统、政治主张，其本质是社会主义价值体系和资本主义价值体系之间的较量，尤其是一些资本主义国家对"民主社会主义"、"新自由主义"等思想理论的大肆鼓吹，他们利用科技文化输出资本主义人生观和价值观，拉拢国内外一些专家学者作为舆论喉舌，其目的就是企图蛊惑我国人民群众。部分大学生因为认知较为感性片面、理论知识水平不高，往往容易被这些表面现象所迷惑，从而导致其理想信念发生动摇。

第二，国内变革及社会环境的影响。首先，当前，我国发展进入新阶段，改革进入攻坚期和深水区，社会经济、文化、生活格局发生巨大改变，利益格局深刻变动，大量深层次矛盾和问题日益凸显，理论和实践中的各种热点难点问题频繁出现。应该看到，在"中国式发展道路"取得成功的同时，"中国威胁论"、社会主义"变质论"等理论甚嚣尘上，反映出我国现阶段社会主义建设过程中的杂音与思想领域的激烈斗争。其次，经济体制转轨与市场经济的发展不仅增强了大学生的竞争意识和创新精神，也为各种不良现象和思想观念提供可乘之机，"经济人"效应以及功利主义等错误思想严重冲击着大学生的中国特色社会主义理想信念。再次，现代信息技术的发展使大学生获取信息的途径发生根本变化，对理想信念教育提出了新的挑战。网络信息技术加快了信息传递的速度，增大了信息传播量和生动性，扩大了大学生选择信息的主动权，但信息内容的良莠不齐、信息规范的欠缺都容易导致大学生在信息选择过程中的失误，对他们理想信念的形成起到负面影响。最后，社会中不良风气及腐败现象的出现不仅损害党和政府的形象，降低党的威信和感召力，也给大学生树立正确的理想信念带来了不良影响。

3. 高校理想信念教育本身存在的问题

第一，高校理想信念教育定位不够清晰。一些学校为了追求表面上的成绩，往往一味追求高大全稳的教育，树立正面榜样但回避敏感问题，教育中缺少对现实问题的分析，这样就导致部分大学生在遇到社会不良现象时，容易产生茫然的失落感，进而对现行的各种制度产生怀疑和否定的态度。

第二，对高校理想信念教育的重视程度不够。现阶段衡量一所高校的标准往往是学生就业率、教师学术成就大小、各种国家考试通过率等等一些可以量化的标准，而理想信念作为一种从根本上无法量化的软性要素，往往容易被忽视，理想信念教育虽被当作一个硬性教学指标，但通常这个硬性教学指标在整个教育任务中所占比例较小，课时分配较少。

第三，高校理想信念教育资源整合低效。尽管现在很多高校在寒暑假安排学生进行社会实践，但总体来说，实践时间短、人员少，覆盖率不高，对社会资源的利用率相比教学需要依旧很低。

4.3 大学生关于"六个为什么"的思想认识状况的启示

高校学生理想信念教育之所以取得显著成效，总结起来主要有四个方面的原因。其一，中央领导高度重视、英明决策。党中央在认真分析形势任务的基础上，及时颁布了包括16号文件在内的许多重要文件，从宏观上对大学生理想信念教育起到了指导性、规范性的作用。其二，各相关部门及高校积极贯彻党中央的要求，教育部等部门集中制订下发一系列相关和配套文件，各高校也认真贯彻中央以及上级领导部门的决策部署，做了大量卓有成效的工作。其三，社会主义和谐社会的不断构建，精神文明建设和党风廉政建设深入人心，民主法治、公平正义、诚信友爱、充满活力的良好社会氛围逐步形成。其四，高校学生在理想信念教育过程中表现出积极向上的态度，对理想信念教育过程中产生的困惑主动予以探索并及时给予教育者问题反馈，形成了理想信念教育的良性循环。针对调查和相关文献资料反映出来的目前大学生理想信念教育状况以及大学生关于"六个为什么"的思想认识中的热点、难点问题，我们应该努力做到以下几个方面。

4.3.1 明确大学生理想信念教育目标

1. 坚持马克思主义的指导地位

中国共产党自成立以来，一直把实现马克思主义信仰作为最高追求目标，马克思主义作为我们立国立党的根本指导思想，也是我们观察事物和处理问题的行动指南和理论指导。坚持马克思主义的指导地位就是要用马克思主义武装大学生，引导大学生用马克思主义的立场、观点和方法去观察问题、分析问题和解决问题，从人类社会发展的角度来认识和把握当今世界和中国社会主义实践中的变化，正确对待社会中出现的各种思潮，解决深层次思想认识问题，树立正确、科学的认知思维。20世纪90年代初，苏联和东欧剧变使世界社会主义运动陷入低谷，"马克思主义终结论"曾鼓噪一时；

现阶段由于思想文化和意识形态领域的不平静，高校一些大学生对马克思主义也产生了种种困惑和疑虑，对此，需要具体分析，正确引导。邓小平曾坚定地说："我坚信，世界上赞成马克思主义的人会多起来的，因为马克思主义是科学。"[1]因此，要做好理想信念教育工作，就要坚定广大高校师生对马克思主义的信仰，对共产主义和社会主义的信念。

2. 坚定中国特色社会主义共同理想

中国特色社会主义共同理想是社会主义核心价值体系的重要组成部分，即在中国共产党领导下，走中国特色社会主义道路，实现中华民族的伟大复兴。建设中国特色社会主义是我们党立足基本国情、结合时代需要所提出的正确决策。随着我国发展进入新阶段，改革进入攻坚期和深水区，一些大学生对社会发展过程中的社会贫富差距、少数党员干部腐败、大学生就业等一些阶段性问题产生思想疑问，对党的领导和中国特色社会主义产生怀疑。历史已经证明，中国共产党除了代表最广大人民的根本利益，没有自己的特殊利益，坚持中国共产党的领导是全国各族人民的正确选择，中国共产党领导全国各族人民在社会主义道路上，实现了"天翻地覆慨而慷"的变化，尽管部分党员存在严重的腐败、官僚主义等问题，这些已引起了党中央的高度重视，反腐斗争正日益深入。我们应该紧密结合中国历史发展的历程，联系改革开放和现代化建设的实际以及大学生自身的生活实际，加强中国特色社会主义共同理想的教育，引导大学生认清祖国和人们的期望，更加坚信在党和政府的领导下走中国特色社会主义道路，一定能够实现中华民族伟大复兴的中国梦。

---

[1] 邓小平. 邓小平文选：第3卷 [M]. 北京：人民出版社，1993：382.

3. 先进性要求与广泛性要求相结合

《中共中央国务院关于进一步加强和改进大学生思想政治教育的意见》明确指出，以理想信念教育为核心，使大学生正确认识社会发展规律，认识国家的前途命运，认识自己的社会责任，确立在中国共产党领导下走中国特色社会主义道路，实现中华民族伟大复兴的共同理想和坚定信念。[1] 同时，要积极引导大学生不断追求更高的目标，使他们中的先进分子树立共产主义的远大理想，确立马克思主义的坚定信念。应该说，大学生自身的实践经验、思维方式、认知水平、接受能力都是不完全相同的，对一些问题的认识和看法也会产生一定的偏差，这些都是正常的。我们在理想信念教育中应该做到尊重差异、包容多样，将先进性要求与广泛性要求相结合，这样才能做到有的放矢，因材施教，提高大学生对理想信念教育的自觉接受程度。与此同时，近几年高校学生党员数量显著增加，基本实现了"低年级有党员、高年级有党支部"的目标，这也为我们分层次实行理想信念教育提供了现实基础。

4.3.2 丰富大学生理想信念教育内容

1. 用马克思主义中国化的最新理论成果武装大学生的头脑

马克思主义中国化的最新理论成果是马克思主义科学理论体系与中国特色社会主义实践相结合的产物。"中国特色社会主义理论体系，就是包括邓小平理论、'三个代表'重要思想以及科学发

---

[1] 中共中央宣传部宣传教育局、教育部社会科学研究与思想政治工作司、共青团中央学校部组编. 加强和改进大学生思想政治教育文件选编（1978-2008）[M]. 北京：中国人民大学出版社，2005：377-378.

观等重大战略思想在内的科学理论体系。这个理论体系,坚持和发展了马克思列宁主义、毛泽东思想,凝结了几代中国共产党人带领人民不懈探索实践的智慧和心血,是马克思主义中国化最新成果,是党最可宝贵的政治和精神财富,是全国各族人民团结奋斗的共同思想基础。"[1]虽然通过中学及大学阶段的系统学习,大多数大学生对中国特色社会主义理论体系有了较全面的了解,但对一些大学生来讲,马克思主义中国化的最新理论成果只是"进教材"、"进课堂",而没"进头脑"。面对这种情况,在理想信念教育中就要充分体现和运用马克思主义中国化的最新理论成果,促使学生能够更好地运用马克思主义理论系统认知和解决中国当今和长远发展中的实际问题,坚信中国特色社会主义理论体系是符合中国国情发展的,中国特色社会主义政治制度、经济制度具有独特优势和竞争力。"六个为什么"是深入理解马克思主义中国化最新成果的六个重大问题,它通过问题逻辑总结概括了马克思主义中国化过程中的重点内容和核心内容。因此,将"六个为什么"融入大学生理想信念教育是高校理想信念教育的应有之义。

2. 用富有时代性、创新性的内容充实理想信念教育内容体系

真正彻底的理论应该是符合社会发展潮流,并能够反映社会实践发展的理论,这样才能满足人们不断发展的认知需要。正如"六个为什么"中讲到的意识形态领域中马克思主义和各种错误思潮之间的区别和斗争,这种富有时代性的理论对比使大学生能够透过各种纷争的思潮表象看到其理论本质,并在比较分析中充实知识体系。

---

[1] 高举中国特色社会主义伟大旗帜 为夺取全面建设小康社会新胜利而奋斗——在中国共产党第十七次全国代表大会上的报告,中国共产党第十七次全国代表大会文件汇编[M].北京:人民出版社,2007:33.

应该说，着力推动大学生理想信念教育内容的与时俱进能够有效地提高理想信念教育工作的吸引力、感染力、亲和力。目前，充实理想信念教育体系时代性内容主要可以从以下几方面着手：一是党的基本路线、基本纲领以及最新方针政策的学习和教育。如社会主义核心价值体系、社会主义核心价值观内涵外延和根本要求的阐释；二是基本国情和形势政策的了解和教育；三是中国革命历史、现代化建设和改革开放巨大成就的把握和教育，等等，这些都从不同方面反映了社会主义发展的历史进程，体现了现阶段理想信念教育的任务目标。

3. 解决思想问题与解决实际问题相结合

通过调查我们可以看出，一些大学生理想信念动摇的一个很大原因在于理论与实际的脱节，在这种情况下，如何能够在理论学习中解决实际问题，如何能够将解决思想问题与解决实际问题相结合，就成为制约大学生理想信念教育成效的瓶颈。为此，我们应该在坚持马克思主义理论指导下，面对国内外形势背景，对那些大学生成长发展中的具体实际困难和思想困惑，如就业、学业、经济和心理等实际问题，具有敏感性和敏锐性，注重引导大学生加深对现实性问题的理论思考，把理论学习和社会实际结合起来，创造性地开展工作，切忌"大话"、"空话"、"套话"，切实关心大学生的合理需求和实际困难。实践证明，只有把解决思想问题与解决实际问题相结合，才能将理想信念教育落到实处。

4.3.3 改进大学生理想信念教育方法

1. 重视大学生在理想信念教育中的主体地位，坚持外部教育与自我教育相结合，认真开展批评与自我批评，通过自觉内化增强理想信念教育实效性

重视大学生的主体地位，其实质就是强调"以人为本"思想和科学管理的结合。在大学生理想信念教育中，只有经过内化过程才能算是一个周期的完成，而内化过程正是学生自主发展、自主选择、自主意识、自我评价发展变化的阶段。在这个阶段，必须充分认识大学生的主体地位，有意识地将学生作为理想信念教育的认知和发展主体，从他们的自身情况和实际需要出发，挖掘发挥其潜能和能动性，引导他们从理想信念的他律转变为理想信念的自律，自觉进行自我教育和自我修养，认真开展批评与自我批评，促进大学生更好地将中国特色社会主义共同理想信念内化为自己的主体意识，转变为自身的内在需要。此外，我们还应注意，随着人们学历层次的不断提高，加强具有硕士、博士等高学历的青年人的理想信念教育是当代中国的新课题。由于这一层次的青年人有较高的文化素质，从事的工作往往处于自然科学或社会科学的前沿，自主能力较其他大学生更高，[1]且目前高校的研究生思想理论教育比较薄弱，需要在深化"六个为什么"教育之中突出其重要地位，切实加以改进和加强。

---

[1] 周中之，石书臣.现代思想政治教育理论与实践探微[M].北京：人民出版社，2009：241-242.

2. 将理论教育和实践教育相结合，科学选择、综合运用各类理想信念教育的方法和路径，及时解决大学生理想信念教育过程中出现的问题

"六个为什么"的科学回答是建立在理论和实践相结合的基础之上的，与此同时，加强大学生理想信念教育的过程也应是一个理论教育和实践教育不断结合的过程。将理论教育和实践教育相结合包括两层涵义：首先，坚定的理想信念来源于科学的理论认知，发挥高等学校思想政治理论课和哲学社会科学课的作用，通过科学的理论灌输使马克思主义理论体系深深植根于广大高校学生的头脑之中，深入挖掘各类课程的理想信念教育资源，可以使大学生在学习科学文化知识过程中，形成科学理论知识体系，保持清醒头脑。其次，努力拓展新形势下大学生理想信念教育的各种有效途径，精心做好与课堂教学相对应的社会实践、校园文化建设、红色网站建设等各方面工作，让大学生通过各种活动和路径受教育、长才干、做贡献，坚定理想信念。此外，针对目前大学生理想信念教育中存在的问题，我们还应综合运用信息调查法、分析决策法、比较教育法、隐性教育法等各种理想信念教育方法，让学生在明史鉴今的过程中明辨是非，坚定科学理想信念。

3. 注重把握教育时机，运用晓畅通达的语言，促进理想信念教育理论化和大众化有机结合，实现理想信念教育成果的最大化

毛泽东曾强调，在马克思列宁主义的理论宣传和教育中，"空洞抽象的调头必须少唱，教条主义必须休息，而代之以新鲜活泼的、为中国老百姓所喜闻乐见的中国作风和中国气派"[1]。"六个为

---

[1] 毛泽东.毛泽东选集：第2卷［M］.北京：人民出版社，1991：534.

什么"的回答就是在中国特色社会主义理论指导下,用深入浅出、通俗易懂的语言,具体鲜活的事例来分析当今国际国内发展大势以及马克思主义理论的科学性。这种深入浅出、丰富多样的语言艺术技巧,恰恰能够适应现阶段大学生的普遍认知结构和多样化的认知需求。也就是说,多用鲜活通俗的语言、生动典型的事例、喜闻乐见的形式,选择恰当时机对大学生进行理想信念教育,可以起到事半功倍的效果。

4.3.4 优化大学生理想信念教育环境

1. 共创和谐校园,建设积极、健康、向上的教育环境

学校是大学生生活和学习的主要场所,积极、健康、向上的校园文化,优良的校风、教风和学风,良好的校园环境建设,都能够起到重要的育人作用。应该说,校园文化的本质决定了它是大学生理想信念教育的一个重要载体。而随着西方各类社会思潮、价值观念、文化思想不断涌入大学校园,各种敌对势力和反马克思主义思潮加紧对大学生进行意识形态的渗透,一些大学生也深受影响。因此,要加强校园文化建设,建设体现社会主义特色的校园文化,充分发挥大学生尤其是学生党员生力军的作用,重视校园景观塑造、人文环境创设、师德师风建设、良好人际关系环境培育,将校园文化建设与课堂教学、社会实践紧密结合,构建学科专业育人、社会实践育人、环境育人、管理育人的多位一体的育人平台,邀请知名人物进校园,在授知识、展德馨的过程中传播积极健康的价值追求,通过校报、校刊、校园网络、文化活动等校园特有载体的合理运用,正确评析错误观点和言论,让学生在积极向上的校园环境中受到潜移默化的陶冶，形成科学的理想信念。

2. 优化社会文化氛围，形成良好的社会风气

近些年来，世界范围内的各种思想文化交流、交融、交锋日益频繁，思想理论领域杂音噪音时有出现，我国经济体制的变革带来了社会结构的变动与利益格局的调整，人们思想多样化发展，少数党员干部出现腐败行为，一些领域道德失范、诚信缺失等现象的蔓延，都使得部分大学生对马克思主义和中国特色社会主义共同理想产生了一定程度的动摇。应该说，在改革攻坚期，优化社会文化氛围，为大学生理想信念教育创造良好的社会风气，不仅是党中央的一贯要求，也是大学生理想信念教育的应有之义。因此，加强大学生理想信念教育应整合一切社会资源，切实抓住《国家中长期教育改革和发展规划纲要》实施的契机，进一步优化校园周边环境，各级党委和政府积极配合，大力发展先进文化事业，营造良好舆论环境，注重强化政策的价值导向，关心大学生在学习、生活、就业中遇到的困难，特别是要完善与大学生自身利益密切相关的经济、文化、社会和生态文明等方面的具体政策，提高社会综合治理力度，不断加强党风廉政建设，优化社会风气，营造良好舆论环境，用国家治理体系和治理能力现代化建设的实际成效传递社会主义主流价值的正能量，使大学生在无形中受到良好社会风气的感染。

3. 加强家庭教育环境建设，整合家庭育人资源

对大学生进行理想信念教育，需要学校、社会、家庭三方面的合力，而来自不同地域、家庭，学生个体和学生群体在理想信念教育过程中所面临的问题也不完全一样。父母的人生观、价值观以及他们待人接物的态度，往往成为子女生活中一种隐形的思想行为模

板，绝大多数高校学生都认为自己的第一任老师是父母，父母的影响、家庭环境的影响，从某种意义上来讲，将决定一个人看问题的态度。"大量统计数字表明，青少年犯罪，最初往往源于有严格缺陷的家庭环境"。[1]可见，加强家庭教育环境建设，整合家庭育人资源，将有助于大学生理想信念教育效果的巩固和强化。

---

[1] 张耀灿、陈万柏. 思想政治教育学原理[M]. 北京：高等教育出版社，2003：218.

信 仰 导 航

五

在大学生理想信念教育中深化"六个为什么"教育的原则

在大学生理想信念教育中深化"六个为什么"教育应当坚持正确的原则,本章拟对此进行具体论述。进行"六个为什么"教育必须从大学生的思想实际出发,把先进性要求和广泛性要求结合起来,区分层次,有的放矢,注重实效;要牢牢把握正确导向,针对大学生普遍关心的热点问题和学习中的难点问题,做好释疑解惑、统一认识的工作;要贴近大学生的思想实际和理论需求,把我们要说的与大学生想听的结合起来,把逻辑的力量与情感的力量结合起来,把透彻的说理与鲜活的语言结合起来,把解决大学生思想上的认识问题与解决大学生生活中的实际问题结合起来,把我们的教育、宣传、引导与大学生的成长成才和现实利益需求结合起来,引导大学生自觉树立科学的理想信念。

5.1 深化"六个为什么"教育原则确立的依据

5.1.1 坚持科学理论指导

任何一门具体学科的研究都离不开理论,理想信念教育之所以是一项科学的工作,是因为它基于若干理论原理作为理论依据。"六个为什么"重要理论思想,是马克思主义中国化的最新理论成果,是中央提出的六个与社会主义核心价值体系建设密切相关的重要理论。因此,在大学生理想信念教育中深化"六个为什么"教育必须明确教育原则确立的依据,坚持科学理论的指导。

1. 马克思主义是深化"六个为什么"教育的指导思想

"六个为什么"重要理论思想,旗帜鲜明地指出必须坚持马克思主义在意识形态领域的指导地位,而不能搞指导思想的多元化,它坚持马克思主义的世界观、人生观、价值观,与马克思主义原理一脉相承。因此,在大学生理想信念教育中深化"六个为什么"教育，就要坚持马克思主义对教育原则确立依据的指导地位。马克思主义理论中许多重要原理为包括深化"六个为什么"教育在内的大学生理想信念教育提供了重要的理论依据。具体来讲：首先，马克思主义的世界观揭示了自然界、人类社会和人类思维发展的客观规律，为大学生理想信念教育确立了实事求是的思想路线，也为大学生理想信念教育提供了理论武器。其次，马克思主义的人生观理论包括人的本质理论和人的全面发展理论，为大学生理想信念教育指明了正确的培养目标，为大学生树立共产主义理想信念提供了理论指导。再次，马克思主义的价值观理论解决了人的价值评判问题，它明确指出人的价值是自我价值与社会价值的统一，只有在人民的价值中才能谈到个人的价值，对大学生理想信念教育具有重要的指导意义。坚持以马克思主义理论为根本指导思想，是大学生理想信念教育能够发展的根本条件，离开马克思主义科学理论的指导，大学生理想信念教育就会偏离正确的方向。

2. 中国特色社会主义理论体系是深化"六个为什么"教育的根本指针

中国共产党第十七次全国代表大会提出了中国特色社会主义理论体系的科学命题，明确指出："中国特色社会主义理论体系，就是包括邓小平理论、'三个代表'重要思想以及科学发展观等重大战略思想在内的科学理论体系。"[1]中国特色社会主义理论体系是包括深化"六个为什么"教育在内的大学生理想信念教育的根本指针。首先，中国特色社会主义理论体系对大学生正确认识我国现

---

[1] 高举中国特色社会主义伟大旗帜 为夺取全面建设小康社会新胜利而奋斗——在中国共产党第十七次全国代表大会上的报告，中国共产党第十七次全国代表大会文件汇编[M].北京：人民出版社，2007：33.

行的政治、经济、文化制度具有理论指导意义。邓小平理论比较系统地回答了在中国这样一个经济文化比较落后的国家如何建设社会主义、如何巩固和发展社会主义等一系列基本问题，开创了中国特色社会主义理论体系。"三个代表"重要思想，在邓小平理论的基础上，进一步回答了什么是社会主义、怎样建设社会主义的问题，创造性地回答了建设什么样的党、怎样建设党的问题。以人为本、全面协调可持续的科学发展观的提出，标志着我们党对中国特色社会主义建设规律、执政规律、人类社会发展规律的认识达到新的历史高度。邓小平理论、"三个代表"重要思想和科学发展观，围绕经济、政治、文化、社会、党建诸方面展开和深化，是中国特色社会主义长期实践经验的概括和总结，是一脉相承的科学理论，它们对指导大学生从整体层面上正确把握中国特色社会主义提供了理论依据，为大学生追根溯源，认识历史演进的整体规律和必然性并作出应有判断和结论提供了历史根据。其次，中国特色社会主义理论体系中包含的理想信念教育相关论述为在大学生理想信念教育中深化"六个为什么"教育提供了直接依据。例如，邓小平理论关于思想政治工作必须坚持实事求是的原则，培养"四有"新人的相关阐释对于新时期改进和加强大学生理想信念教育工作提供了具体目标以及方法论指导，等等。"六个为什么"重要理论适应国际国内形势的变化，将理论与实践、历史与现实有机结合，全面准确地反映了中国特色社会主义理论体系、制度和道路问题，阐述了关系党和国家命运的根本性问题。因此，坚持中国特色社会主义与坚持"六个为什么"是相辅相成的，坚持中国特色社会主义理论体系对大学生理想信念教育的根本指针地位能够适应我国当前大学生理想信念教育的现实需要。

3. 社会主义核心价值体系是深化"六个为什么"教育的理论指南

"马克思主义指导思想、中国特色社会主义共同理想、以爱国主义为核心的民族精神和以改革创新为核心的时代精神、社会主义荣辱观"四个方面共同构成了社会主义核心价值体系。社会主义核心价值体系的提出，其目的是要形成全民族奋发向上的精神力量和团结和睦的精神纽带，是要团结包括青年大学生在内的广大人民群众，坚定中国特色社会主义理想信念的决心和意志。"六个为什么"紧密联系国际国内形势的深刻变化，联系干部群众的思想实际，结合我国近现代170多年的历史、新中国60多年的建设以及改革开放30多年的历程，用生动的事实深入浅出、全面准确地阐述了关于社会主义核心价值体系的六个重大问题，可以说，"六个为什么"重要理论思想的提出和阐述，其目的就是为了深入实践科学发展观，帮助人们科学把握社会主义核心价值体系。因此，以"六个为什么"为重点对大学生进行理想信念教育势必要围绕社会主义核心价值体系进行，把社会主义核心价值体系融入理想信念教育工作的方方面面，也能够最大限度的引导大学生树立中国特色社会主义的理想信念。

5.1.2 符合社会发展要求

符合社会发展要求就是指要在认知社会发展规律的基础上对大学生进行包括"六个为什么"教育在内的理想信念教育。马克思认为："历史并不是把人当作达到自己目的的工具来利用的某种特殊的人格。历史不过是追求着自己目的人的活动而已。"[1]可以说，随着国际国内形势的不断变化，社会经济结构、政治结构、组织结构、利益结构等都发生了新调整，这对高校进行理想信念教育提出了新的要求，也同时为其奠定了实践基础。高校在理想信念教育中深化"六个为什么"教育，必须进一步解放思想、实事求是、与时俱进、求真务实，从各方面积极应对多变的社会发展状况，使高校理想信念教育与社会发展的需要相适应、相协调。

1. 在大学生理想信念教育中深化"六个为什么"教育必须适应社会政治、经济、文化的发展要求，服从于社会发展

首先，深化"六个为什么"教育必须服从社会政治发展的需要，坚持马克思主义的指导地位，服从和服务于党和国家的中心工作，高举中国特色社会主义的旗帜，向大学生展示发展道路、政治制度、政党制度等方面的新成果，使其感受社会主义政治制度的优越性。其次，深化"六个为什么"教育必须服从社会经济发展的需求。在社会主义初级阶段，我们坚持公有制为主体、多种所有制经济共同发展的基本经济制度，这要求大学生理想信念教育必须以坚持集体主义为原则，以为人民服务为核心的思想道德体系。再次，深化"六个为什么"教育必须服从社会文化发展的需求。大学生理想信念教育受到思想文化的影响和制约。文化传统、文化环境、文化条件影响着大学生理想信念教育内容方式的选择，社会主义核心价值体系是社会主义先进文化的反映和表达，"六个为什么"作为社会主义核心价值体系的重要内容在某种意义上决定着大学生理想信念教育的社会地位。

---

[1] 编译局.马克思恩格斯全集：第2卷[M].北京：人民出版社，1957：118-119.

2. 在大学生理想信念教育中深化"六个为什么"教育必须促进社会政治、经济、文化的发展要求，为改革开放大局服务

首先，包括深化"六个为什么"教育在内的大学生理想信念教育通过长期的爱国主义、集体主义、社会主义教育，培养大学生的社会主义民主意识、法制观念以及可持续发展理念，引导大学生树立科学的世界观、人生观、价值观，发挥大学生理想信念教育的优势，为国家培养合格的接班人。其次，大学生理想信念教育为经济工作提供政治保证，为经济发展提供动力保障。只有当大学生坚定为中国特色社会主义共同理想奋斗的意志，才能自觉发挥其主观能动性。通过运用"六个为什么"重大理论来解答大学生在社会发展过程中产生的一些思想实际问题，可有效防止大学生的个体苦恼变成群体苦恼。因此，应及时通过理想信念教育让大学生站在社会发展规律的宏观层面去正确看待发展过程中出现的问题，避免消极心理出现。再次，理想信念教育通过向大学生传播中国特色社会主义文化，批判和抵制腐朽文化，将维护社会主流文化的主导地位。

总体而言，马克思主义关于人类社会发展的理论表明，社会发展的动力是经济、政治、文化诸因素交互作用的复杂系统。"六个为什么"重要理论思想揭示了社会发展的规律，从历史发展的角度反映了中国发展的历程，是改革开放和现代化建设的发展概括，是中国近代史和中国革命的理论阐述，也体现了中国特色社会主义事业的发展方向。在大学生理想信念教育中深化"六个为什么"教育，有助于大学生正确认识社会发展规律，深入理解中国特色社会主义道路的科学内涵，解决大学生深层次的思想问题，也有利于大学生理想信念教育工作更好地符合社会发展的实际和要求。

5.1.3 贴近学生思想实际

我国现在正处于社会转型期，国内国际形势的变化对大学生理想信念教育带来了严峻的冲击和挑战。一方面，部分大学生分析问题和思考问题欠成熟，过分追求个人发展，缺乏社会责任感；另一方面，大学生面临的学习压力、就业压力以及情感压力逐渐增加，他们容易出现情绪消极、意志脆弱的状况，有的甚至轻生。因此，从客观现实的角度而言，在大学生理想信念教育中深化"六个为什么"教育是现阶段高校德育工作的紧迫要求。针对大学生理想信念教育出现的新情况、新问题，我们必须坚持以学生为本的原则，贴近大学生思想实际的原则，引导大学生树立科学的理想信念。

首先，用马克思主义中国化的理论成果武装大学生头脑，帮助大学生解决思想观念问题。中共中央、国务院《关于进一步加强和改进大学生思想政治教育的意见》指出："加强和改进大学生思想政治教育，提高他们的思想政治素质，把他们培养成中国特色社会主义事业的建设者和接班人……具有重大而深远的战略意义。"[1]高校是对学生进行马克思主义教育的主阵地，在对大学生结合"六个为什么"进行理想信念教育的过程中，我们一方面要通过深入学习和把握马克思主义中国化的最新理论成果，提高大学生的思想理论水平，引导他们用马克思主义的基本立场、基本观点和基本方法武装自己，自觉实践党的基本理论、路线、纲领；另一方面，对教

---

[1] 中共中央宣传部宣传教育局、教育部社会科学研究与思想政治工作司、共青团中央学校部组编. 加强和改进大学生思想政治教育文件选编（1978-2008）[M]. 北京：中国人民大学出版社，2005：376.

育过程中出现的偏差和问题，要用马克思主义理论的基本观点、立场和方法予以解答，帮助大学生掌握分析问题的方法，理清问题的思路。

其次，针对大学生思想实际，包括深化"六个为什么"教育在内的大学生理想信念教育工作要发挥大学生的积极性、创造性，坚持贴近大学生思想实际的原则。一方面，随着社会的变革和发展，大学生对热点问题普遍关注，对思想政治的热情逐渐增强，我们要有针对性的对大学生思想上存在的困惑和疑虑，联系我国社会前进和发展的伟大实践，深入剖析，解释疑惑，辨别是非，让大学生在深切感受中坚定科学的理想信念。另一方面，我们要引导大学生深入了解改革开放的伟大实践，对大学生进行爱国主义教育，增强大学生的责任感和使命感，逐渐引导大学生将自我价值实现与社会价值实现、个体的自由而全面的发展与社会的发展相结合，全面提高大学生理想信念教育的效果。"六个为什么"重要理论思想立场坚定，旗帜鲜明，回答了大学生普遍关心的涉及党和国家前途命运的重大问题，体现了马克思主义理论与我国改革开放伟大实践的结合。"六个为什么"重要理论思想，从人们特别是大学生自身的实际思想状况出发，对理论学习中的疑惑和问题进行化解，提高大学生对马克思主义立场观点方法的理解和领悟，有利于引导大学生牢固树立中国特色社会主义共同理想信念，提高思想政治理论素养。

5.2
深化"六个为什么"教育遵循的主要原则

5.2.1 外部教育与自我教育相结合

1. 拓宽渠道,增强外部教育实效性

所谓外部教育,是指教育者通过自己的言行,把政治观点、思想体系和道德规范转化为教育对象的自觉行动的实践活动,外部教育是提高大学生理想信念教育的重要途径。人的生存和发展不仅要以一定的环境为前提,而且人的思想政治品德也是在一定的环境中形成和发展的。[1]

在进行包括深化"六个为什么"教育在内的大学生理想信念教育工作过程中,外部教育包括学校、家庭和社会等方面,这些教育渠道都需要拓宽,尤其要重视发挥高校在大学生理想信念教育工作中的优势条件,高校思想政治理论课是进行大学生理想信念教育的主渠道,思想政治理论课要充分体现党在新时期最新的理论成果。这就要求进行大学生理想信念教育工作必须充实和体现我们党最先进的理论思想、马克思主义中国化的最新成果,同时大学生理想信念教育工作既要有理论深度又要易于接受,枯燥的讲理、空洞的说教是不能让广大学生信服的,不关注社会现实问题,是不可能把这些问题解答好的。"六个为什么"重要理论思想回答的是关系到党

---

[1] 教育部社会科学研究与思想政治工作司组编.思想政治教育学原理[M].北京:高等教育出版社,2006:144.

和国家前途命运的根本性问题，也是广大青年大学生普遍关心的重大理论和现实问题，是马克思主义中国化的最新成果，是我们党最可宝贵的政治和精神财富。列宁曾指出："工人本来也不可能有社会民主主义的意识。这种意识只能从外面灌输进去。"[1]大学生的理想信念以及对"六个为什么"的认识也不是天生而来的，也需要通过灌输，在外部教育的作用下习得的。"六个为什么"重要理论思想在深刻总结社会主义革命和建设实践基础上，分析问题、阐述理论，深入浅出、通俗易懂，具有很强的吸引力、感染力和说服力，易于为大学生所掌握，有利于大学生理想信念教育工作的全面发展。此外，"六个为什么"重要理论思想对问题的回答立场坚定，旗帜鲜明，没有任何模糊，大学生理想信念教育工作同样如此。教师在教学中发挥着主导性作用，教师的立场、观点、方法、理论直接影响着学生，高校教师要充分发挥对大学生理想信念教育工作的引导作用，为人师表、率先垂范，对学生应该讲什么，不应该讲什么，高校教师必须有准确的把握，其本身的马克思主义素养要高，同时还要有崇高的人格魅力，才能吸引学生，才能更好地实现大学生理想信念教育工作的要求。

2. 转变理念，倡导自我教育自觉

所谓自我教育，就是教育对象自己教育自己，自己接受积极的影响，通过自我认识、自我选择、自我调控等过程，通过自我学习、自我修养、自我反省、自我总结、自我批评、自我改造等方式，把政治观点、思想体系和道德规范转化为教育对象的自觉行动的实践活动。我国著名教育家叶圣陶曾说："教育的目的就是为了达到不

---

[1] 编译局.列宁选集：第1卷[M].北京：人民出版社，1995：317.

教育。"引导和启发大学生进行自我教育是加强大学生理想信念教育的一个重要环节和有效的方法，也是开拓思想政治教育新思路的一个重要理论问题。大学生接受新知识、新理论的过程，不是机械、被动地全部吸收，而是要经历一个"内化"的心理过程。[1]

随着经济社会深刻变革、思想观念深刻变化，大学生思想认识上和实践中的热点难点问题层出不穷。由于大学生群体的文化水平、实践经验、认知能力有所不同，在面对各种思潮、言论时，一部分大学生就容易感到困惑，难以选择，甚至出现理想信念的动摇。"六个为什么"重要理论思想教育为大学生自我教育提供契机，通过大学生自我自身内化，可提高理想信念教育水平。一方面，"六个为什么"重要理论思想阐释的是当前人们经常碰到的主要问题，不少问题非常复杂尖锐，又不可回避。"六个为什么"重要理论思想将理论性与实践性结合起来，把抽象的逻辑推理融入具体鲜活的史实例证之中，旗帜鲜明地告诉我们，当今中国要"举什么旗、走什么路"，我们应该怎么做，不应该怎么做，大学生在深化"六个为什么"的教育中，通过自我教育，自觉接受先进、正确的教育影响，抵制消极影响，主动进行思想转化和行为控制，使提高自身理想信念水平成为可能。另一方面，"六个为什么"重要理论思想以问题形式为切入点，一经提出就在大学生中间引起了强烈的反响和广泛的热议，使大学生对面临的一些复杂的实际问题和理论问题深入反思探究，当自我想法和自我认识与"六个为什么"重要理论思想产生矛盾、发生冲突时，通过自身的思想矛盾运动，更多地检查自己，

---

[1] 苏海舟. 试论引导大学生自我教育的意义及途径[J]. 思想理论教育导刊, 2010 (10): 93.

反省自己，找出不足，并能不断地克服自己的不足，纠正自己的缺点与偏差，规范自我，完善自我，最终将使大学生真正理解并内化先进的理论思想，达到大学生理想信念教育工作的预期效果。

总之，外部教育与自我教育是深化"六个为什么"教育过程中互相联系、相互制约、彼此促进的两个方面，它们的结合是理想信念教育必须遵循的一个原则。在"六个为什么"进学生头脑，促进大学生中国特色社会主义理想信念的确立过程中，一靠学校、家庭和社会等外部教育的影响，靠教育者特别是高校教师的理想信念教育工作；二靠大学生自我教育的自觉性，大学生通过自主的学习、自觉的反省、主动的锻炼，最终将树立科学的理想信念。充分发挥"六个为什么"重要理论思想对大学生理想信念教育的指导作用，积极引导大学生反思社会中的热点问题和复杂现象，有利于激发大学生自我教育的自觉性，加深对"六个为什么"理论思想的领悟，将理论内容内化为自我要求，提高自身的理想信念水平。

5.2.2 先进性要求与广泛性要求相结合

坚持先进性要求与广泛性要求相结合，是我国社会主义初级阶段加强大学生理想信念教育工作要遵循的一个原则。在大学生理想信念教育中深化"六个为什么"教育同样要从实际出发，区分层次，着眼多数，大力提倡学生党员干部积极带头践行社会主义、共产主义道德，既要鼓励先进，又要照顾大多数，坚持先进性要求和广泛性要求相结合。

1. 保持先进性，发挥榜样模范作用

所谓先进性要求，就是指在大学生理想信念教育工作中，思想

道德水平、政治素质的"提高问题",它是针对大学生中的先进层次、先进人物所提出的教育要求,它要求加强社会主义、共产主义思想的宣传和教育,加强党的最先进的理论成果的宣传和教育,使大学生的理想信念教育水平由低层次逐步引向高层次,使大学生的思想道德素质不断升华。[1]要保持先进性,我们就应用最先进的科学理论武装头脑,在思想上保持先进性,并且鼓励和倡导大学生中的先进分子带头坚持社会主义方向、践行共产主义理想信念,为其他大学生做出表率。什么是我党最先进的理论思想呢?中国特色社会主义理论体系。"六个为什么"重要理论思想恰恰反映了这一体系,是党在新时期理论思想建设最新的理论成果,体现了我国处于社会主义初级阶段的先进性价值导向。"六个为什么"重要理论思想,一方面,紧密联系国际国内形势,紧密联系改革开放和现代化建设的实际,以问题为导向,聚焦广大人民群众的热点问题,系统研究并着力回答广大人民群众包括大学生普遍关心、密切关注的重大理论问题和现实问题;另一方面,坚持马克思主义在意识形态领域的指导地位,强调共产主义理想信念教育。与此同时,我们要用"六个为什么"先进的理论思想武装大学生中的先进分子,使他们充分理解"六个为什么"等理论思想的内涵,自觉用"六个为什么"重要理论思想武装头脑,不断校正自己的世界观、人生观和价值观,把中国特色社会主义理想信念和共产主义的理想信念内化成自己的行动,在政治上、纪律上、思想上、作风上为周围同学做出榜样与楷模,通过榜样人物的模范行为和优秀品质来熏陶、感染、

---

[1] 钟青林,张国斌.关于思想道德建设的先进性和广泛性问题[J].理论界,2004(1):64.

引领大学生的思想、情感和行为，通过"以点带面"影响、带动身边的大学生，产生"一花引来万花开"的效果，从而逐渐地用先进性要求教育所有大学生，最终达到理想信念教育的目的。

2. 注重广泛性，满足广大学生需要

所谓广泛性要求，就是指大学生理想信念教育中的思想道德水平、政治素质的"普及问题"，它要求我们在广阔的层面上以大学生群体为教育对象，强调在贯彻和落实大学生理想信念教育的原则时，要照顾到大学生的思想、文化、教育和道德水平以及经济地位、所处环境和文化水平的实际情况，还要符合新时期大学生思想中存在的多种层次、多种阶段、多种觉悟和多种境界并存的客观事实。现阶段，大学生处于经济全球化的大时代和我国社会改革开放的转型期，这种复杂、多元的社会大环境，容易使一些大学生不同程度地产生理想信念迷茫甚至动摇等问题，在这种情况下，我们要旗帜鲜明地坚持社会主义的价值追求和价值目标的教育，引导大学生自觉抵制腐朽、没落和消极的思想影响。"六个为什么"重要理论思想是适应大学生理想信念教育广泛性要求的重要理论武器，针对大学生群体普遍关心的重大问题和客观存在的一些困惑，"六个为什么"用鲜活的事例、通俗的语言，既旗帜鲜明、立场坚定，又直面现实、明辨事理，努力澄清模糊认识，解除思想疙瘩，化解认识困惑。我们要将"六个为什么"重要理论思想积极融入大学思想政治理论课教学中，将教学内容与大学生的实际生活相结合，采取灵活多样的语言艺术，有针对性地回答他们关心和困惑的问题，进一步推动大学生深层次思想问题的解决，积极营造"六个为什么"重要理论思想学习宣传和理论研究的氛围，更好的发挥"六个为什么"重要理论思想对大学生理想信念教育的指导作用，使大学生理想教

育覆盖面更广泛，针对性和实效性更显著。

在深化"六个为什么"教育中，必须坚持先进性要求和广泛性要求相结合。一方面，先进性要求是广泛性要求发展的方向和趋势。先进性要求代表大学生理想信念教育工作的方向，我们要用"六个为什么"理论思想武装大学生中的先进分子，使他们深刻领悟"六个为什么"重要理论思想的精髓，积极践行先进性要求，追求更高的思想境界，为其他大学生做出表率，促使大学生群体的理想信念教育水平由广泛性向要求先进性要求发展。另一方面，广泛性要求是先进性要求的基础和前提。广泛性要求虽然比先进性要求低，但它是大多数学生能够认同和接受的，大学生理想信念教育工作必须重视广泛性要求，在"六个为什么"重要理论思想指导下，解疑释惑，才能得到最广泛的理解和支持。只有坚持先进性要求和广泛性要求相结合，以先进性要求为先导，以广泛性要求为基础，大学生理想信念教育工作才能真正取得实效。

5.2.3 解决思想问题与解决实际问题相结合

胡锦涛指出："加强和改进思想政治工作，要十分注意把解决思想问题和解决实际问题相结合。"[1]解决思想问题与解决实际问题相结合，是社会转型期马克思主义原理在大学生理想信念教育工作中的具体应用。在大学生理想信念教育中深化"六个为什么"教育，必须在帮助大学生解决实际问题的同时，关心、解决他们的

---

[1] 中共中央文献研究室编著. 十五大以来重要文献选编：下 [M]. 北京：人民出版社，2003：2220.

思想问题。

解决思想问题与解决实际问题相结合,是开展深化"六个为什么"教育的大学生理想信念教育工作必须坚持的一个原则。首先,要关注大学生的实际问题,实实在在地为大学生解决问题。我们要正视大学生面临的学习、生活、感情等方面的实际问题,帮助他们分析问题的来龙去脉,同时调动大学生的主观能动性,引导他们通过合理有效的途径解决问题。[1] 其次,必须在解决大学生实际问题的过程中,强化理想信念教育。现阶段,大学生生活中面临一些困难需要我们帮助解决,但解决实际问题并不意味着可以忽视对大学生理想信念的教育。因为人们追求自身利益、实现自我价值的过程中,如果思想问题不解决就可能包含狭隘性、片面性,所以,应对大学生进行理论教育,引导他们树立正确的理想信念,通过理性的渠道表达自己的现实问题诉求。[2]

针对大学生理想信念教育工作出现的新情况、新特点,思想政治工作者必须用科学理论指导,必须坚持理论和实际相结合的原则引导大学生树立正确的世界观、人生观、价值观;同时,发挥大学生自身主观能动性,调动其内在积极性,寻求解决问题的真实答案,也需要科学理论的引导和启发。"六个为什么"重要理论思想坚持理论联系实际的马克思主义理论本质特征,是解决现阶段大学生思想和实际问题的理论指导。一方面,"六个为什么"重要理论思想以翔实的事实、精辟的分析透彻地回答了关系党和国家事业发展的

---

[1] 张耀灿,等. 现代思想政治教育学[M]. 北京:人民出版社,2006:371-372.

[2] 中国思想政治工作研究会、中宣部思想政治工作研究所. 思想政治工作概论[M]. 北京:中国人民大学出版社,2007:135-136.

根本性问题,这些问题也是大学生密切关注的重大理论和实际问题,对解决大学生思想问题有直接的指导作用。通过大学生自身积极的思想斗争,深入领会"六个为什么"重要理论思想的精髓,可将自身的认识水平由对问题现象的关注提升到对问题实质关注的理论层面。另一方面,"六个为什么"重要理论思想阐释的是重大理论问题,但本质要求是坚持马克思主义实践论原理。马克思说过:"一步实际运动比一打纲领更重要"。[1]大学生理想信念教育工作要充分体现"六个为什么"重要理论思想,认认真真实践,扎扎实实工作,不能只停留在口头上,更重要的是落实到具体行动当中。具体表现在,关注大学生个人发展,了解大学生面临的实际问题,尊重其合理的利益需求,有针对性地帮助大学生解决面临的实际问题,使大学生真正感受到理想信念教育工作的感召力。

"六个为什么"理论思想,阐释了带有根本性和原则性的重大理论问题,只有坚持"六个为什么"理论思想,大学生理想信念才能坚定;同时,"六个为什么"本质要求是实践,大学生理想信念教育工作要把解决大学生实际问题作为切入点。

总之,深化"六个为什么"教育,必须坚持解决思想问题与解决实际问题相结合的原则,解决思想问题与解决实际问题两者互相补充、相互促进。一方面,开展深化"六个为什么"教育的大学生理想信念教育工作,在切实为大学生解决实际问题的过程中,为理想信念教育工作打下坚实的群众基础,为理想信念教育的深入开展作好铺垫;另一方面,在解决大学生实际问题的过程中,积极对大学生进行包括"六个为什么"教育在内的思想教育和思

---

[1] 编译局.马克思恩格斯选集:第3卷[M].北京:人民出版社,2012:355.

想引导，调动其内在的积极性，激发其社会责任感，自觉地使自己的切身利益符合社会发展的根本利益和长远利益，强化大学生理想信念教育。

5.3 深化"六个为什么"教育原则的具体运用

5.3.1 把握规律性

大学生理想信念教育是由多种要素相互作用的结果，有其自身特殊的内在矛盾，并按其自身规律不断发展。随着改革开放的进一步深入，我国社会政治、经济、文化生活等方面呈现出新指向和新特征，这些指向和特征又决定和影响着大学生理想信念教育的发展趋势。研究和把握深化"六个为什么"教育的大学生理想信念教育的规律性，就是要探求在现阶段的社会环境背景下，高校理想信念教育主体、客体、介体等各要素之间的联系如何，呈现出什么样的发展趋势。列宁曾指出："规律就是关系……本质的关系或本质之间的关系。"[1]因此，我们应当透过理想信念教育中各种复杂关系，揭示其必然的、本质的联系，并通过对这些规律进行分层次的研究，提高深化"六个为什么"教育的大学生理想信念教育的有效性。

---

[1] 编译局.列宁全集：第55卷[M].北京：人民出版社，1990：128.

1. 把握当代大学生理想信念形成和发展的基本规律，使"六个为什么"进校园、进课堂、进学生头脑的教育活动能够真正契合大学生个体成长成才发展的需要和规律

现阶段，作为高校主体的大学生，他们广泛接触互联网等新媒介，面临着社会发展的新形势、新变化以及各种思潮与西方价值、文化的强烈冲击，思想活动的独立性、选择性、多变性、差异性明显增加，问题意识和分析问题能力增强，呈现出与以往大学生理想信念形成和发展过程不一样的新特点。与此同时，在"六个为什么"进校园、进课堂、进学生头脑的教育活动中，我们看到，影响大学生理想信念形成的重要因素一般是一些与社会转型期或者与其自身生活、学习实际相关的问题，由于这些客体因素没能及时和大学生的主体因素之间实现平衡和协调，从而影响了当代大学生的理想信念。要使"六个为什么"进校园、进课堂、进学生头脑的教育活动能够真正契合大学生个体成长成才发展的需要和规律，就要了解大学生个体发展的特点，针对不同心理特点、认识能力与接受水平的大学生，从大学生在理解中国特色社会主义理论中出现的不同困惑以及大学生理想信念方面出现的具体问题出发，多方面、多途径地帮助大学生经过积极的内部思想矛盾斗争，树立正确的理想信念，最终实现知、情、意、信、行诸要素之间的平衡发展。

2. 把握当代大学生理想信念教育过程的基本规律，在对"六个为什么"与大学生理想信念教育调查分析研究的基础上，挖掘影响大学生理想信念教育的关键性矛盾，解决大学生理想信念中的实质性问题

大学生理想信念教育的基本规律是理想信念教育过程中诸要素之间的本质联系及其基本矛盾运动的必然趋势，而在诸要素之中，教育对象的因素又尤为重要，从根本上决定了大学生理想信念教育

的规律。由于当代大学生的思想呈现出一些新特点，如：学习动机多样化、思想关注的宽泛性、强烈的竞争意识、价值取向现实性，其行为也具有明显特征，如：自主性与自律性矛盾、目的性与随意性并存、稳健性与突发性伴随等。[1]因此，这就决定了，我们在实施理想信念教育过程中就要遵循：教育目标与大学生理想信念发展之间保持适度张力的规律、控制各种自觉或自发因素协同发挥作用的规律、教育者的主导作用与受教育者的主体作用交互影响的规律。在深化"六个为什么"教育的大学生理想信念教育过程中，我们发现，部分大学生在"六个为什么"问题的认识上存在一定误区，所提出的问题有些本身就是假问题，但这种问题导向式的理论阐述引发了大学生极大的学习兴趣，在提出问题、分析问题和阐述正确观点的过程中，从大量问题中提炼出的不少深层次问题还突出反映了影响大学生理想信念教育的关键性矛盾。这种问题式的逻辑起点不仅为我们依靠马克思主义理论及其他相关学科对大学生进行理想信念教育提供了具体的目标和内容，还为教育者和大学生之间的互动提供了开放式的平台，也提高了教育主体引导教育对象思想等因素的及时性和针对性。

3. 把握我国社会主义发展趋势的要求，从社会生活发展的现实角度来进行大学生理想信念教育，使大学生理想信念教育服务和服从于社会发展，契合社会发展的规律，帮助大学生从社会实践中认清社会主义道路的正确性，并坚定中国特色社会主义共同理想信念

理想信念的形成受制于社会政治、经济、文化制度以及社会主

---

[1] 教育部思想政治工作司组编. 大学生思想政治教育理论与实践[M]. 北京：高等教育出版社，2009：115-119.

导意识形态的发展。同时，理想信念教育又要服务于社会生活发展的需要。把握我国社会主义发展趋势的要求，使深化"六个为什么"教育的大学生理想信念教育服务和服从于社会发展，就是要：首先，坚持马克思主义的指导地位，坚持社会主义方向和社会主义教育主旋律，坚持以公有制为主导和按劳分配为主体的经济制度，坚持重伦理、讲道德的文化传统以及我国革命和建设时期的优良文化传统和社会主义主流思想文化。其次，要保证社会主义政治、经济和业务工作以及文化发展的正确方向，并为其提供良好的环境条件和精神动力。"六个为什么"重大问题的解答，正好为我们在理论和社会生活现实之间架起了桥梁，把中国特色社会主义理论体系与社会主义核心价值体系更好地融入了大学生理想信念教育过程中，将日常理想信念教育与我国的政治、经济、文化发展相统一。事实证明，越是能够反映社会发展规律，越是能够贴近大学生实际生活的理想信念教育，就越具有说服力。无论是我国五千年辉煌发展史还是改革开放和现代化建设的伟大实践，都是摆在我们面前的一部最丰富、最生动的教科书。"六个为什么"重大问题的解答为大学生认清社会发展中存在的问题以及把握社会发展的大势奠定了理论基础，并且，随着社会实践经验的不断累积，大学生还会自觉地在社会实践中运用和检验这些理论的科学性，如果这些理论能够符合社会发展规律，经得住实践的检验，大学生便会主动调整自我理想信念中存在的盲点和误区。反之，如果理想信念教育与社会发展状况不相符，就可能会遭到大学生的反感，并阻碍大学生正确理想信念的形成。

5.3.2 体现时代性

在这里，所谓时代性，就是指深化"六个为什么"教育的大学生理想信念教育随着社会、人和时代的发展而发生变化的现实活动的特性。它一方面指由传统向现代教育转变的发展过程，另一方面又隐含着影响其他社会各领域现代化的决定性观念。过时的、保守的思想观念维系和阐释的是落后的理想信念教育内容和体制，而在理想信念教育过程中，教育客体在现实生活中遇到的一些现实问题，具有很强的时代特征。要真正解决大学生的思想问题，就应该用富有时代性的语言，用反映时代发展的鲜活事例、最新的社会信息充实丰富教育内容，把教学过程同当今世界、同我国社会主义现代化建设以及改革开放紧密联系起来，这样就会将教学和现实实践的时代性发展联系起来，将大学生的亲身经历和科学理论联系起来，使大学生在了解社会发展的时代进程的同时解决现实生活中的思想问题。

1. 理想信念教育内容的时代性

当代大学生广泛接触互联网等新媒介，信息容量大、来源广，但信息中不乏鱼目混珠、泥沙俱下的情况存在，在这种形势下，深化"六个为什么"教育的大学生理想信念教育应始终坚持理论联系实际，将具有时代特征的教育内容融入当下课堂理论讲述中，这样才能满足大学生认知的渴望与需要。具体来说，首先，应把握马克思主义时代性特征，让大学生深刻体会马克思主义的当代价值和时代魅力。大学生进行马克思主义理论的学习，就是"要有目的地去研究马克思列宁主义的理论，要使马克思列宁主义的理论和中国革命的实际运动结合起来，是为着解决中国革命的理论问题和策略问题而去从它找立场，找观点，找方法的"[1]。近些年，一些人不顾我国国情，大肆鼓吹新自由主义、民主社会主义等，使一些大学生上当，并产生"马克思主义是否过时了"之类的困惑。因此，只有在教学中用马克思主义诠释现实、审视现实，充分运用中国特色社会主义理论体系、社会主义核心价值体系、社会主义核心价值观等重大理论成果回答现阶段困扰大学生思想的重大理论和现实问题，才能为大学生认知和理解马克思主义注入强大活力。其次，应突出国内外发展中的重大事件和动态，结合中国特色社会主义民主制度、政党制度、经济体制、社会制度等方面的新理论、新成果，反映当下政治、经济、文化生活的时代特点，回答时代前沿问题。"我们时代的理论思维，都是一种历史的产物，它在不同的时代具有完全不同的形式，同时具有完全不同的内容。"[2]纵观历史，我们经受住了20年代末90年代初国际国内严重的政治风波和考验，尤其在2008年抗击汶川地震、举办北京奥运会、平息达赖集团和西方分裂活动、应对金融危机等方面取得了巨大成绩，"中国模式"得到了全国人民及世界各国的高度认同，这些富有时代特征的内容是当下社会发展的反映，更贴近大学生生活实际，也更容易被大学生所理解、所认知。因此，深化"六个为什么"教育的大学生理想信念教育"一定要以我国改革开放和现代化建设的实际问题，以我们正在做的事情为中心……着眼于对实际问题的理论思考，着眼于新的实践和新的发展"。[3]也只有这样，才能使更多大学生

---

[1] 毛泽东.毛泽东选集：第3卷 [M].北京：人民出版社，1991：801.

[2] 编译局.马克思恩格斯全集：第4卷 [M].北京：人民出版社，1995：284.

[3] 编译局.中国共产党第十五次全国代表大会文件汇编 [M].北京：人民出版社，1997：10.

明白我国现在实行的政治、经济、文化发展制度，不是人们主观设定的，而是被我国社会实践所证明了的正确的制度。

2. 理想信念教育话语的时代性

理想信念教育话语要依据语境的变化及时进行调整。当今世界正处在大发展、大变革、大调整阶段，国内也正发生广泛而深刻的变革，政治、经济、文化等新的环境、要求和时代的变迁必然引发语言交际活动的改变，而当今大学生理想信念教育话语在一定程度上还依然滞后于丰富多彩的社会实践发展。与此同时，当代"80后"和"90后"大学生眼界开阔，思维活跃，其话语体系呈现出个性化、多变性、创造性发展的趋势，这就使得政治方向性强、词语更新较慢的理想信念教育话语体系很难完全进入大学生的话语语境之中并适应大学生的话语发展，从而导致一些大学生对理想信念教育的排斥与质疑。因此，增强深化"六个为什么"教育的大学生理想信念教育话语体系的时代性，使之"同自己时代的现实世界接触并相互作用"，就成为理想信念教育的必然要求。首先，从历史文本出发，重新考证、整理、提炼理想信念教育话语体系中固有的科学部分，深刻挖掘、解读、丰富那些理想信念教育过程中蕴藏着的体现时代价值的理论话语。其次，大学生理想信念教育话语要具有时代性，还必须从大学生日常生活、学习活动中汲取新的话语观念、话语形式、话语内容等，推动理想信念教育话语体系的大众化发展。也就是说，要结合大学生实际认识情况，将大学生现实生活中那些能够反映时代主题和时代要求的零散、简单、通俗的话语提炼成为理论性话语，将信息语言、网络语言、社会舆论语言等大学生喜闻乐见的语言体系融入理想信念教育话语体系中，使理想信念教育的语言不仅准确，而且更加通俗易懂，丰富多彩，满足大学生理想信念教育话语需要。

3. 理想信念教育方式的时代性

现阶段社会生活中出现的问题往往是大学生较为关注的问题，而传统的理想信念教育多通过课堂教学途径，采用劝导式的方法对马克思主义理论以及中国特色社会主义政治、经济、文化等制度进行理论上阐述，这种方法虽然有其必要性，但运用不当，就容易淡化大学生的主体能动性与民主平等意识，使大学生产生理论不能解决实际问题的感觉。理想信念教育不仅帮助大学生树立正确的理想信念，还为他们提供了观察、认识和解决当代各种现象和问题的基本方法和标准。要使大学生正确把握这些方法和标准，在深化"六个为什么"教育中，在讲授理论的同时，要充分调动大学生的主体性，引导大学生提出问题、思考问题，将外部教育与自我教育相结合，在教育者的引导下，对社会上的一些热点、疑点、难点问题通过讨论、交流的方式实现明辨事理的结果，并鼓励大学生深入社会，服务社会，在社会生活体验中积累生活经验，用自己亲身观察到的信息事例补充教学内容，用理论指导实践，在实践中发展丰富理论。同时，还要注重教学形式上的时代化，尤其是要加强多媒体等现代化教学手段以及信息网络的应用，整合学校、家庭、社会的有效资源。总之，在加强深化"六个为什么"教育的大学生理想信念教育方式时代性进程中，以信息管理的科学性彰显了高校理想信念教育的时代特性，以大学生为主体的主导性体现了高校理想信念教育的时代特征，以社会实践的广泛性反映了高校理想信念教育的时代要求。

5.3.3 富于创造性

中共中央、国务院《关于进一步加强和改进大学生思想政治教育的意见》强调要积极探索新形势下大学生思想政治教育的新途径、新办法，努力体现时代性，把握规律性，富于创造性，增强实效性。[1]富有创造性是基于对理想信念教育范畴中各种要素的本质、规律和发展趋势的研究作出新的揭示和预见，是为大学生发挥创造性提供条件。

1. 深化"六个为什么"教育的大学生理想信念教育富有创造性表现在以马克思主义为指导，紧密结合现代社会实际，针对大学生理想信念发展新特点，创造性地开展理想信念教育

我国已经进入了一个新的历史发展阶段，社会结构、社会环境发生深刻变化，意识形态领域呈现多样化发展，大学生生活环境发生改变，这些新变化客观地、逻辑地对高校深化"六个为什么"教育的理想信念教育提出了创造性要求。具体表现在以下几个方面：首先，坚持解放思想、实事求是、与时俱进、求真务实的思想，以马克思主义为指导，在时代进步和社会发展之中寻求创新的源泉，在对理想信念教育进行历史回顾、总结经验的基础上，实现对理想信念教育过程中理论和实践问题的创造性思考，从总体上把握新问题，解决新问题，把握时代脉搏，不断推进理想信念教育实践的发展。其次，树立创新意识，把握理想信念教育现代化手段。理想信念教育的对象是具有主观能动性的大学生，传统的教育方式已不能完全满足他们的需要。只有在理想信念教育过程中拓展新思路，在教育手段上实现新突破，综合运用各种相关学科和现代科技的新成果，在大学生中形成"主动、探究、思考、考证"的新模式，发现问题

---

[1] 中共中央宣传部宣传教育局、教育部社会科学研究与思想政治工作司、共青团中央学校部组编.加强和改进大学生思想政治教育文件选编（1978-2008）[M].北京：中国人民大学出版社，2005：377.

要有预见性，认识问题要有敏感性，解决问题要有创造性，勤于思考和总结，勇于开拓和创新，善于整合和提炼，才能建立反映时代进步、学生成才发展和理想信念教育新理念的开放性构架。最后，以发展的眼光充分认识教育客体的内在需求变化。通过"80后"、"90后"不同时期大学生在认识"六个为什么"问题上的对比研究，找准不同阶段大学生的政治状况、思想特点和成长规律等方面的时代特征，从而分析出主客体不同要素在深化"六个为什么"教育的大学生理想信念教育过程中所产生的影响、所发挥的作用，进而根据形势的要求和大学生思想发展变化的规律，科学选择和运用符合大学生群体多方面、时代性智力认知水平和主体需要的接受方式、内化机制和话语体系，准确把握当代大学生的心理特征、思想特点和行为状况，以"学生话"讲清楚"大众化"，引导大学生自觉坚持以马克思主义的立场、观点和方法分析社会热点、难点、疑点问题，在弄清楚"六个为什么"问题的过程中树立并坚定科学的理想信念。这不仅符合以人为本科学发展的根本要求，也是创造性开展"六个为什么"教育的大学生理想信念教育的落脚点和关键点之所在。

2. 深化"六个为什么"教育的大学生理想信念教育富有创造性还表现在合理满足大学生主导性、选择性的需要，最大限度地激发他们的潜能和创造力

理想信念教育的主客体都是人，出发点和归宿点也都是人，而作为理想信念教育信息的主要承载体，大学生则是理想信念教育过程中的重要核心要素，合理满足大学生主导性、选择性的需要，最大限度地激发他们的潜能和创造力是理想信念教育发展的内在要求。我们党提出了"以人为本"的科学发展观，明确了新形势下理想信念教育创新的指导思想，贯彻落实"以人为本"的思想，就必

须做到：首先，强化大学生的主体地位，通过社会实践、自我批评等各种方式，激发大学生自我管理、自我教育的意识与潜能，拓展大学生多层次、多方面分析问题的角度和方法，引导大学生自觉探求理论问题的积极性以及主动参加社会实践的能动性，着眼于大学生自我创新与内化能力的培养，引导他们用发展的观点、系统的思维来看待中国特色社会主义现代化进程中出现的问题。其次，整合各种渠道，从理论与实际结合的角度，在"肯定—否定—肯定"的问题逻辑中引发大学生创造性思维品质的形成。随着大学生知识总量的增强，其认识、创新能力都在不断提高，他们对知识理论的获取已不仅仅囿于纯粹简单的模仿、重复，其思维活动的独特性、灵活性、丰富性与解决新问题的独特思路和方法具有贯通性、耦合性。这是因为在对大学生进行理想信念教育的过程中，他们对课堂中讲授的部分知识已经在高中或者初中阶段就有了一定认知，因此，他们在吸收新知识的同时把目光更多地转向现实问题与理论问题的关联之上，并且更加自觉地用学过的知识去分析探索现实问题产生的缘由与发展动态。在这一过程中，"问题逻辑本身蕴含着学生创新能力培养的很好方式。要提出问题，就必须积极思考，而提出越来越深刻的问题的过程，同时也是培养创新思维能力的过程"[1]。"六个为什么"的立足点在于对现实问题的解答，出发点在于用大众化的语言将马克思主义理论和中国特色社会主义理论讲清楚、讲明白、讲透彻，对当前改革开放新时期新阶段一些疑惑和杂音做出通俗易懂、立场鲜明的回应与回答。由此可见，以"六个为什么"

---

[1] 王天恩.六个"为什么"与基于问题逻辑的教学方法改革[J].思想理论教育导刊，2010（5）：96.

为问题逻辑起点,在深化"六个为什么"教育的理想信念教育过程中引导大学生发现问题、分析问题,积极培养和提升他们自身的分析判断力、思维潜力及创造性,就能在更高层次、更大程度上使大学生受益。

信 仰 导 航

六

在大学生理想信念教育中深化"六个为什么"教育的方法和路径

在大学生理想信念教育中深化"六个为什么"教育至关重要,这已成为一个共识。然而,通过何种途径、采取何种方式方法进行这方面教育,才能取得实效,依然是一个难题。为什么来自于生动实践的理论未能完全变为所有大学生明辨是非、释疑解惑的思想武器?习惯性地归因于个别大学生自身放松理论学习固然可以使问题简单化,但实践证明这绝不是问题的全部,更多地需要我们从教育的方式方法和路径上进行反思。本章拟就在大学生理想信念教育中深化"六个为什么"教育的方式方法和路径进行深入研究,以增强这方面教育的有效性与针对性。

6.1
深化"六个为什么"教育的方法和路径概述

理想信念教育目标的实现离不开科学方法的指导和正确路径的选择。随着时代的发展、社会环境的变迁以及大学生思想活动特点的变化,当代理想信念教育唯有在科学理论的指导下,紧跟新形势的发展,坚持教育的方法和路径的创新发展,使中国特色社会主义理论体系以更加大众化的方式走进大学生日常学习生活、深入大学生思想认识心理,才能真正实现其价值与意义。这是当今社会对理想信念教育提出的客观要求,也是深化"六个为什么"教育的应有之义。

6.1.1 方法和路径的涵义特征

1. 方法和路径的涵义

"方法"一词来源于希腊文的"方向"或"道路"。列宁在《哲学笔记》中摘录过黑格尔《逻辑学》中的一段话："在探索的认识中，方法也就是工具，是在主体方面的某个手段，主体方面通过这个手段和客体相联系……"[1]方法不是什么实体工具或者实体因素，从形式上看，它是人们在长期的实践活动中，为了认识世界和改造世界，达到一定目的所采取的活动方式、程序和手段的总和。因此，从这种意义上讲，方法表现为与人的活动以及相关理论知识相联系的客观性中介因素，随着社会环境的变化与时代的发展，方法也会随着对象内容的变化而不断发展变化。在大学生理想信念教育中深化"六个为什么"教育的方法，就是教育主体运用唯物史观的基本观点，在对教育对象即大学生进行教育的过程中，研究其对"六个为什么"重要理论思想的认知规律、理想信念形成的规律以及"六个为什么"教育的规律，并运用规律完成教育任务时所采取的方式、办法或手段。或者说，深化"六个为什么"教育的方法是教育主体在进行"六个为什么"教育过程中所采取的思想方法和工作方法，它将"六个为什么"教育的目标、教育的内容、教育者与受教育者四者紧密地联系在一起。

路径的概念运用于社会科学领域，与其他学科对路径内涵的界定及其运用有着很大的差别。在大学生理想信念教育中深化"六个为什么"教育的路径，概括地说，就是指以信息的交流、分享而联结起来的主客体指向教育目标的运动[2]，是实现"六个为什么"教育目标的逻辑指导和实践活动的具体统一。包括两个方面的涵

---

[1] 编译局. 列宁全集：第55卷[M]. 北京：人民出版社，1990：189.
[2] 杨建义. 大学生思想政治教育路径研究[M]. 北京：社会科学文献出版社，2009：21.

义：其一，从抽象逻辑来说，它是教育者根据我国现阶段在大学生理想信念教育中深化"六个为什么"教育的总体目标以及大学生自身理想信念形成发展的矛盾与特殊规律，对教育对象施加有目的、有计划、有组织的影响，促使教育对象形成并坚定马克思主义信念以及中国特色社会主义共同理想的理论逻辑指导。其二，从现实实践来说，教育者依托一定的教育介体向受教育者传递、交流与共享教育信息，使相对抽象的"六个为什么"教育内容与理论转变为可感觉的形式，在这一过程中，教育路径即充当了这种教育抽象逻辑指向的综合组织形式。

2. 方法和路径的特征

在大学生理想信念教育中深化"六个为什么"教育的方法和路径是一个复杂的系统，既具有一般性方法和路径的特征，又具有自身不同的特征。概括起来，主要有以下几个方面：其一，科学性和系统性相统一。深化"六个为什么"教育的大学生理想信念教育的方法和路径之所以具有科学性和系统性，主要因为它们是以马克思主义科学理论为指导，以大学生理想信念形成发展的规律以及理想信念教育的规律为依据，以中国特色社会主义现代化的共同理想为现实目标而产生和完善的。实践证明，科学的方法和路径是在不断解决新问题、新情况中丰富的，既符合社会历史发展的客观规律、共产主义远大目标的任务，又符合各个时期党的总任务和人们思想状况的要求。这就决定了增强深化"六个为什么"教育的大学生理想信念教育方法和路径的科学性和系统性需要：一方面，借鉴自然科学、社会科学和思维科学相关学科的有益成果；另一方面，通过方法和路径系统内部各要素之间内在关系的不断调整，实现整体性、有序性、动态性发展。其二，实用性和针对性相统一。深化"六个为什么"教育的大学生理想信念教育的一系列方法和多种路径都是在理想信念教育工作的实践过程之中摸索和提炼出来的，并经过实践检验证明是正确的；深化"六个为什么"教育的大学生理想信念教育的方法和路径又是作为解决大学生在思想认识和价值观念中出现问题的手段和途径。它们不是简简单单的理论问题，是来源于实践并指导实践的工具，因而具有显著的实用性。而大学生的思想认识和价值观念是具有差异性的，这种情况要求深化"六个为什么"教育又不能千篇一律的运用同一种方法，使用同一个途径，要因时、因地、因人而异地运用教育方法和路径，做好理想信念教育工作。

其三，渗透性和规范性相统一。深化"六个为什么"教育的大学生理想信念教育方法和路径的渗透性和规范性是与理想信念教育对象的特性以及自身的特点密切相连的。应该说，理想信念作为一种上层建筑，是受到特定历史条件和经济基础所制约的，中国特色社会主义共同理想和马克思主义信仰为当代大学生理想信念教育提出了根本性的任务与内容。与此同时，大学生理想信念的形成是受外界客观条件影响的，并不是以纯粹的观念形态孤立地存在于他们的思维之中，大学生在实际的学习、工作、生活中，自觉不自觉地将社会中所倡导的主流意识形态以及各种社会思潮内化为自己的价值理念，形成不同的理想信念。因此，在这个过程中，科学的方法和路径应该能够将主观与客观、政治与业务、职业意识与价值观念有机结合，克服出现"两张皮"的现象。随着社会的不断发展，当代大学生自身出现了一些新的情况，在大学生理想信念教育中深化"六个为什么"教育方法和路径的运用还应根据时代的特征以及大学生自身的特性予以选择和运用，凸现自身特色。

6.1.2 方法和路径的理论基础

1. 方法和路径的哲学基础

马克思主义哲学是无产阶级世界观和方法论的统一体，在马克思主义理论体系中居于最高层次，各种具体实践的科学指导都离不开马克思主义哲学的指导。恩格斯指出："马克思的整个世界观不是教义，而是方法。"[1]因此，深化"六个为什么"教育的大学生理想信念教育理应以马克思主义哲学为理论基础。其一，唯物史观中关于社会存在与社会意识关系的原理，论证了人们思想、价值观念形成、变化和发展的根源，论述了思想意识的相对独立性和对社会存在的反作用；关于人、环境和教育三者辩证关系的原理，揭示了理想信念教育应当以人们所处的客观环境和物质条件为基础，解决人们思想问题；其他还有如关于人生价值和人的需要的原理、人的本质是一切社会关系总和的原理、人的全面发展的原理等等，这些都是深化"六个为什么"教育的大学生理想信念教育的直接理论基础。其二，辩证唯物主义用全面、发展、联系、对立统一的观点看待事物的要求以及意识论中全面理解人的精神世界的观点等是理想信念教育最根本的工作方法和研究方法，对我们研究如何进行深化"六个为什么"教育的大学生理想信念教育具有指导意义。此外，实践和认识的辩证关系、关于感性认识与理性认识的关系以及认识主体在认识中的作用等相关的科学理论，不仅揭示了自然界和人类历史的发展规律，还揭示了人们思维领域形成发展的规律，从根本上为深化"六个为什么"教育的大学生理想信念教育的方法和

---

[1] 编译局.马克思恩格斯全集：第39卷[M].北京：人民出版社，1974：406.

路径提供了哲学基础。其三，全面把握马克思主义哲学并不等于就能够处理好在大学生理想信念教育中深化"六个为什么"教育的工作，因为，将马克思主义哲学运用到教育实践的过程，是一个从一般到个别的复杂过程，如果不考虑教育对象以及教育环境等要素的特殊性，势必会出现思想观念正确，而思想方法和工作方法错了的情况。因此，当马克思主义哲学为我们现在研究新时期深化"六个为什么"教育的大学生理想信念教育的方法和路径提供了坚实的理论依据和指导，我们在对大学生进行深化"六个为什么"教育的过程中坚定不移地贯穿马克思主义科学世界观和方法论的同时，还应该具体问题具体分析，用全面、联系、辩证的观点看待和分析在大学生这个特殊群体中深化"六个为什么"教育工作存在的问题。

2. 方法和路径的学科基础

深化"六个为什么"教育的大学生理想信念教育作为思想政治教育的核心内容，思想政治教育学的相关理论及内容，使深化"六个为什么"教育工作具有很强的理论性及应用性。其一，思想政治教育学基本原理是深化"六个为什么"教育的大学生理想信念教育方法的理论基础，其中灌输社会主义意识的理论、社会主义精神文明建设的理论、社会主义初级阶段建设的理论以及思想政治教育与经济、业务、管理等工作系统的理论等在新的历史条件下都被赋予了新的内容，为当前深化"六个为什么"教育的大学生理想信念教育方法的选择和实施提出了方向性和服务性的要求。其二，思想政治教育过程的矛盾和规律以及大学生思想品德形成发展的规律是把握深化"六个为什么"教育的大学生理想信念教育方法的原则要遵循的规律。深化"六个为什么"教育的大学生理想信念教育的过程，需要通过教育主体（教育者）、教育客体（被教育者）、教育介体

（教育目标、内容、方法、路径）、教育环体（教育环境）等要素的相互联系、相互作用才能完成。在这一过程中，思想政治教育学中关于教育过程的矛盾和规律以及人的思想品德形成发展的规律不仅揭示了教育系统内部各要素的运行层次关系，还决定了深化"六个为什么"教育的大学生理想信念教育运行的路径与方式。其三，思想政治教育以及理想信念教育目标和内容的理论是选择深化"六个为什么"教育的大学生理想信念教育方法的根本标准。教育方法是实现教育目标、把握教育内容的手段，有什么样的教育目标和教育内容，就应有相应的教育方法，选择相应路径为之服务。中国特色社会主义共同理想以及马克思主义信念是现阶段深化"六个为什么"教育的大学生理想信念教育的主要内容，教育的方法和路径要为其服务并根据它的内容和要求来选择教育方式。总之，脱离理论来选择方法和路径，使用方法和路径，只会使深化"六个为什么"教育违背规律而成为无源之水、无本之木，只有建立在学科基础之上的方法与路径，才能更好地增强深化"六个为什么"教育的大学生理想信念教育的有效性。

3. 方法和路径的知识借鉴

理想信念教育在马克思主义哲学以及思想政治教育学理论的指导下，依据自身规律建构了其独特的方法体系。但是，"随着科学技术的迅速发展和人的社会化程度的不断提高，自然科学、社会科学、思维科学相互交叉与综合的趋势更加明显，各个领域的相互渗透与融合更加深入"[1]。因而，在教育主体通过具体方法和路径

---

[1] 教育部社会科学研究与思想政治工作司组编. 思想政治教育方法论[M]. 北京：高等教育出版社，2004：10.

对受教育者进行深化"六个为什么"教育的大学生理想信念教育的过程中，应积极借鉴吸收相关学科知识，并使其成为深化"六个为什么"教育的大学生理想信念教育方法的组成部分。例如，教育学、伦理学、心理学、政治学、社会学、美学等学科的许多方法可以成为理想信念教育直接的教育方法。心理学中注重认知、情感、行为相结合的教育方法，社会学中社会调查、社会实验、社会观察的方法等等，都延展了理想信念教育方法的内涵；而系统科学、数学科学以及现代计算机科学等为深化"六个为什么"教育方法的选择及应用提供了辅助知识工具。深化"六个为什么"教育的大学生理想信念教育是一个动态、复杂的教育过程，在这个过程中，各种现代系统科学手段的有效借助能够使深化"六个为什么"教育的大学生理想信念教育突破传统方法的局限性，实现多角度、多维性发展，并通过对信息及时有效的采集、加工与处理，根据现阶段不断变化的教育环体及教育主体多样性的需求，调整、选择正确、科学、有效的具体实施方法，最终实现教育效果的最大化。

6.1.3 方法和路径的功能作用

理想信念教育的方法和路径是处于一定历史条件下的教育主客体为了实现教育任务、完成教育内容而选择的中介工具。因此，深化"六个为什么"教育的大学生理想信念教育方法和路径从形式上讲是教育者的主观选择，而客观上则是适应教育内容、教育客体、教育环境而形成的产物。科学辩证地认识理想信念教育方法与路径的功能和作用，对于增强深化"六个为什么"教育的大学生理想信念教育的实效性具有极为重要的作用。

1. 方法和路径的导向功能

理想信念教育的方法和路径是为实现一定教育目的服务的，正确的、科学的理想信念教育的方法和路径能够为深化"六个为什么"教育的大学生理想信念教育活动与研究指明方向。其原因主要在于：其一，理想信念教育方法和路径的相关理论是建立在人们思想认识活动以及理想信念形成规律之上的科学。教育客体理想信念的树立过程是一个由表及里、由现象到本质的逐步深化过程，而在这个过程中，"教育主体认识的目的，就在于获得对教育客体的本质和规律性的认识，以此作为自己行动的指南。而为了达到认识目的，就必须采用与认识对象相适应的认识方法或思想方法"[1]。这就使得方法和路径能够适时地体现出人们思想发展和理想信念教育的规律，并可以在深化"六个为什么"教育活动中正确地说明新现象，解决新问题，促使深化"六个为什么"教育沿着预期目标发展。其二，理想信念教育方法和路径的相关理论是从实践过程中总结出来的，并随着时代发展和环境变化而丰富与完善的。大学生理想信念教育历来受到党和国家的高度重视，在指导大学生理想信念教育实践活动过程中总结出的各种方法和路径不仅仅是通过实践检验过的正确、科学的方法和路径，同时还是随着社会的进步，理论内容、时代内容、环境内容、教育客体等因素的变化而不断丰富的方法和路径系统，也正是这种纵向发展性为深化"六个为什么"教育的大学生理想信念教育方法与路径的导向功能提供了现实基础。其三，科学、适当的方法和路径能够避免理想信念教育走向与预定目标不

---

[1] 教育部社会科学研究与思想政治工作司组编. 思想政治教育方法论[M]. 北京：高等教育出版社, 2004: 13.

一致的道路。深化"六个为什么"教育的大学生理想信念教育的活动和研究是需要通过特定方法和路径实现发展和逐步前进的，没有科学、适当的方法和路径，即使目标再正确、内容再完善，最终可能只会是南辕北辙。总之，方法和路径的正确与否决定着深化"六个为什么"教育的大学生理想信念教育的实际效果。党的十七大报告指出："要巩固马克思主义指导地位，坚持不懈地用马克思主义中国化最新成果武装全党、教育人民，用中国特色社会主义共同理想凝聚力量。"[1]现阶段，深化"六个为什么"教育的大学生理想信念教育理应以共产主义远大理想和中国特色社会主义共同理想为目标，并根据教育客体与教育环境的不同，选择正确的方法与路径，运用科学的方法与路径，引导大学生"成为实践社会主义核心价值体系的模范，做共产主义远大理想和中国特色社会主义共同理想的坚定信仰者、科学发展观的忠实执行者、社会主义荣辱观的自觉实践者、社会和谐的积极促进者"。

2. 方法和路径的转化功能

方法和路径正如理想信念教育中的桥或者船，是将抽象理论与实际活动、教育主体与教育客体相联系的中介纽带，也是正确认识和把握教育原则和教育环境，使主观和客观相统一的知识工具。其一，在深化"六个为什么"教育的大学生理想信念教育过程中，大部分的教育理论、方针、原则往往不能用来直接指导实践活动，而需要在教育过程中变换为具体且可操作的手段、工具或技术，即要变换为一般方法并借助特定路径，才能贯穿到深化"六个为什么"

---

[1] 高举中国特色社会主义伟大旗帜 为夺取全面建设小康社会新胜利而奋斗——在中国共产党第十七次全国代表大会上的报告，中国共产党第十七次全国代表大会文件汇编[M].北京：人民出版社，2007：33.

教育的大学生理想信念教育活动和研究的调查、分析、决策、实施、评估等各个环节之中，才能真正同客观教育实践发生关系，并发挥其指导性作用。换句话说，深化"六个为什么"教育的大学生理想信念教育的方法和路径就是为了认识大学生思想发展变化的实质，运用教育理论和原则，帮助大学生树立正确坚定的理想信念的工具。因此，深化"六个为什么"教育的大学生理想信念教育的方法和路径，实质上既是人们认识规律的体现，又是将理想信念教育的理论和原则转化为具体指导实践工具的中介。其二，理想信念教育是党在各个历史时期总任务的反映，是为中国特色社会主义现代化建设总的宏伟目标服务的。深化"六个为什么"教育的大学生理想信念教育的方法和路径作为一系列应用性很强的理论体系，正是实现这种目标和任务的途径与条件。这需要教育主体随时根据情况的变化选择针对性强、实用性强的方法和路径，及时调整方法和路径的运用方式和技巧，从而将深化"六个为什么"教育的大学生理想信念教育的总体目标及内容内化到每个大学生的思想认识之中。如果没有方法和路径这种中介的转变。或者千篇一律地使用一种方法、一定的路径，理想信念教育只能成为一种主观愿望，而无从发挥其应有作用。深化"六个为什么"教育的大学生理想信念教育的方法和路径正是架设于理想信念教育目标与教育实践活动之间的桥梁。

3. 方法和路径的开发功能

所谓开发功能，包含两个方面的内容：其一，通过深化"六个为什么"教育的大学生理想信念教育中科学、正确的方法和路径的运用，最大限度地发挥人的主观能动性，发掘人的内在潜力，激发大学生对中国特色社会主义理想信念和共产主义理想信念自觉追求的动力。其二，深化"六个为什么"教育的方法和路径不是凭空产生的,而是借助于各种现代科学及相关学科的知识,以大学生理想信念形成规律以及理想信念教育规律、原理为基础而形成与发展的,在这一过程中,方法和路径起到了整合、丰富、创新相关理论体系的作用。具体来讲,在教育工作者依据大学生理想信念教育规律、原理开展活动的过程中,深化"六个为什么"教育的方法和路径将规律和原理进行了向可操作性方法方面的应用,并对各种分散于各种学科中的方法和路径予以归纳、提炼和升华,尤其是当大学生理想信念教育规律、原理以及相关学科知识运用到具体的教育环节解决具体问题时,一般情况和特殊情况会促使各种学科理论的重要内容延伸出与实践相适应的通用或特殊的方法与路径,这不仅仅是学科理论发展的需要,也是适应大学生思想认识发展变化的需要。尤其由于社会各种意识形态的冲击导致大学生的思想观念、理想信念往往容易发生波动情况,如何充分发掘有层次和深度的人的能动性,培养大学生自觉追求远大目标的强大动力与顽强意志自然成为当前大学生理想信念教育的重要课题。因而,应强调教育方法的系统性、逻辑性、创造性、应用性,切实解决大学生理想信念中存在的实际问题,从而把正确的理论、原则内化为大学生的思想观念。

6.2 深化"六个为什么"教育的主要方法

切实遵循客观事物和大学生思想发展变化的规律,结合时代与社会的发展,本着解放思想、实事求是、与时俱进、求真务实的精神去研究和应用深化"六个为什么"教育的大学生理想信念教育方法,对于全面实施科教兴国和人才强国战略,确保高校中国特色社会主义理论和社会主义核心价值体系、社会主义核心价值观进教材、进课堂、进头脑工作顺利开展,引导大学生树立坚定的马克思主义信仰和中国特色社会主义共同理想,具有重大而深远的意义。

6.2.1 科学选择教育方法

1. 获取理想信念相关信息的方法

马克思和恩格斯曾说过:"思想、观念、意识的生产最初是直接与人们的物质活动,与人们的物质交往,与现实生活的语言交织在一起的。观念、思维、人们的精神交往在这里还是人们物质关系的直接产物。"[1]作为主观形式的思想观念不是人脑凭空产生的,是在实践基础上对客观环境的能动反映。大学生的理想信念也同样是伴随着大学生生活、学习的过程而产生、发展、变化的。要解决大学生理想信念中存在的问题,必须从大学生的实际出发,深入挖掘与大学生理想信念密切相关的各种信息,找出大学生理想信念教

---

[1] 编译局.马克思恩格斯选集:第1卷[M].北京:人民出版社,1995:72.

育存在的问题症结所在，才能做到有的放矢，更好地引导大学生树立正确的理想信念。获取理想信念相关信息应根据信息发生时机和教育对象的不同，选择不同的方法。

第一，社会调查方法。"所谓社会调查方法，简单地说是了解情况、认识社会、解决问题的方法。"而获取信息的时机，"主要在阶段转折、事件交替、矛盾冲突和偶然事件发生的时候"[1]。现阶段，我国正处于社会转型和改革开放的关键时期，经济、文化、社会生活等各方面都发生了深刻变化。与此同时，大学生作为社会主义现代化建设的生力军，也正处于智力发展的关键时期，思想以及思维模式尚不成熟。他们一方面在学校中接受思想政治理论课的教育，逐步将马克思主义的科学理论和中国特色社会主义的理想信念内化为自己的思想体系；另一方面，多元文化的交流、交融和交锋以及不同思想价值观念的碰撞，又势必会对大学生造成某些不良影响，使其产生各种成长中的思想困惑或烦恼，对他们科学理想信念的树立产生冲击。因此，抓住这一时机进行调查，深入了解大学生中的实际问题，可以获得较丰富的思想信息，也是深化"六个为什么"教育的大学生理想信念教育的前提条件。一般来讲，大学生所提出的问题，基本来源于其成长过程中对社会生活实际中各种问题的观察与思考，就认知规律而言，现实问题的困惑与理论问题的认知是相互统一的，要引导大学生提出有价值的问题，就应该理论联系实际。"六个为什么"正是以紧密联系改革开放和现代化建设的实际，紧密结合国际和国内发展的现实情况为出发点，也正是包

---

[1] 教育部社会科学研究与思想政治工作司组编. 思想政治教育方法论[M]. 北京：高等教育出版社，2004：140.

括大学生在内的广大干部群众普遍关心的重大问题。因此，坚持实事求是的原则，深入到大学生的学习、生活之中，充分了解大学生在树立科学理想信念过程中所遇到的问题与困惑，科学回答和认识"六个为什么"，这为找准大学生现实问题的困惑与理论问题的认知的结合点以及认清理想信念教育的问题找到了突破口。在实际运用社会调查方法的时候，我们应根据具体调查情况，将各种具体方法如访问调查法、问卷调查法、民意测验法、抽样调查法以及文献调查法等相结合，做到融会贯通，使其更能反映出现阶段大学生在理想信念方面出现的问题，在大学生理想信念教育中有针对性地深化"六个为什么"教育。

第二，观察预测方法。观察体验就是人们有目的、有计划地对社会现象进行考察或者设身处地地感知社会现象；预测就是人们在事先调查、考察的基础上，对未来作出符合事物发展规律的设想或判断。实践证明，人们总是有意识地去搜集自己认为有价值的资料和现象，或以观察和实施来证明自己的判断，并在此基础上根据因果联系、个人经验、类似现象的发展或者事物自身的发展规律对将要发生的思想问题予以预测，鉴往知来，为进行预防、争取主动提供保证。

以深化"六个为什么"教育为契机，在对大学生进行理想信念教育的过程中，借鉴运用观察预测方法是有其必要性的。其一，大学生理想信念的形成与发展不仅符合人们思想品德产生和变化的规律，还具有其自身的独特性。一方面，大学生不同于社会上的其他群体，他们的社会实践活动范围一般囿于学校与家庭之内的学习与活动，且家庭对大学生的影响逐渐减弱，"与外部世界关系的广度、与外部世界关系的层次以及与外部世界关系的结构"等主、客体因素平衡协调统一的条件显然与其他教育对象表现出差异性；另一方面，大学阶段是大学生生理与心理日渐成熟的阶段。在此阶段，他们智力发展迅速，求知欲及想象力发展到一个新水平，并且已经能够有意识地用社会公众道德标准来评价自己的思想行为，其独立性、批判性、创造性、可变性都大大增强，对生活和学习的思考、对社会问题的关注以及对社会责任感的认识都日益增强。其二，"六个为什么"涉及党的基本理论和我国的基本发展模式、前进方向等根本性问题，这些重大问题所囊括的内容不仅涉及大学生理想信念教育的国际国内形势的大背景，也是大学生理想信念层次构成的重要现实理论来源。同时，"六个为什么"的相关理论作为一种上层建筑又会随着我国社会主义实践的不断发展而丰富与完善，有其自身发展规律。其三，高校思想政治理论课教师、辅导员以及班主任作为大学生理想信念教育的直接教育主体，无论是从调查者主观方面、思想信息资料收集方面或者对形势和环境的熟悉程度方面，都具有深入接触并感知大学生各种现象或进行主题观察的便利性和必要性，具有掌握大学生思想发展规律的可能性。

具体来说，以深化"六个为什么"教育为契机，运用观察预测方法对大学生理想信念教育作出判断，应坚持观察的全面性，自始至终围绕"六个为什么"对大学生理想信念教育进行有目的或有计划的观察，广泛收集预测所需要的现实思想资料，尽可能占有丰富的思想信息资料，确保信息的准确和真实性。尤其应着重挖掘、发现当代大学生在深刻理解社会主义制度的先进性、优越性以及准确把握我们国家的基本国情与发展道路等方面出现的新问题、新变化、新疑惑，为获得感性认识提供第一手资料。在此基础上，将观察体验所得到的思想信息同客观形势和预测目标联系起来进行分析，并依靠自己的经验、知识，以社会发展的需要和预想目标为基础，运用辩证唯物的观点对大学生理想信念状况的发展进行具有逻辑的推理和分析判断，提前对将要发生的问题进行预防，并为深化"六个为什么"教育的大学生理想信念教育提供更加有战略性的、长远的计划。对于一些比较复杂的现象，我们不可能一下子观察得很清楚，这就需要把它分解为一系列细小的部分或层次，采取递进式的观察程序。这样，观察可以借助思维，发现现象各个部分之间的联系，从而逐步深刻地感知事件，正确揭示观察对象的思想实质。[1]

2. 理想信念相关信息的分析和决策方法

通过社会调查或者观察体验得到的信息"固然是客观外界某些真实性的反映，但它们仅是片面的和表面的东西，这种反映是不完全的，是没有反映事物本质的"。[2]在获取大学生理想信念教育的相关资料后，教育者应对这些思想信息进行提炼整合，并根据需要实现目标的具体情况，选择最优的实施方案，这就是理想信念相关信息的分析和决策方法。

第一，理想信念相关信息的分析方法。思想信息分析是思想信息收集的深化，对大学生理想信念相关信息集中而深入的分析，可以透过零碎、分散的表面思想信息资料，揭示其内在联系，发现其理想信念思想行为的内在本质和普遍规律。大学生的理想信念是一种无形、内在的东西，属于思想意识范畴的客观存在情况，并会随着实践的深入和个人认识能力的提高而不断发展，因此，不经过全面、深入的分析，是很难认识与把握的。我们运用各类分析方法的

---

[1] 陈华洲.思想政治教育方法论[M].湖北：华中师范大学出版社，2010：88.

[2] 毛泽东.毛泽东选集：第1卷[M].北京：人民出版社，1991：291.

时候，首先应明确思想信息分析的重点内容，"眉毛胡子一把抓"容易导致分析过程中的片面化、极端化。而信息的重点内容又包括各类能够反映大学生理想信念状况的信息以及相关教育环境的信息。分析方法主要包括矛盾分析法、系统分析法、因果分析法、比较分析法、定性定量分析法等等。在深化"六个为什么"教育中对大学生进行理想信念教育相关信息的分析，总的来说，就是要求我们提炼、加工和分析大学生的思想信息，优化信息分析的时候应围绕"六个为什么"所涉及的各方面内容，认识大学生理想信念在涉及党和国家指导思想、发展道路、政治制度、政党制度、经济制度、发展方向等方面出现的新问题，注重从思想问题产生的大环境中分析所获得的信息系统中各要素、各层次之间的地位和价值，善于归纳总结各种问题中包含的不同思想倾向及各种矛盾，剖析其产生的实质和根源，把握各种矛盾的特殊性，并针对教育个体，在纷繁复杂的众多思想矛盾中找出主要矛盾加以分析。注重各种问题及其根源之间的联系及转化，注重运用纵向和横向相结合、定性和定量相结合的方法分析相同类似问题之间的异同点，实现零碎分散的感性材料条理化、系统化，整体结构合理化、整体效能最优化的分析。

第二，理想信念教育的决策方法。理想信念教育的决策方法是以现代决策科学的理论知识为基础和指导的，是对理想信念教育过程中为完成一定教育的目标、任务所提出的各种手段进行比较后选择出最优方案的过程，是人们从感性认识到理性认识过程的飞跃。通过深化"六个为什么"教育，对大学生进行理想信念教育决策包括三个方面的涵义：一是要认清"六个为什么"与大学生理想信念教育之间的关系并明确科学的教育目标；二是要制定实现目标的各种方案，并进行最优化选择；三是要确定实施方案的可行性。根据不同阶段、不同教育对象以及遇到的问题不同，我们在围绕"六个为什么"对大学生进行理想信念教育的过程中，可以将解决局部性、具体性问题的微观性决策与解决全局性重大问题的宏观性决策相结合，一方面，从"六个为什么"整体系统之间的内部联系与大学生理想信念教育整体化方面找出当代大学生对党和国家政策、制度及发展模式理解中存在的问题；另一方面，对于一定时期内的教学实践活动，不搞"一言堂"，以"六个为什么"这种问题式理论阐述为主线，结合社会生活中的热点、难点问题，在引导大学生提出问题、探究问题、解答问题等具体活动中进行必要的行动性指导。此外，在深化"六个为什么"教育的大学生理想信念教育过程中，应认真听取大学生和相关教师、专家的不同声音，善于积累经验，并使之规范化、常规化。在对教育过程中所需要解决问题的未来发展情况有确定把握时，做到果断、及时地进行决策，在对未来发展情况不能确定时，权衡各种决策的利弊及各种客观因素的影响，依靠决策者的经验、知识水平和判断能力，慎重选择合理方案，并增强决策的灵活性、适用性，减少决策工作的失误。

3. 深化"六个为什么"教育的主要实施方法

第一，比较教育法。"比较教育法是将两种不同现象或事物的属性、特点进行比较鉴定，引出正确的结论，用以提高思想认识的方法。"[1]比较教育可以从时间序列和空间范围来进行"纵比"和"横比"。在以往的思想政治理论课和哲学社会科学课的教学过程中，对大学生传授党和国家相关方针政策、中国发展模式内涵等知识要

---

[1] 杨建义. 大学生思想政治教育路径研究 [M]. 北京：社会科学文献出版社，2009：21.

点时，一般采取正面论述的"填鸭式"方法，这种理论灌输当然是必需的，但由于当代"80后"和"90后"大学生特殊的认知状况及思想特点，简单运用这种方法，必然会导致理论学习中许多思想困惑的出现。面对当今大学生思想上出现的重大现实问题和理论问题，运用比较鉴别、回忆对比或类比等各种对比的方式进行说理的方法，更容易使大学生从正面、反面，相异、相同，对立统一等各个角度更全面、准确、深刻地认清各种纷繁复杂的社会现象的真相，树立正确、科学的中国特色社会主义理想信念。"六个为什么"旗帜鲜明地指出中国发展模式的"六必须"和"六不能"，明确清晰地告诉大学生在中国发展问题上什么是可行的，什么是不可行的，科学地认识和回答"六个为什么"，不仅要从政治、经济、文化、社会风气等各方面进行比较，还要从历史发展的角度，从未来发展的前景对各种影响大学生理想信念树立的社会现象在内容上、本质上予以对比，使大学生能够在比较的过程中，在问题的导向下，正确认清我国社会主义制度的优越性，释疑解惑、析事明理，坚定科学的理想信念。

　　第二，咨询辅导法。在人的心理结构中，认知是先导，情感、意志是中介，行为是归属。认知越全面透彻，情感和意志的理性越强、越坚定，行动就越自觉。当代大学生朝气蓬勃，思维活跃，追求人格独立，富于极强的个性与创造力。但在当今大发展、大变革的时代，国际国内政治、经济、文化形势的深刻变化以及各种社会思潮的涌入，一方面，大大激发了大学生的自主意识和批判精神，另一方面，一些大学生又因缺乏社会生活经验，正在形成却又尚未成型的思想不断受到各方面的冲击，在理想信念等问题上出现了清晰与模糊并存、进取与颓废交织的问题。在对深化"六个为什么"

教育，提升大学生理想信念教育实效性进行调研的过程中，我们可以看出，在面对我国社会主义发展模式与发展道路的问题上，总的来说，大学生始终保持积极、健康、向上的良好态势，但在具体问题上，大学生个体关心的问题不尽相同，侧重点也有所差异，而问题产生的根源以及本质内容也不完全相同。因此，提供多样化的咨询方式，灵活多样、有针对性地解答大学生在社会生活中遇到的问题以及适应大学生不同主体个性化、特殊性发展的需求，提高大学生对社会重大问题的认识能力，认知自己以及自己与周围环境的关系，引导大学生在社会变革中主动适应社会，不仅可以解决那些凭借大学生个人知识和经验难以解决的复杂问题，用合理、积极的回答突破大学生认知的瓶颈，而且可以推进理想信念教育的科学化进程，在"强化问题"、"深化理论"和"细化教学"的过程中实现教育教学中民主、平等的交流，完善大学生多取向、多层次、多路径的思维发展模式。

第三，隐性教育法。现代社会是一个高度信息化的社会，大学生在参与激烈竞争的社会生活时，必然需要以大量的信息知识为支撑。电视、计算机网络、手机、移动媒体等现代大众传媒的迅速普及与便利性，使越来越多的大学生习惯于从现代大众传媒上获取自己需求的信息，并且不再简单地按照教育者事先设计的目标和任务去接纳各类信息，逐渐从"学校人"转向"社会人"。但大众传媒以及外界社会环境所传播的思想观念、价值标准、伦理道德等并不一定符合高校大学生理想信念教育的要求，网络世界的虚拟性以及各类信息选择的随意性又大大加剧了理想信念教育的难度。因此，如何根据现代传媒时空发展的态势特征，根据我国社会主义现代化发展变化的需要，根据大学生理想信念教育的目标和任务，找准创新隐性教育的方式方法就成为增强大学生理想信念教育效果的突破口。隐性教育方法主要包括渗透式教育方法、陶冶式教育方法和实践体验教育方法。[1]"六个为什么"是以我国社会主义现代化建设实践为背景提出的,对"六个为什么"的科学解答本身无疑是对我国社会经济、政治、文化等各种社会发展模式的具体阐释。自"六个为什么"提出以来,大量的著作、论文、调查报告、新闻报道等纷纷面世,各种从不同角度反映中国现阶段基本国情及发展道路的纪实片、访谈录依次登场,"六个为什么"进思想政治理论课的试点工作也在有条不紊地进行,在一场场讨论、争辩中,"六个为什么"所倡导的"必须"和"不能"的道理愈发明晰。可以说,在"六个为什么"进校园、进生活的过程中,大学生切实感受到了理论与现实的结合,并更加深刻地理解了科学理论,这对于他们坚定正确的理想信念具有不可估量的作用。

第四,反馈调节法。反馈调节法是在大学生理想信念教育的实施过程中,根据相关返送的教育信息,适当调整实施相关措施,以增强教育效果的各种活动。其实质就是围绕教育活动的具体目标,结合反馈信息予以分析,对教育活动做出强化、修正、调整,已达到更好的教育效果。而在反馈过程中,相关返送教育信息又可以分为两种,一种是符合教育目标的,即表明教育效果较好的信息;另一种是与设计目标存在差异的,即表明教育效果不好的信息。这两种信息的适当处理以及反馈调节方法的恰当运用,直接关系着理想信念教育实施系统是否能够平稳健康发展。在深化"六个为什么"教育,对大学生进行理想信念教育的过程中,反馈调节法的具体运

---

[1] 张耀灿,等.现代思想政治教育学[M].北京:人民出版社,2006:383.

用主要涵括两方面的内容：其一，通过多种渠道接收广大师生对"六个为什么"相关问题以及在思想政治理论课中加入"六个为什么"内容实施方案的意见反馈，对于正反馈信息加以强化，起到"推波助澜"的作用，对于负反馈信息加以纠正、调节，反思并吸取经验教训；其二，通过多种途径接收教育监督部门以及有关资深人员对思想政治理论课中加入"六个为什么"内容实施方案的意见反馈，进一步通过检测评估，完善教育措施和手段。此外，在具体教育实践过程中，通过深化"六个为什么"教育以增强大学生理想信念的坚定性与科学性，不仅需要发现问题及时调整，还应进行定期的阶段性总结，全面、辩证地分析反馈回来的信息，并在此基础上，通过对教育内容、环境、制度等具体方面的直接或间接调整，确保大学生理想信念教育取得效果。

6.2.2 正确运用教育方法

现阶段我国正处于改革开放与社会转型的关键时期，各种社会新问题不断涌现，而当代大学生又处于生理、心理成熟期，在这种新形势下，如何更好地深化"六个为什么"教育，帮助大学生解决思想认识、价值观念中的困惑与问题，并树立坚定的中国特色社会主义共同理想信念，这对理想信念教育方法的运用提出了一些新的要求。

1. 联系实际、治本求实

一定时期表现出来的各种社会热点问题，一般来讲，就是人们思想发展变化的具体反映。"六个为什么"所提出的问题，涵盖了我国政治、经济、文化、社会、党建等各个领域的不同内容，是包括当代大学生在内的广大人民群众普遍关心关注的重大问题，这些问题虽然复杂尖锐，但深刻剖析则能够使人们找到许多社会现象的本质与困惑的答案。因此，在深化"六个为什么"教育中，教育方法的选择一定要建立在正确把握当代高校大学生对"六个为什么"的看法以及各种思想热点问题的性质的基础上，做到切实联系大学生在日常学习、生活中的具体情况，分析引发各种思想问题的根本原因，从而抓住各种思想问题的根本，有的放矢。例如，针对大学毕业生就业难而产生的思想问题，就要先从解决实际问题入手，将具体的就业指导培训与现阶段国家相关政策解析相结合，然后引导大学生将生活中类似的热点问题放到国际、国内形势以及历史发展的大背景中去理解、把握，并透过这些热点问题看清事物的本质与发展趋势，改变自己的一些错误、偏激的观念，树立积极、向上的人生态度以及正确的理想信念。此外，还有很多大学生对我国发展不平衡、看病难、教育公平、房价过高、分配不公及腐败现象等产生思想困惑与模糊认识，这些问题都是我国社会中存在的现实问题。对这些问题的解答也都必须放在实际生活中，联系大学生喜闻乐见的鲜活事例，坚持实事求是、理论联系实际的原则，做到不走过场，才能从根本上将"六个为什么"的理论融入大学生的知识体系之中，增强他们的政治敏锐性、政治鉴别力以及践行社会主义核心价值体系、社会主义核心价值观的能力和水平，坚定理想信念。但我们应注意，针对一些损害国家和人民利益，违背国家法律政策的思想，就应该区别于那些因观念跟不上形势而产生的思想困惑与模糊认识，采取不同的方法，最终实现治本求实。

2. 以人为本、灵活运用

2003年12月，胡锦涛在全国宣传思想工作会议上强调指出："思想政治工作说到底是做人的工作，必须坚持以人为本。"党的十七大报告、十八大报告都提出了在加强和改进思想政治工作中注重人文关怀和心理疏导的重要任务。众所周知，大学生理想信念教育的过程从根本上讲是教育主体和教育客体互动的实践活动过程，而教育客体的个人经历、家庭环境、年龄阶段以及个性特点各不相同，思维发展情况与心理品质状况有所差别。因此，在选择深化"六个为什么"教育的大学生理想信念教育方法的时候，要注意充分尊重教育客体的自主性与人格独立性，做到因人而异、对症下药。在"六个为什么"进教材、进课堂的过程中，我们调查发现，年级、学科专业、家庭等各种状况的不同，其个体对相关问题的思考角度不同，出现思想认识上的困惑也相异，在解释由此延伸出来的具体社会生活问题上的回答更是不同，接受理论教育的自觉性也有所区别。譬如，对于"社会主义核心价值体系"这一概念，有的大学生很了解，有的大学生不完全赞同，极个别大学生根本不清楚；而大学生产生这些偏差的原因又包括理论知识点的不清晰、理论理解上的不透彻和理论联系实际不紧密等各方面的原因。因此，选择教育方法时必须结合大学生在思想认识方面的差异及思想发展规律的不同来进行。此外，现代社会影响大学生理想信念形成的因素是复杂的、综合的，他们参与的社会活动，接受的信息都是多方面的，教育主体的学科背景、知识结构等也不一样，这就使得我们在深化"六个为什么"教育时，需要把握不同方法的各自特点和共同趋向，选择优势互补的方法，形成最佳组合，发挥整体功能。

3. 继承借鉴、不断创新

方法是联系理论和实践的桥梁，是理论和实践相互转化的中介工具。过去成功的经验、现在新鲜的经验以及各个学科、各个国家的不同经验都是大学生理想信念教育方法的理论源泉。同时，大学生理想信念教育作为一种特殊性的实践活动，改造的是思维活跃且具有不稳定性的高校学生的思想活动，而社会的深刻变革、科学技术的飞速发展都要求我们在借鉴继承各类方法的基础上，必须根据大学生在理想信念方面出现的新情况、新变化对方法予以创造性运用，使这些方法能够解决在特殊性教育实践活动中遇到的具体问题，不断促进理想信念教育方法的科学化、现代化、系统化发展。在"六个为什么"进思想政治理论课以及用"六个为什么"解决大学生实际思想问题，激发大学生投身改革开放和社会主义现代化建设的工作中，以往一个称职的思想政治理论课教师掌握的马克思主义系统的教学方法已经不能完全实现教育目标，大学生思想的灵活性和各种新问题的多样性需要每个教育者在理想信念教育发展的动态过程中，根据教学反馈的实际情况，把握和运用适合现代化需要、满足"六个为什么"对大学生理想信念教育要求的教育方法。譬如，在"六个为什么"进思想政治理论课教学实践过程中采用常规教学与"项链模式"（即引入其他学科专家进思想政治理论课教学，与专职教师一起担当思想政治理论课教学）相结合的教学模式，以及各种专家"工作室"的开办，等等，都为深化"六个为什么"教育的大学生理想信念教育注入了新的活力。

6.2.3 不断改进教育方法

　　大学生理想信念教育工作现阶段所取得的成果，是在继承和发扬优良传统的基础上，经过不断的努力创新才得到的。如上所述，要想使大学生理想信念教育的方法更加有效，必须不断改进教育方法，增强教育方法的时代感、实效性。"六个为什么"是一个开放、包容的体系，也正是其与时俱进的特性赋予传统方法新的内容。

　　从实践发展的角度讲，任何方式方法都是特定历史条件下的产物，并随着历史的推移而不断发展变化，改革不仅包括对以往一些有价值的教育方法的肯定，以及对某些过时的教育方法的否定，更包括了对符合新的历史条件与新的教育任务方法的创新，这是一种具有极强建设意义的活动。总的来说，我们深化"六个为什么"教育，不断改进大学生理想信念教育方法是历史与时代的要求，也是由大学生理想信念教育自身发展规律所决定的。正所谓，方法论体系的发展史是教育者对教育方法继承和创新的过程，行之有效的方法就是不断丰富和完善的方法论科学体系，是紧跟社会发展变化并能有效解决大学生理想信念方面出现的新问题的方法论体系。

　　具体来讲，新中国成立尤其是改革开放以来，我们国家和人民的面貌都发生了历史性变化，从经济基础到上层建筑，一切不适应社会生产发展的生产方式、管理方式、生活方式和思维方式都在发生逐步变化，高校大学生的行为价值理念也随着世界范围内各种思想文化交流、交融、交锋以及深层社会矛盾和问题的出现发生了变化，呈现出多样化发展的趋势。引导大学生正确看待改革开放和社会主义现代化建设，统一思想，形成共识，提高认识，树立中国特色社会主义理想信念的难度明显加大。在这种情况下，与之相适应的教育模式和方法也在发生变化。在"六个为什么"进教材、进课堂、进头脑的过程中，以及深化"六个为什么"教育的工作中，我们应从"获取理想信念相关信息"、"理想信念相关信息的分析和决策"、"理想信念教育的实施"以及之后的教育信息反馈、评估等各个环节的方法选择和运用实践过程中及时总结经验，不断改进创新以往的方法。其一，坚持用不断丰富和发展着的"六个为什么"理论思想，用社会主义核心价值体系、社会主义核心价值观来指导大学生理想信念教育。"六个为什么"的理论思想是建立在我国社会主义现代化建设的基础之上的，当代中国的理论和实践的关键性问题无一例外都反映在里面，并势必还会随着社会的发展不断丰富，陈旧的内容很容易与大学生实际关注的内容脱钩，甚至导致他们在思想认识上产生更大困惑与模糊认识，而科学、适当方法的选择、运用及其创新，必须建立在获取大学生理想信念的真实信息以及时代发展之上。其二，将学生的需求与理论教育相结合。方法就是为实现任务服务的，以往的一些教育方法往往忽视学生的个体独立性和主体意识。深化"六个为什么"教育，就是以问题为出发点，并围绕问题，用通俗易懂的话语以及鲜活生动的实例揭示抽象的理论，实现由理论术语向大众话语的转换、从"基本原理"到"生活道理"的转换，[1]让大学生在提问、思考的过程中更加坚定中国特色社会主义理想信念，从而找到更切合大学生思维模式、更容易被他们所接受的教育方法。其三，在深化"六个为什么"教育的过程中，更多的大学生参与到教学过程中，互联网等新兴媒介被广泛应用，科学、民主的决策方法以及各种现代隐性教育方法与手段的运用大大促进了大学生理想信念教育现代化的发展。应该说，在以"六个为什么"为突破口对大学生进行理想信念教育的过程中，许多传统的方法在教师与学生互动的过程中被改进与丰富，更多的教育方式方法在服务于特定教学任务时得到创新。这是大学生理想信念教育的需要，也是

---

[1] 孟献丽、王玉鹏. 把握马克思主义大众化的着力点[N]. 人民日报，2012-12-03（7）.

为培育社会主义现代化建设接班人的需要。高校教师尤其是思想政治理论课教师，更要加强研究，深入实践，总结经验，不断改进教育方法，结合学校和大学生的实际，深入学习党的十八大、十八届三中全会和习近平总书记系列重要讲话的精神，"把富强、民主、文明、和谐的理念讲透彻，把自由、平等、公正、法制的理念讲清楚，把爱国、敬业、诚信、友善的理念讲充分，不断增强青年学生践行社会主义核心价值观的积极性和主动性，真正实现立德树人的目标，让青年学生能够真正担当起社会和时代赋予的责任"。[1]

6.3 深化"六个为什么"教育的具体路径

6.3.1 切实抓好科学理论的学习

毛泽东在强调理论重要性的时候曾深刻阐述道："……理论是重要的，它的重要性充分地表现在列宁说过的一句话：'没有革命的理论，就没有革命的运动。'"[2]中国特色社会主义理论体系，是马克思主义中国化的最新成果。现阶段，全球化、市场化和网络化的发展引起了人们生活方式和行为方式的变化以及思想道德观念

---

[1] 金坤城，吴庆华，等. 2012年第5、6期高校思想政治理论课骨干教师研修班部分学员学习十八大精神体会 [J]. 思想理论教育导刊，2012（12）：14.

[2] 毛泽东. 毛泽东选集：第1卷 [M]. 北京：人民出版社，1991：292.

的深刻嬗变。一些大学生受个人主义、享乐主义和自由主义等的影响，而面对以往理想信念教育过程中的相关理论学习的抽象与枯燥，往往认为共产主义的理想信念是"假、大、空"的理论。随着大学生思想认识的转变以及理想信念教育需要的变化，理论应当更加贴近大众化发展、更加接地气。在20世纪三四十年代，一本《大众哲学》让许多青年了解了马克思主义的实质，成为坚定的马克思主义信仰者；党的十六大以来，一系列符合包括大学生在内的广大人民群众需要的通俗理论读物陆续出版，使中国特色社会主义理论体系更加深入人心，焕发出巨大的理论魅力。实践证明，要深化"六个为什么"教育，使大学生树立科学的理想信念，就必须切实抓好科学理论的学习，使大众化、中国化、时代化的马克思主义以及中国特色社会主义理论体系真正走进大学生头脑。

1. 实现"六个为什么"理论思想与思想政治理论课对接，不断充实思想政治理论课内容，利用课堂教学主渠道讲授讲解科学理论知识

"理论只要说服人，就能掌握群众，而理论只要彻底，就能说服人。所谓彻底，就是抓住事物的本质。"[1]高等学校的思想政治理论课是大学生理想信念教育的主渠道和主阵地。现阶段，高校执行的"05"方案涵盖了《毛泽东思想和中国特色社会主义理论体系概论》《思想道德修养与法律基础》《马克思主义基本原理概论》《中国近现代史纲要》等一系列课程，理论性强，包括了政治理论、道德伦理、法规制度、近现代史以及党的路线、方针、政策等各个方面的内容，这些理论和知识不是抽象、空洞、呆板的，它

---

[1] 编译局. 马克思恩格斯选集：第1卷[M]. 北京：人民出版社，1995：9.

们来源于生动的实践和鲜活的事实，有着丰富的时代内涵，并随着形势的发展和任务的变化增添新的内容。"六个为什么"理论思想不是居高临下，而是紧密结合国际国内形势的深刻变化以及改革开放和现代化建设的实际情况，把抽象的逻辑推理融入具体鲜活的事例之中，观点鲜明、集中系统地阐述了关系党和国家前途命运的若干重大问题，有效地整合了中国特色社会主义理论体系和社会主义核心价值体系的理论内核，抓住了包括大学生在内的广大人民群众的理论难点、疑点与困惑的本质，是当代中国创新理论建设的重中之重，也是思想政治理论课核心内容的概括与提升。应该说，实现"六个为什么"理论思想与思想政治理论课对接，更容易把道理讲透，使大学生认清社会各种问题与矛盾的事实真相。在"六个为什么"理论思想与思想政治理论课对接的实际操作中，我们不仅要在课程具体内容的安排上，衔接并融入六个重大问题，还应统一规范讲义编写、教学课件制作的相关课堂教学要素，组织教师对"六个为什么"重大问题以及由此延伸出来的各类小问题从多角度做出全面、正确的解释，做到道理透彻、事实真实、内容层次分明、问题实质突出。

2. 促进"六个为什么"理论思想走进培训、研讨活动，拓宽理论学习的路径，实现科学理论学习的立体化、全方位发展

在课堂教学过程中，我们一般会采用正面论述的方式对大学生进行理想信念教育。这种灌输式的教育反馈性较小，一些内向的学生对所遇到的相关理论知识的思想困惑或者疑难问题可能采取随意的态度，不一定积极主动地向教育者进行咨询，这样很容易导致他们思想认识中的误区与盲点。此外，由于思想政治理论课教师往往又受到一定的教学任务与课时的限制，对有些问题难以完全做到深刻的剖析。在这种情况下，我们就需要将理论学习、理论培训、理论研讨作为辅助手段，通过报告、讲座、读书活动、研讨、培训以及知识竞赛等各种有效路径，帮助大学生解释惑疑，澄清错误思想认识，形成正确的理想信念。理论学习是通过有组织、有计划地读书和读报来进行的，有时候在读书活动中还要交流、讨论、竞赛，从而把读书引向深入。自"六个为什么"问题提出之后，相关刊物与文章陆续面世，在广大读者特别是大学生中产生了强烈反响，使"80后"、"90后"的大学生更加充分了解当代中国发展模式的应然性，坚定中国特色社会主义理想信念。在开展理论培训时，要有明确的专题，专题应当是某一方面理论与现实主要实际问题的结合点，"六个为什么"理论思想是中国特色社会主义理论体系的重要组成部分，揭示了社会主义核心价值体系的内涵外延，并且都是人们现实生活中关注的问题。这为大学生理想信念教育提供了很好的立足点和突破口。理论研讨则是采用研究、探讨的方式进行理论学习和理论教育，把理论学习、理论研究和学术讨论结合在了一起。自"六个为什么"提出以来，许多专家受邀参加相关理论研讨会，并参加了校园报告会、讲座等活动。这种校园报告会、讲座以专题的形式展开，重点进行理论层面的阐释，不讲空道理，围绕一个专题把问题讲透彻、讲明白，使大学生不仅能从理论层面，更能结合自身的实际生活去理解科学理论，为树立中国特色社会主义理想信念奠定了基础。

3. 丰富发展"六个为什么"理论思想，加强科学理论的宣传教育，确保科学理论教育具有持续、强化的效应

第一，在现实生活中讲理想信念并不是抽象的，而是具体的，有着实实在在的内涵和目标。大学生只有将个人理想融入中国特色社会主义事业之中，才能体现出其真正的意义并实现个人价值。"六个为什么"的科学回答作为理想信念理论教育与大学生现实生活之间理解沟通的桥梁，紧密结合我国近现代170多年的历史、新中国成立60多年的历程以及改革开放30多年的实践，并且还会随着时代的进步不断丰富发展。因此，我们所讲的"六个为什么"理论思想是实事求是、与时俱进的，是在新形势下对"四个如何认识"的深化，也是与"划清四个重大界限"等一系列问题一脉相承、相互补充的。我们在深化"六个为什么"教育的过程中，一定要注重理论联系实际，用实践丰富和发展"六个为什么"理论思想，加强科学理论宣传教育的实效性。

第二，理论宣传作为一种向大学生灌输科学理论和先进思想的方法，也是一种形象灌输的方法，它是通过借助各种传媒手段得以进行的，这种工作必须围绕党的中心任务，针对大学生中倾向性的思想问题进行。如果离开党的工作，不顾大学生普遍关心的问题而空讲概念，不能较好地利用广播、网络以及多媒体技术来宣传科学正确的理论，就会影响宣传教育持续、强化的效应。"六个为什么"所阐释的内容都是来源于社会主义建设实践过程的现实情况，各种大众传媒中具有借鉴意义的相关资料很多，这些宣传资料都从不同角度对"六个为什么"的理论思想作了形象生动的阐释，对高校教师进一步引导大学生加强理论学习，使他们具备识大局、识方向的政治素质，敏锐地观察分析世界政治、经济、科技、文化等各种变化，加深对中国特色社会主义理论体系的理解，坚定正确政治方向，增强对中华民族的伟大复兴事业、对祖国未来的信心以及对党和政府的信任将起到积极的作用，也将为大学生树立中国特色社会主义共同理想信念奠定现实和理论的基础。

6.3.2 引导参加广泛的社会实践

"人的思维是否具有客观的真理性,这并不是一个理论的问题,而是一个实践的问题。"[1] "六个为什么"科学理论思想是将马克思主义普遍真理同中国革命、建设和改革的具体实际相结合的理论,具有鲜明的实践特色、理论特色、民族特色、时代特色,只有在实践中才能更好地理解"六个为什么",也只有在实践中才能深入发展"六个为什么"。因此,将广泛的社会实践引入深化"六个为什么"教育的大学生理想信念教育之中,既符合深化"六个为什么"教育的时代要求,又符合大学生思想认识形成的客观规律。

1. 积极开展各种社会调查、参观访问和社会考察等活动,让大学生切身感受伟大祖国的发展变化,并在具体实践中运用和检验有关理论、政策,深化思想认识,坚定中国特色社会主义共同理想信念

把社会考察运用于理想信念教育,是我们党的优良传统。社会考察是考察者在自己动脑、动口、动手的过程中,通过调查获得丰富的第一手感性材料,并经过头脑加工,从感性认识上升到理性认识,正确分析和认识社会现象和社会问题的过程。一般来讲,只要理论"与社会脱离,学校里的知识就不能运用于生活,因此,也无益于品德"[2]。也就是说,理论如果仅仅停留在人的头脑中,往往不容易被接受并内化,只有通过实践接触事物现象时,才可能逐步将理论内化为自身的知识体系,并外化为自己主动的行为。当代"80后"、"90后"的大学生,从小享受着革命先辈创造的物质

---

[1] 编译局. 马克思恩格斯选集:第1卷[M]. 北京:人民出版社, 1995: 55.

[2] 杜威. 民主主义与教育[M]. 北京:人民教育出版社, 1990: 377.

文化成果，没有亲身感受到新中国成立前后以及改革开放前后不同的社会变化，单纯的理论学习或单凭直观地反映，使他们通常容易停留在事物的表面现象，看到事物表象和外界的联系，而难以完全认清事物的本质和规律。但无论是中国特色社会主义发展道路，或者我国现行的政治制度、政党制度、经济制度等都是党领导人民在社会主义革命与建设的实践中探索出来的，中国共产党带领中国人民实现民族独立和改革开放的伟大实践，就是一部最丰富、最生动、最有说服力的教科书。因此，高校在深化"六个为什么"教育过程中，应该结合不同学科、不同年级特点积极开展各种社会调查、参观访问和社会考察等活动，引导大学生走出校门，深入基层，到工农群众中，通过对国情、民情的了解，真正领悟我国现代化建设过程中所取得的巨大成就；有条件的可以组织学生到国外参观学习，通过交流、考察，更加深刻地感受伟大祖国的发展变化，增强民族自豪感与自信心；与此同时，正确看待我国在改革进程中出现的问题，理性认识社会主义发展过程的曲折性，增强社会责任意识，坚定实现中华民族伟大复兴的决心。

2. 合理扩大勤工俭学和公益劳动等活动范围，引导大学生在生产劳动实践中树立以辛勤劳动为荣的观点，积极投身社会主义现代化建设

建设中国特色社会主义，实现中华民族的伟大复兴，是现阶段我国人民的共同理想。经过新中国60多年特别是改革开放30多年的发展，我国社会主义建设取得了伟大成就。而这些伟大成就正是我们党带领全国各族人民艰苦奋斗所取得的。众所周知，我国高校现阶段的在校生出生在开始实施计划生育的特殊阶段，其中相当部分是独生子女，从小就在父母的呵护之下长大，这样导致他们的劳动能力较上一代人有一定差距，吃苦耐劳精神不足，不能完全理解如今生活得来不易，在这种情况下，享乐主义、拜金主义、消费主义等西方腐朽思想容易对他们产生影响。因此，高校在深化"六个为什么"教育过程中，合理扩大勤工俭学和公益劳动等活动范围，将专业学习和服务社会结合起来，不仅可以为生活贫困的学生排忧解难，还可以引导大学生在生产劳动实践中树立以辛勤劳动为荣的观点，使他们通过自己辛勤的劳动在创造社会价值中实现自我价值的同时，感受实现价值的愉悦并认识到如今生活来之不易，不再仅仅囿于惯性传统思想束缚，或者受外来思想因素的影响而对现实中国特色社会主义产生疑惑或者不满。从而激发大学生从实际出发，自觉维护符合我国国情的各项制度，并为不断发展完善中国特色社会主义贡献力量的决心和热情，由被动地接受理论转变为积极投身社会主义现代化建设之中。

3. 以丰富多彩的集体活动为抓手，利用重大节庆日、纪念日，结合国家的形势政策及当前正在开展或将要开展的"社会主义核心价值体系学习"等一系列教育活动，通过形式多样的党、团和班级活动，引导大学生树立正确理想信念

随着社会物质和精神文化的不断发展，高校各种集体活动内容也更加丰富。同时，由于高校集体活动具有一种广泛性和普遍性，目前已成为大学生理想信念教育最简便、最有效的途径。根据时效性的不同，可将高校集体活动划分为基础性集体教育活动和及时性特定教育活动，它们从不同侧面、不同角度反映和宣传中国特色社会主义建设的伟大成就，对于帮助大学生澄清思想认识上的困惑，认清关系党和国家前途命运的重大问题，深入把握社会主义核心价值体系、社会主义核心价值观，牢固树立科学的理想信念具有重要意义。深化"六个为什么"教育，用好用活党团活动这一载体，必须做到：其一，明确各项教育活动的目标，丰富党团活动的教育信息；其二，加强对各项活动的指导，讲求活动的实效性，切忌过多过泛，防止集体教育活动娱乐化；其三，促进集体活动的多样化、日常化、时代化，重视教育基地建设，因地制宜设置各种类型的教育工作室，提高实践基地建设的科技含量，为理想信念教育创造有利的硬件条件；其四，避免理论学习和学生实际相脱离的"两张皮"现象，以专业学习、理论学习为基础，以党、团和班级活动为载体，以国家大事为切入点，紧跟国家时事潮流，广泛宣传国家最新发布的各项方针政策，尤其是抓住在大学生中最为关注的热点问题开展各类集体讨论活动，真正做到以点带面，以小见大，用最新的语言、最翔实的事实引导大学生正确看待社会主义发展的曲折性以及改革开放进程中出现的问题，坚定大学生跟党走中国特色社会主义道路的信念。

"社会实践是大学生思想政治教育的重要环节，对于促进大学生了解社会、了解国情、增长才干、奉献社会、锻炼毅力、培养品格，增强社会责任感具有不可替代的作用。"[1]我们党历来十分重视理论联系实际，从某种意义上来说，马克思主义中国化的过程就是马克思主义在大众的实践过程中接受检验和不断发展的过程。"六个为什么"是当代中国建设实践过程中面临的根本性问题，它的科学回答是建立在深刻总结我们党90多年探索、新中国60多年奋斗、改革开放30多年建设的基础之上，用马克思主义理论指导中国特

---

[1] 中共中央宣传部宣传教育局、教育部社会科学研究与思想政治工作司、共青团中央学校部组编.加强和改进大学生思想政治教育文件选编（1978-2008）[M].北京：中国人民大学出版社，2005：379.

色社会主义现代化建设的经验总结，是将马克思主义科学理论联系干部群众的思想实际，联系国内外发展形势与中国历史发展历程所作出的结论。应该说，这种从社会实践中得来的理论和经验是最有生命力和说服力的，也只有用实践才能说明问题。高校借助实践工具对大学生进行深化"六个为什么"教育的过程，是将大学生在课堂上学习的理论知识在实践中外化为自身行为的过程，在这个过程中，我们不仅要注意社会实践形式的多样性，还应注重实践手段的科学化发展，增强社会实践的吸引力，提高大学生在实践中理解、运用科学理论的能力与主动性，并在此过程中，坚定马克思主义信念与中国特色社会主义共同理想。

6.3.3 认真开展批评与自我批评

1. 正确认识批评与自我批评的作用

所谓批评，就是对错误的或被警戒的思想和行为的否定，是对人们在认识世界和改造世界过程中发生的偏差或失误的纠正。[1] 所谓自我批评，就是自觉地公开地对自己的过失、缺点、错误进行剖析和检查。批评与自我批评都是以消除思想上的错误观念为最终目的的。而人的理想信念是在社会实践的基础上，主客体因素相互作用、相互协调和主体内在的思想矛盾运动转化的结果。在人的理想信念形成与发展的过程中，一个客体因素是否产生预期效果，关键不在于客体因素本身，而在于受教育者自身的主体因素能否与客体因素相平衡，主体内在的知、情、意、信、行诸要素之间是否能

---

[1] 徐志远.现代思想政治教育学范畴研究[M].北京：人民出版社，2009：251.

够在发展方向及发展水平上保持一致。只有经过积极的内部思想矛盾斗争，才能树立正确的理想信念。

党的十一届三中全会以来，我国进入改革开放的新时期，国际国内形势发生了深刻变化，世界范围内各种思想文化的交流、交融、交锋更加频繁。在这种复杂多变的环境下，大学生理想信念中无产阶级思想与非无产阶级思想、正确思想与错误思想、先进思想与落后思想并存且矛盾和斗争时有发生。从"六个为什么"与大学生理想信念教育的调查结果中，就反映出了高校学生对中国特色社会主义理论体系、对马克思主义立场、观点和方法等方面认识存在的突出问题以及在对大学生进行理想信念教育过程中存在的薄弱环节。找准存在的问题，引导大学生正确开展批评与自我批评，可以更加有效地促进"六个为什么"进教材、进课堂、进学生头脑，引导高校青年学生树立正确的理想信念。

2. 合理选择批评与自我批评的方式

批评与自我批评的方式要根据不同的教育对象、特定的教育环境和实际需要进行灵活选择。

第一，直接式批评与间接式批评相结合。这是两种适用对象、使用方式、进展程度不同的批评方式。其一，从适用对象来看，直接式批评适合思想基础较好、性格开朗、乐于接受批评的人；间接式批评则适合思想错误较多、性格内向，不善于表达的人。其二，从使用方式来看，直接式批评一般开门见山，不回避矛盾，通过摆事实、讲道理的方式，把道理和事实讲透彻、讲明白，引导人们及时、公开地开展批评和自我批评，从而认清事实真相，树立起正确信念；间接式批评则需要循序渐进、与受教育者推心置腹，将问题一步步地娓娓道来，旁敲侧击，使受教育者有一个心理缓冲，最终适应并接受批评。其三，从进展程度来看，直接式批评往往不兜圈子，不经过中间传递，及时地进行批评，迅速解决问题；间接式批评则由浅入深，以情以诚，逐步分层指出问题所在。"六个为什么"科学阐释的本身就是这两种方式的有效结合，是以现阶段包括大学生在内的社会成员普遍关注的社会热点问题为着力点，一方面，把理论直接讲述出来；另一方面，用人们生活中的具体鲜活史实例证，推心置腹，通俗易懂地把问题讲清讲透，两种方式交叉融合，最终实现解决大学生理想信念问题的作用。

第二，对照式批评与评估式批评相结合。这是两种评价标准、衡量方式和作用机理不同的批评方式。其一，从评价标准来看，对照式批评是借助两种性质不同或有一定差距事物中的一种，通过比对的方式，来烘托出批评的内容；评估式批评则是借助按照理想信念教育的统一标准，譬如现阶段我国人民的共同理想是在中国共产党领导下走中国特色社会主义道路、实现中华民族伟大复兴。其二，从衡量方式来看，对照式批评是通过对照、比较、烘托等方式，使受教育者通过榜样的作用来反省自己的错误；评估式批评则是运用已经量化了的指标体系来考核自己的具体行为，衡量、明确自己与标准体系之间的差距，从而树立正确的理想信念。其三，从作用机理来看，对照式批评一般是让被批评者通过与榜样或参照事物的对比后，在自我心中形成一定压力，从而使压力转变为批评、改造自己的动力；评估式批评则首先要对受批评者做出的努力进行肯定，而后找出差距，总结经验。对照式批评的参照系由于是特定的人或物，可能会产生一定差异性，而评估式批评的参照系是固定的、一致的。在深化"六个为什么"教育的过程中，我们不仅要通过正面理论讲解使大学生明确应该树立怎样的理想信念，形成一定的理想信念体系标准，还要通过历史的对比，以及现阶段社会上出现的各种思潮、观念本质的对比，用事实来论证什么样的理想信念是科学的，帮助大学生树立正确的理想信念。

第三，商榷式批评与曝光式批评相结合。这是两种批评程度、适用人群、使用条件不同的批评方式。其一，从批评程度来看，商榷式批评是批评者本着友好、和气的态度将批评意见传递给被批评者，同被批评者进行商量与沟通，从而帮助被批评者认识自己的错误和缺点；曝光式批评则是批评者运用激烈的言辞，对被批评者存在的问题予以曝光，使被批评者感受到巨大压力，从而改造自己。其二，从适用人群来看，商榷式批评适用于头脑灵活，存在问题不大，且有明显否定心理倾向的人；曝光式批评则适用于惰性心理比较突出，思想问题严重，且缺乏改造积极主动性的人。其三，从使用条件来看，商榷式批评要求批评者心平气和，被批评者冷静虚心，教育环境平等、宽松、和谐；曝光式批评则要求批评者理想信念坚定，通过调查核实被批评者确实存在严重问题，批评教育由于正面开展，"火药味"可能会很浓，所以，在使用的时候一定要注意把握尺度，防止激化矛盾。现阶段，高校学生从总体上来讲，大部分是赞同马克思主义的指导地位以及我国现行的政治、经济、文化、政党等制度，赞同改革开放的。因此，在深化"六个为什么"教育的大学生理想信念教育过程中，要把握好曝光式批评的尺度，尽量少用或不用，而多采用商榷式批评，只有对个别经过批评教育后仍坚持错误思想的学生才采取必要的、一定的曝光式批评。

3. 开展批评与自我批评的要求

批评教育的主体是他人，自我批评教育的主体是自我，这两种不同教育方式从主观和客观两种不同条件出发，相辅相成、互相渗透，共同促进教育对象思想认识的进步。而批评与自我批评的作用如何又受到很多因素的影响，要充分发挥批评与自我批评的有效性，必须在其运用的过程中注意遵循以下几个要求。

第一，明确批评与自我批评的目的，瞄准问题关键点，注重内因和外因的有机结合。正确的目的就是通过批评与自我批评，克服错误思想和倾向，树立正确的理想信念。而针对当前大学生理想信念出现的问题，我们深化"六个为什么"教育，其目的就是以"六个为什么"重大问题为导向，通过批评与自我批评，找准大学生对"六个为什么"的认识瓶颈，在收集、了解大学生各类疑惑问题的基础上，通过摆事实、讲道理，对大学生进行引导以及大学生的自我剖析，帮助大学生澄清关于中国特色社会主义理论的疑惑，改正不良思想认识。

第二，坚持团结和民主的原则，积极开展批评与自我批评。毛泽东曾对批评作过科学论述，他指出："我们曾经把解决人民内部矛盾的这种民主方法，具体化为一个公式，叫作'团结——批评——团结'。"[1]斯大林也曾说过，社会主义民主的条件，是开展自我批评的主要条件，"缺少这个条件，自我批评就等于零"[2]。有了民主、团结的气氛，大学生就能够将自己在学习马克思主义理论以及认识中国特色社会主义道路过程中存在的思想疙瘩、认识困惑表达出来。以往，尽管我们不断改进教学方式，但在教学中仍常出现"无问题可问"的情况。在深化"六个为什么"教育中，应充分发扬团结、民主的精神，以"六个为什么"重大问题为主线，激

---

[1] 毛泽东.毛泽东文集：第7卷[M].北京：人民出版社，1999：210-211.

[2] 编译局.斯大林选集：下卷[M].北京：人民出版社，1979：58.

发大学生探讨问题的积极性，敢于同错误思想斗争，并结合自己生活、学习的实际，更加深入地认识马克思主义信仰和中国特色社会主义共同理想的科学性。

第三，合理运用批评与自我批评的方式，根据人或事的不同性质、条件、特点等选择不同方式，做到对症下药、讲究实效。由于大学生的年龄、社会背景、家庭环境、生活经历、知识结构等各不相同，因此，在看待同一问题时可能有不同看法，对我国现阶段实行的政治、经济、文化等体制或政策的认知可能有一定偏差，而这些一般都是由于涉世未深而引起的思想认识问题，对此，应正确看待，不能随便上纲上线。要从团结的愿望出发，针对具体思想实际有的放矢、对症下药。在调查中，我们发现，相对于参加过国家研究生入学考试的大四在校生，部分大学生更加关注自己的专业学习，而对社会主义核心价值体系、社会主义核心价值观了解不够透彻，容易产生一些错误思想。针对这部分大学生，我们就应该在和风细雨的批评与自我批评中，根据不同人、不同思想状况、不同条件，多角度、多侧面的综合实施科学理想信念教育，帮助他们了解、掌握社会主义核心价值体系、社会主义核心价值观的基本内容和本质要求，以达到"殊途同归"的教育目的。

信仰导航

七

在大学生理想信念教育中深化"六个为什么"教育的语言艺术

理论教育只有运用大学生喜闻乐见的语言来表述问题、讲清道理，才易于为他们所理解和接受。本章拟对在大学生理想信念教育中深化"六个为什么"教育的语言艺术进行探讨。要坚持从实际出发，紧紧围绕对"六个为什么"重大理论问题进行阐释解读，摆事实、讲道理，深入浅出、通俗易懂，选择时机、注意场合，把握适度、表里如一，平等相待、注重交流，这样才能增强理论教育的准确性、鲜明性和生动性，才能具有很强的吸引力、感染力和说服力，才会入耳入脑、入眼入心，达到释疑解惑、提高认识的目的。

7.1 深化"六个为什么"教育的语言艺术概述

在教育过程中,教育主体通常会采用多种方式与教育对象进行互动,而所有方式都离不开语言的运用。苏联教育家苏霍姆林斯基说过:"语言是一种最精细、最锐利的工具,我们的教师应当善于利用它去启迪学生们的心扉。"[1]在新形势下,我们应通过对深化"六个为什么"教育中语言艺术的积极探索和不断完善,努力形成符合社会发展要求和大学生自身发展规律的语言表达方式和话语体系,进一步提高"六个为什么"教育的亲和力和实效性,促进大学生理想信念教育及其语言艺术的发展。

---

[1] 苏霍姆林斯基.怎样培养真正的人[M].北京:教育科学出版社,1992:4.

7.1.1 语言艺术的涵义

"艺术",一般是指方法运用的技巧或技法。它包含三层意思:其一,泛指各种技术或技艺;其二,富有创造性的工作方式或方法;其三,用语言、动作、线条、色彩、音响等不同手段构成形象以反映社会现实生活,并表达艺术家某种思想感情的一种社会意识形态。
"语言艺术",作为语言传播主体自身品格、智慧、才能和经验的实际运用,就是语言传播主体在运用语言进行传播时,为了提高语言的表达效果,达到传播目的,在语句合乎逻辑、语法规范、修辞妥帖的基础上,根据传播客体、传播场合的特点,选择使用的富有创造性的语言手段和独特、灵活、恰当的语言方式表达思想感情的技巧。[1]

深化"六个为什么"教育的语言艺术,是指教育主体为了实现特定的目标和任务,在深化"六个为什么"教育活动所采取的讲课、报告、谈心、表扬、批评、动员、访问等多种教育方式中选择富有创造性的语言表达方式,使用规范严谨的语法和符合逻辑的语句,阐明科学理论,激起感情波澜,从而增强教育效果的一切技法、技巧的总和。具体来说,它包括四层涵义:其一,语言艺术是围绕特定教育的目标和任务而展开的。语言艺术承载着以理性、严谨和科学为内核的"六个为什么"教育内容,它需要运用"讲话"这门艺术将六个与社会主义核心价值体系紧密相关的重大理论传递给大学生,通过满足大学生的情感需要,最终引起他们对教育内容的认同。应该说,只有能够完成这一教育任务的语言艺术,才能称之为好的

---

[1] 梁光志.思想政治教育语言艺术研究[D].重庆:西南师范大学,2004: 20.

语言艺术。其二，语言艺术的运用必须遵循思想教育规律。在深化"六个为什么"教育过程中，教育语言艺术既要符合教育主客体的自身特质，又要根据特定的教育环境和教育目标选择性使用，涉及的因素多样、多变、复杂，只有遵循思想教育的规律，才能使深化"六个为什么"教育顺利发展。其三，语言艺术是一种具有较高审美价值的实用技术。"六个为什么"重大理论的传递离不开"写"和"讲"，如果教材、讲义或其他教育材料中"六个为什么"相关内容表述不清、可读性不强、语句不通，就很难在大范围、长时间上实现其效果；如果教育者不具备讲说口才、语言单调乏味、内容主次颠倒，就不可能打动或吸引受教育者。因此，只有深入浅出、简明扼要、朴实生动、娓娓道来，才能实现教育主客体思想感情上的默契，引起大学生对教育传播内容的思索，使其对教育过程产生积极的行为反应。其四，语言艺术要富有创造性。所谓创造性，一是指，深化"六个为什么"教育的语言体系能够随着社会的发展而不断丰富，实现自身的创造性发展；二是指，通过教育语言艺术的运用，深化"六个为什么"教育能够最大限度地发挥大学生的主观能动性和激发他们的内在潜能。而这些都是以教育者有意识地加强自我语言能力的锻炼，提高自身语言表达能力为基础的。

总之，深化"六个为什么"教育的对象是大学生，在教育实践活动中，大学生已经产生的思想、观念等主观因素要同一定的客观条件发生作用，并朝向活动目标积极发展，只有通过合理运用语言这种富有科学因素与艺术因素的艺术，才能引导这种活动的正确发展。

7.1.2 语言艺术的特征

思想教育工作语言是在一定的社会背景下形成的具有自身独特规律的实践性的话语体系，受一定社会主流意识形态的支配，并遵循特定的语言规范、规则和规律。因此，在深化"六个为什么"教育中语言艺术也就具有自身特定的表征，主要表现以下几点。

1. 准确规范，富有科学性

所谓"科学性"，就是指深化"六个为什么"教育语言艺术的运用要具有合规律性、准确性、实践性的特点。其一，合规律性。通常情况下，大学生在对外部事物认知并转化为内部思维的过程中表现出一定心理矛盾斗争的规律特征。教育者传递教育信息时，要根据大学生思想发展的不同阶段选择不同程度的语气和不同类别的语言，尤其要充分注意教育信息选择环节，在这一过程中，大学生的思想观念与"六个为什么"倡导的思想导向和理想信念发生正面碰撞，从而对教育信息进行选择性吸收，思维发展较为复杂。其二，准确性。一是指教学语言的语义和语法要恰当贴切，语句不通、表述不清等都不是好的语言表达。二是指教育主体要力求运用本学科的话语体系进行知识讲授，真实、准确和全面反映"六个为什么"内容的本质。"六个为什么"理论中有自己独特的范畴，一些专业性的话语是对"六个为什么"相关知识的概括和提炼。恰当运用这些话语，就能够起到少而精、简练却丰富的效果。其三，实践性。深化"六个为什么"教育不是空洞地去讲一些大道理，而是要解决现实实践过程中大学生思想与信念中出现的问题，因此，它的语言艺术就是对高校理想信念教育实践本质规律的理性认识，是源于实践又反过来作用于实践的工具。

2. 通俗明理，富有教育性

深化"六个为什么"教育语言艺术的教育性体现为目的性、针对性。其一，目的性。教育过程的设计本身就围绕"六个为什么"重大问题展开，带有一定的思想倾向性，教育主体的全部活动也都贯穿着明确的教育目的，因此，教育者的语言就体现出按照一定逻辑规则，有意识、有目的地围绕一定目标，将教育内容灌输给大学生的特征。其二，针对性。时间、场合、教育对象、物质条件、教育目标等一些情景不同时，语言的运用也要因人、因地、因时发生相应的变化，这就是语言的针对性。离开具体的环境，人们就无法理解语言的具体内涵。因此，教育者在进行教育过程中，要随着工作情况的变化，尤其是要根据大学生年龄、性格、家庭情况、文化程度和心情等不同情况，来确定语气、词语选择和修辞手法等。此外，教育语言运用作为一个动态的过程，要注意根据大学生的反应，及时调整、完善失误或过时的语言，切忌言不得体、不合时宜。总之，要使深化"六个为什么"教育语言艺术的运用富有教育性，应处理好三个关系：其一，处理好教学语言信息输出量与大学生处理信息限度之间的关系；其二，处理好教学语言难易度与学生理解能力之间的关系；其三，处理好教育者与学生之间的平等性。合理运用理想信念教育语言艺术，能够有效地启迪大学生的心灵，并激发他们的创造性和积极性。

3. 畅达委婉，富有审美性

深化"六个为什么"教育的语言文字之所以能称之为"艺术"就在于它具有审美性。这主要表现在以下几个方面：其一，富有逻辑性。在深化"六个为什么"教育过程中，教育者要说服大学生，就要做到思维、语言组织上符合逻辑结构，思路清晰、结构严谨、重点突出、层次分明、说理透彻，只有这样，才能满足大学生最根本的审美需要。其二，具有感染力。而要做到具有感染力，就需要言由心生，以情感人。深化"六个为什么"教育是做人的工作，因此，人的情感性就要求教育者在运用语言艺术实施教育过程中不是冷冰冰的说教，而是充满情感地沟通和交流，不是居高临下的说理，而是推心置腹，将道理娓娓道来。"感人心者，莫先乎情。"充满情感的语言能够引起大学生心灵上的共鸣，从而实现寓教于乐的目的。其三，通俗易懂。列宁在谈到对群众的宣传教育时曾说，"对人民讲话不要故作高深，要通俗易懂"[1]。抽象的理论一般来源于生活，教育者在实施教育的过程中，不仅要使用具有高度概括性的学术性语言，还要注意从教育者自身的实际情况出发，选择一些简单明了、通俗易懂的语言来传递教育信息，用具体鲜活的史实例证说明抽象的理论逻辑，深入浅出、朴实生动，才能实现理论的大众化发展，使教育语言更加贴近大学生。其四，具有灵活性。这包括两层含义：一是教育主体不同，其语言艺术运用的方式方法就不同。每个教育者在工作中都有自己特殊的表达方式，形成了不同的运用语言的技巧和风格；二是在深化"六个为什么"教育过程中，教育主体应根据教育客体、教育介体等诸要素的变化，自由选取恰当的语言方式，力求达到字字珠玑、抑扬顿挫、生动优美、虚实相生、随机应变、因势利导，将各种语言艺术技巧存乎一心，激起大学生思想感情的认同。

4. 鲜明强烈，富有政治性

深化"六个为什么"教育的目的就是要帮助大学生树立正确的

---

[1] 编译局.列宁全集:第29卷[M].北京:人民出版社，1985:106.

世界观、人生观、价值观，坚定马克思主义信仰，坚定在中国共产党领导下走中国特色社会主义道路、实现中华民族伟大复兴的共同理想和信念。因此，这就使得在教育过程中不可能也不允许随心所欲地使用不符合要求的语言表述方式，而需要恰当运用具有一定主观倾向性的语言艺术，并体现鲜明的政治目的。具体来说，就是观点明确、不含糊。无论是宣传、传达党和国家的方针政策，还是解答大学生日常生活中的热点问题或思想困惑，对有利于社会主义现代化建设，符合党的方针政策的，就要旗帜鲜明地进行提倡；对于损害中国特色社会主义建设成果，违背或偏离党和国家意图的，就要斩钉截铁地说"不能"。提倡什么，反对什么，不能出现任何含糊不清、模棱两可或吞吞吐吐的情况。这样，深化"六个为什么"教育才能沿着正确的方向进行，保持自己的先进性和正确性。

7.1.3 语言艺术的作用

1. 有利于更好地传递教育信息，确保将深化"六个为什么"教育的内容更加完整、准确地灌输给大学生

"六个为什么"涉及的内容是比较严肃、严谨、系统的，因此，大学生会因其道德素养、年龄、性格不同而对教育信息产生不同的反映。要使深化"六个为什么"教育在最大范围内产生效益，让大学生能够更全面、准确地掌握相关理论知识，必须做到教育内容不仅要有理论性和思想性，还要具有群众性和可读性，这就需要借助一定的语言表达和文字技巧，将思想逻辑和理论深度有机地结合在一起。一般情况下，包含同样思想内容的理论灌输，教育者使用的语调语气、表情姿态不同，表达出的感情色彩就不同，传递给人们的理论信息和产生的教育效果也相异。这是因为，在运用语言进行交流时，简单的语言表达传递的教育内容仅仅是教育客体接收到的信息之一，整个"编码—传递—接收—解码"的语言传播过程还蕴含着受教育者语言内容和思想结构之间的矛盾性刺激，情景交融、声情并茂所传递的教育者的真正情感和思想，能够缓和受教育者强烈的思想斗争，并使教育由单一的语言内容刺激变为多种复合刺激，从而增加了受教育者的信息摄入量。此外，艺术化、开放式语言交流模式，透彻、适度、合宜的语言表达方式能够使大学生不仅获取知识，还能够给大学生比知识更多的启发。相反，语言缺乏中心、颠三倒四、单调乏味，道理就讲不明、讲不透，大学生对教育内容就听不清、听不懂，从而容易产生逻辑混乱，甚至对相关理论感到迷茫、产生怀疑和否定想法。

2. 有利于增强深化"六个为什么"教育的感染力、说服力，及时调整大学生思想观念的方向，促使他们更加积极、主动地将符合社会要求的理想信念内化为自身的思想体系

美国社会心理学家凯尔曼提出关于人的思想形成的三个阶段：服从、同化、内化。在这个过程中尤其是同化阶段，人的个体行为总是伴随着认知活动和客观信息的刺激同时产生的，有什么样的外在刺激因素就会产生什么样的内部动机，快乐、肯定的体验往往能够带给受教育者良好的情绪，从而影响其在思想和行为上的选择方向。因此，在深化"六个为什么"教育过程中，要同时从教育者语言表达能力和受教育者的反应两方面做出综合考虑：其一，教育者在传播教育信息时，要做到通俗简洁、声情并茂、抑扬顿挫、语气委婉、风趣幽默，使灌输的内容能够引起大学生的兴趣，使他们在情感上得到满足和慰藉，产生积极的心理变化，并自愿调整自己的思想与行为。其二，从客体的主观心理状态等情况着手。根据大学生在教育过程中对教育者语言艺术产生的反应，及时调整语气、语调、场合等相关要素，输出适当的、艺术的刺激信息，更有针对性、更有效地应对和处理各种思想认识问题，使其按照预期教育目标，产生相应的社会动机和行为模式。一言以蔽之，正因为大学生的行为是内在心理因素和外界环境刺激两方面共同作用的产物，他们的思想和行为在受到特定的外界因素刺激后，会产生"情感的配合、动机的更新、态度的改变"等一系列反应。因此，优良的语言文字艺术能够使大学生得到良好的情绪体验，从而使其对深化"六个为什么"教育内容产生肯定、积极的态度。

3. 有利于创造和谐的教育氛围，提高教育主体的教育水平及实效性，最终实现在教育主客体之间的交流互动中，将教育内容渗透到个人的意识之中

无论是讲课、做报告，抑或表扬、批评、动员、访问时，富有逻辑性、准确性和生动性的语言文字表达总能够突破口头语言在空间上和时间上的局限，保障信息畅通传播，促进教育主客体之间的交流互动，尤其是幽默、风趣的语言，可以让教育过程变得轻松、惬意，营造充满情趣、和谐的教学氛围，真正实现教育过程的双向沟通。在深化"六个为什么"教育中，大量的教育工作需要靠"说话"来完成。不同教育环境背景下，大学生处于不同的心理状态，受到不同的外界环境因素的影响，创造性地运用教育语言文字艺术，针对多变的思想、行为及其影响因素，营造不同的教育氛围，可以更好地满足他们心理发展客观环境变化的需要，将自然随和的语言环境和庄重严肃的语言环境相结合，将单独谈心的语言环境和大众教育的语言环境相结合。各种教育语言环境巧妙结合，将构建深化

"六个为什么"教育话语传播的有效平台,在特定语言环境中,拉近教育双方的心理距离,增强大学生对教育内容的重视程度,使他们积极主动地提高自己的思想水平。

7.2 深化"六个为什么"教育的语言艺术要求

对大学生进行理想信念教育,除了在理论上和准确性上下功夫外,还需要做到深入浅出、通俗易懂,提高语言艺术运用的水平和水准,这正是深化"六个为什么"教育的切入点和落脚点,也是制约大学生理想信念教育的瓶颈问题。

7.2.1 观点准确、说理透彻

在深化"六个为什么"教育过程中,教育者首要的任务就是将教育的内容完整、准确地传达给大学生,带有逻辑混乱、空洞错误的教育信息的传递都容易让大学生误入歧途。因此,无论作为传递理想信念教育信息的说话,还是信息记录方式的文字语言,以及教育者其他肢体语言等等,都应该能准确地表达出其想要表达的意思,让大学生能够正确、透彻地理解、接收其所传递的信息,减少语言交流中产生的理解上的误差、歧义。

1. 观点准确,把握重点

"六个为什么"准确把握了我国改革开放新起点上所遇到的前

所未有的机遇与挑战及其对意识形态工作提出的新的更高的要求，运用正反对比的方式，斩钉截铁地说出了当今中国进行社会主义现代化建设过程中的"六必须"和"六不能"，观点十分鲜明。它明确地向世人宣示了中国共产党始终不渝地高举中国特色社会主义伟大旗帜、坚持走中国特色社会主义道路、坚持中国特色社会主义理论体系和中国特色社会主义制度的决心和信心。[1]因此，在深化"六个为什么"教育过程中，教育者首先要向大学生全面地阐述和正确地解读"六个为什么"的相关内容，确保其所表达思想的科学性和准确性，消除或减少语言交流中可能产生的误解或歧义，才能推进深化"六个为什么"教育活动的开展。具体来说，"为什么必须坚持马克思主义在意识形态领域的指导地位，而不能搞指导思想的多元化"，强调在意识形态领域指导思想只能是一元的，而不能搞多元化。马克思主义是被中国革命、建设和改革实践反复证明了的科学真理，只有坚持以发展着的马克思主义为指导，中国特色社会主义事业才能沿着正确方向胜利前进。"为什么只有社会主义才能救中国，只有中国特色社会主义才能发展中国，而不能搞民主社会主义和资本主义"，强调社会主义是中国人民的历史选择，中国特色社会主义是当今中国发展的唯一正确道路，民主社会主义和资本主义并不适用于中国，要实现中国的繁荣发展，就必须坚定不移地走中国特色社会主义道路。"为什么必须坚持人民代表大会制度，而不能搞'三权分立'"，强调人民代表大会制度是我国的根本政治制度，有显著的优越性，我们必须坚持它、完善它。在中国搞"三

---

[1] 徐贵相. 怎样读《六个"为什么"》[J]. 时事报告（大学生版），2009（1）：21.

权分立",既无政治基础和社会基础,更无经济基础和阶级基础,根本行不通。"为什么必须坚持中国共产党领导的多党合作和政治协商制度,而不能搞西方的多党制",强调我国政党制度是符合我国国情的新型政党制度,要发展完善中国特色的政党制度。在中国搞西方的多党制,既不符合我国的国情,也违背人民群众的根本利益,必然带来无穷后患。"为什么必须坚持公有制为主体、多种所有制经济共同发展的基本经济制度,而不能搞私有化和单一公有制",强调基本经济制度是符合现阶段我国经济发展要求、生产力发展水平、社会主义价值目标和广大人民群众切身利益的,而搞私有化和单一公有制都没有出路。"为什么必须坚持改革开放不动摇,而不能走回头路",强调改革开放是决定当代中国命运的关键抉择,改革开放的方向和道路是完全正确的,停顿和倒退没有出路,改革开放中遇到的矛盾和问题只能用深化改革开放的办法去解决。

2. 说理透彻,简洁清晰

实践表明,当教育者对某一问题进行深入、精辟、独到的阐释时,就能够吸引受教育者的视线,增强理论教育的吸引力和感染力。因此,在深化"六个为什么"教育中,教育者要学会运用简洁明快的语言,多方面多角度的论述,使大学生从纷纭复杂的生活现象和社会思潮中理出头绪,收到豁然开朗,"片言以居要"之佳效。而要做到说理透彻,不仅仅是语言表达和文字技巧的问题,还包括教育者自身知识、思维能力等条件。这就是说,教育者必须对"六个为什么"重大理论问题有正确深刻的把握,并能够全面、及时地了解国家政治、经济、文化发展情况,深入领会党和国家的重要方针政策,保持对国际、国内社会尤其是一些重大事件和主流态势的敏锐关注,为深化"六个为什么"教育积累理论知识和现实材料。在此基础上，教育者在进行深化"六个为什么"教育时，要做到说理透彻、简洁清晰，就需要：其一，遵循形式逻辑的基本规律，条理分明、层次清晰地表述相关教育内容，保持其前后的连续性，防止出现逻辑思维的混乱。其二，梳理在教学过程中大学生提出的各种问题，并逐一予以解答。其三，结合自身不同学科背景优势，以马克思主义基本观点为依据，对同一现实问题从多侧面多维度进行正确的理论阐释。

7.2.2 生动形象、事例鲜活

1. 生动活泼，幽默形象

毛泽东曾用过河要有桥或船比喻方法的重要性。他指出："我们不但要提出任务，而且要解决完成任务的方法问题。我们的任务是过河，但是没有桥或没有船就不能过。不解决桥或船，过河就是句空话。不解决方法问题，任务也只是瞎说一顿。"[1]现在，在有的高校的课堂教学过程中，教师照本宣科的讲解方式难以激发大学生求知的欲望与兴趣，课堂上教学语言的贫乏在很大程度上成为提高思想政治理论课教学效果的一个制约因素。而具有生动形象效果的各种辞格运用广泛、普遍，能使大学生通过具体的感性的形象思维活动把握抽象的理性知识。[2]因此，在深化"六个为什么"教育过程中，教育者应摒弃那种生硬呆板的叙述方式，充分考虑广大学生的认知特征和接受程度，主动学习语言知识和技巧，掌握暗

---

[1] 毛泽东.毛泽东选集：第1卷[M].北京：人民出版社，1991：139.
[2] 陈之芥.教学语言艺术[M].太原：山西人民出版社，2009：166.

喻法、警语法、双关法、婉曲法等语言修辞手法,把一些比较抽象的理论用幽默风趣、生动活泼的语言灵活自如地表达出来,给大学生以难忘的深刻印象和语言艺术的美感,让他们在愉悦、舒畅的环境中接受"六个为什么"教育,使正确的世界观、人生观、价值观深入他们心中,提高他们对马克思主义信仰的认同和对中国特色社会主义共同理想的坚定程度。

2. 事例鲜活,贴近实际

"六个为什么"不是空洞的理论和抽象的教条,而是我国革命、建设、改革的经验总结,是建立在生动的实践和鲜活的事实基础上的科学理论。因此,在深化"六个为什么"教育中增强语言的感染力,就需要回归到与大学生紧密相连的实际生活中去,结合改革开放和现代化建设的实际,结合中国历史特别是近代史的发展,联系国际国内形势和思想领域的深刻变化,联系大学生的思想和生活实际,注意运用真实的、鲜活的、生动的事例,去阐释"六个为什么"的正确性和科学性。譬如,在讲到改革开放时,有一个很鲜活的事例,即1978年,当中国做出实行改革开放的战略决策时,美国《时代》杂志曾经质疑说:"他们的目标几乎不可能按期实现,甚至不可能实现。"2008年,中国隆重纪念改革开放30周年、成功举办北京奥运会,《时代》杂志又发表文章说:"当奥运会主火炬点燃时,世界见证了一个确凿无误的事实。中国回来了——在荣誉的光环下。"同样一个著名刊物,前后两种截然不同的观点,恰恰无可辩驳地反映了改革开放30年的历史巨变和伟大成就。[1]总之,在深化"六个为什么"教育中,使用鲜活的事例,贴近变化的实际,

---

[1] 张晓林.经通俗化走向大众化[J].时事报告(大学生版),2009(1):26.

不仅能够体现马克思主义实事求是的正确思想，而且能够加深大学生对"六个为什么"的现实理解。

7.2.3 深入浅出、通俗易懂

1. 循循善诱，深入浅出

"六个为什么"从问题出发，着眼于现阶段包括大学生在内的社会成员普遍关注的重大理论和实际问题，把思想性与导向性相结合，反映中国特色社会主义的本质特征，可谓"深入"；而回答"六个为什么"，坚持贴近实际、贴近生活、贴近学生，通过生动的事例，鲜明的对比，把大道理讲得既清楚又明白，可谓"浅出"。因此，在深化"六个为什么"教育中做到循循善诱，深入浅出，应从以下两方面努力：其一，要坚持理论联系实际的原则，寓理于事。"六个为什么"全面准确地阐述了关于社会主义核心价值体系的六个重大问题，只有当广大教育者真正了解和把握了"六个为什么"思想理论的内涵和外延，才能正确引导大学生在重大思想理论问题上划清是非界限、澄清模糊认识。与此同时，教育者还应将"六个为什么"思想理论与中国特色社会主义建设实践相结合，因为"六个为什么"从根本上讲就是对中国特色社会主义内涵的深入揭示，它只有与中国特色社会主义建设实践相结合才具有生命力和说服力。其二，要善于运用情理结合的疏导艺术，循循善诱，因势利导。教育者在深化"六个为什么"教育过程中，既要避免纯粹地从理论概念到理论概念，又要切忌简单地回避具体的矛盾和问题。要使自己的说理融思想性、知识性、趣味性为一体，运用生动的事例、鲜明的对比、恰当的譬喻、精当的典故，通过周密严谨的逻辑力量和隽永凝练的语言表达，去启迪大学生的思想，循循善诱、深入浅出，把抽象的概念具体化、把深奥的理论通俗化，使他们听之有趣、学之有识、思之有理、行之有据、情通意达。[1]

2.简单明了，通俗易懂

列宁在论及对群众的宣传教育时曾经说过："应当善于用简单、明了、群众易懂的语言讲话，坚决抛弃难懂的术语，外来语，背得烂熟的、现成的但是群众还不懂、还不熟悉的口号，决议和结论等一系列重炮。"[2]在深化"六个为什么"教育过程中，采用简单明了、通俗易懂的大众化语言将更加为大学生喜闻乐见，其教育效果也会更加持久。结合大学生实际需要和教育实践经验，在深化"六个为什么"教育过程中，要使运用的语言简单明了，通俗易懂，应做到以下几点：其一，多用生动朴实的大众化语言，少用不易理解的专业术语和过于理论化的词句，尤其不要滥用词汇，故弄玄虚。但要注意，这里的大众化并不是表面化、庸俗化，它要求形式上的简朴，简朴中蕴含丰富理论；要求语言的通俗，使大学生对"六个为什么"的道理一听即懂。其二，多用自己的语言准确表达"六个为什么"思想理论。"六个为什么"是有血有肉的理论，呆板地照本宣科与就事论事的说教不仅无法讲出"六个为什么"的实质内容，更无法打动思维活跃、眼界开阔、渴望知识的大学生。而教育者在用自己的语言表达"六个为什么"思想理论的过程中，应注意防止个人色彩过度夹杂在其中，带给大学生思想上的误导。其三，多用简洁精

---

[1] 侯洪雁.论高职学生思想政治教育中的说理艺术[J].岱宗学刊，2007（2）：65.

[2] 编译局.列宁全集：第14卷[M].北京：人民出版社，1988：89.

练、富有逻辑性的语言引导大学生。语言是传递信息和交流的工具，简洁精练、富有逻辑性的语言相比那些拖沓冗长、庞杂无章的语言不仅更加精辟有力、催人上进，还能够使大学生更加易于理解教育内容，把握教育主题。应当看到，部分学生很难完全读懂马克思主义的经典著作，而"六个为什么"就是将马克思主义基本原理、马克思主义中国化最新理论成果以及我国的发展道路、政治制度、政党制度、经济制度、发展方向等以简明的方式和通俗的语言向大学生说明白、讲清楚其中的本质内容，把抽象的理论逻辑转化为形象的生活逻辑，其实质正是理论的大众化，对大学生进行这种大众化的理论教育当然要讲究语言的通俗易懂。

7.3
深化"六个为什么"教育的语言艺术运用

7.3.1 选择时机、注意场合

1. 选择时机，因时制宜

时机是语言艺术运用中的重要情景因素。在不同时间，大学生的心理需求和精神状况不尽相同，这使得他们对理想信念教育内容的接受程度以及由此产生的理想信念教育效果也不完全相同，过早或过晚与大学生进行语言交流，都可能因时机不成熟或时过境迁而不能实现深化"六个为什么"教育的预期目标。在深化"六个为什么"教育中，教育时机的选择从根本上说要依靠大学生当时所拥有的心理接受状态。不同的教育内容对大学生产生的作用不同，相同的教育内容对不同大学生带来的影响也不尽相同。一般来说，选择合适时机对大学生深化"六个为什么"教育，应注意以下几个方面：其一，把握大学生的情绪变化，因人而异，选择合适的语言表达。如当大学生情绪稳定、思维逻辑性强且求知欲旺盛时，教育者就可以对其进行理论教育；反之，如大学生情绪低落、波动，就应该避免批评等激烈语言的运用，防止乏味系统的理论教育导致其对理想信念的排斥感。其二，把握大学生思想上的转折点，在不同时期运用不同的语言，将以情感人与以理服人相结合。语言不仅能够表达逻辑性的理论，还能表达教育者与受教育者的情感与心理，使其产生心理共鸣。把握大学生思想上的转折点并运用恰当的语言对其进行教育，往往能够收到事半功倍的效果。譬如，当大学生迈进大学校门，其生活、学习模式都与以往有所不同，他们开始将更多的关注点转向对人生和社会问题的思考，这时候通过系统的理论学习，使他们对"六个为什么"具有初步的认知，并在此基础上运用鼓励性和饱含情感的语言，可使其产生对树立科学理想信念的向往。其三，把握社会热点或重大事情发生之机，寻求理想信念教育的支撑点和新视野，用富有时代性的语言推进理想信念教育的发展。以"六个为什么"为重点对大学生进行理想信念教育，从根本上讲需要教育者及时把握教育契机，丰富"六个为什么"的内容。譬如，"保民生"、"调结构"、"促发展"等目标的提出引起很多大学生的热议，又如当今非马克思主义思潮甚至反马克思主义思潮的涌入引起部分大学生思维上的混乱等，教育者应关注这些与"六个为什么"密切相关的问题，适时加强正确引导和理论教育，可有效预防和及时解决大学生的思想波动问题。

2. 注意场合，因地制宜

在教育实施过程中，主客体的语言交流总会受到特定外部场合的影响和制约，不同的语言环境传递给受教育者的心理暗示不完全相同。因此，教育者在与受教育者进行语言交流、传递相关教育信息时，应注意选择或创设适宜的场合，切不可千篇一律、不分场合、随心所欲地去对受教育者灌输"六个为什么"相关内容。如果不注意教育环境而随意与受教育者进行谈话说理，即便教育内容是正确的，其效果也可能适得其反。具体而言，对大学生深化"六个为什么"教育过程中，谈话说理不仅要采用与特定社会大环境相适应的语言形式，更要与语言交流场合相协调。在一些正式场合，如课堂、报告、讲座等情境中，语言一般要具有逻辑性、理论性、规范性和科学性，庄重、系统、严肃的话语能够较好地实现教育目的；而在一些非正式场合，如聊天、谈心、课外活动等过程中，语言一般就比较自然、幽默、亲切并富有情感与启发性。当然，这只是相对的而不是绝对的。再如，在面向大学生深化"六个为什么"教育时，对于学生中存在的共同性问题，应该主要依靠课堂上集体性的讲授和讨论去化解，而对于个别学生产生的思想困惑，则可以有针对性地在课外进行谈心与沟通。尤其是在个别大学生犯错误之后，如果教育者不分场合而对其使用批评的话语，就可能导致其产生逆反心理；相反，如果教育者注意场合或地点，用富有感情的语言进行交谈并诚恳地指出其错误时，大学生可能就会心悦诚服。总之，不同的场合对语言的使用有不同的要求，教育者应该不断提高自己驾驭语言艺术的能力，增强自己对教育场合氛围的营造力和掌控力，在不同的场合选择不同的、恰当的语言教育交流方式。

7.3.2 把握适度、表里如一

1. 掌握分寸，把握适度

"度"在哲学中被解释为质和量的统一，是事物保持其质的量的界限、幅度和范围。任何事物都是质和量的统一体，只有在一定限度内，事物才会按照预期目标发展，超过特定的限度，事物就会向其对立面转化。因此，在深化"六个为什么"教育过程中掌握分寸、把握适度就显得尤为重要。这要求教育者在对大学生进行教育时应急缓得当、深浅适合，科学把握教育主体、教育客体、教育介体等因素之间的相互关系，利用好各因素之间的相互作用力，既要防止"过"，又要防止"不及"，以便更科学、有效地开展大学生理想信念教育。具体地讲，在深化"六个为什么"教育、促进大学生树立科学理想信念过程中，遵循掌握分寸、把握适度要求就应做到：其一，教育者语言表达中包含的教育信息的深度广度要适度。大学生在上大学之前就已经对马克思主义理论有一定认知，并对现阶段我国的政治、经济、文化、政党制度等各方面有所思考，但与此同时，由于缺乏社会实践经验、思维体系还不够成熟等原因，使得他们对"六个为什么"的部分内容仍存在模糊认识。因此，在深化"六个为什么"教育过程中，教育者应针对大学生群体的心理生理发展水平、认知思维状况、社会生活经验等各方面情况，制定相应的教学大纲，涵盖适度的教育内容，循序渐进，由浅入深，精泛结合。其二，教育者语言表达中的态度、语调、情感投入等的运用要适度。不同大学生因为个体差异对"六个为什么"的理解和看法不尽相同，教育者应理性地对待这些理解和看法，既不能因为大学生对某一方面认知较深刻就过度赞扬，也不应因为大学生对某一方面认识不到位就简单批评，而要恰当地把握自己的情绪与态度，做到褒贬恰到好处，与大学生形成心理上的沟通和精神上的互动，既不让人感到无情、无义，也不让人感到情不由衷、言不由衷。"教育的伟大艺术与普通教育技巧的不同之处，正在于善于准确地把握分寸。可以说，任何真正的艺术，其'微妙之处'就在于此。"[1]总之，在深化"六个为什么"教育中，准确地把握语言运用的分寸和适度，能够提高大学生探究问题本质的积极性，也能够抑制他们思维中错误思想的蔓延，对大学生理想信念教育起着极为重要的推动作用。

2. 坦诚相待，表里如一

大学生正处于生理和心理日趋成熟的阶段，在此阶段，他们智力发展迅速，求知欲及想象力达到了一个新水平，其独立性、批判性、创造性都大大增强，已经基本拥有自己的评价体系和思维模式，不再简单囿于传统的模式，不会盲目迷信教育者的权威，而会在开放、比较的实践过程中认知和判断教育者的教育内容。因此，表里不一的行为往往会引起大学生对教育内容的怀疑或质疑。《中共中央国务院关于进一步加强和改进大学生思想政治教育的意见》指出，广大教师要以高度负责的态度，率先垂范、言传身教，以良好的思想、道德、品质和人格给大学生以潜移默化的影响。[2]在深化"六个为什么"教育过程中，教育者只有自身首先真正了解"六个为什

---

[1] 马尔库沙. 家庭教育的艺术[M]. 王秉饮, 等, 译. 天津: 天津人民出版社, 1982: 15.

[2] 中共中央宣传部宣传教育局、教育部社会科学研究与思想政治工作司、共青团中央学校部组编. 加强和改进大学生思想政治教育文件选编（1978-2008）[M]. 北京: 中国人民大学出版社, 2005: 379.

么"的正确性,对"六个为什么"有深刻认识,才能自觉践行中国特色社会主义共同理想,在理想信念教育过程中做到表里如一、言行一致。在此基础上,教育者还需要将自己对"六个为什么"的正确理解和科学认知传递给大学生,要与实际生活结合,尤其要与学生关注的社会热点难点问题结合,用事实说话,用感情说话,更用自己的实际行动去感染和激励大学生,让他们感到教育者所讲的话是发自肺腑的,让他们对"六个为什么"的内容感同身受。切忌讲大话、空话、假话、套话和废话,这些"花架子"语言带给大学生的往往是言不及义、表里不一的感觉,不能触动大学生的心灵,更不能让大学生对"六个为什么"产生信服,这不仅不可能达到深化"六个为什么"教育的实际效果,更无法实现通过深化"六个为什么"教育,引导大学生站在历史和全局的角度,正确看待中国社会主义现代化建设发展中出现的问题并树立正确理想信念的教育目标。

7.3.3 平等相待、注重交流

1. 尊重学生,平等相待

现阶段"80后"和"90"后的大学生,他们大部分是独生子女,从小就培养了较强的自主与独立意识,对事物有着自己的判断,注重彰显个性,能够在教育、培养下自觉认同教育目标和教育要求,并在实践中完善自身品德,树立科学的理想信念。同时,他们广泛接触互联网等新兴媒体,获取知识的速度和广度与教育主体基本处于同一状况,有时甚至超过了教育主体的知识获取范围,这就使得传统意义上严格的主客体关系正在失去现实意义,教育者主体与受教育者主体之间在人格上和教育活动中是平等的、独立的。因此,尊重大学生的主体地位，以平等的态度和平和的语气与大学生进行教育沟通，是我们深化"六个为什么"教育的出发点。这就要求：其一，在教育理念上，坚持以学生为本。一方面，大学生已经初步具备了独立思考的能力，另一方面，"六个为什么"教育的立足点在于让大学生理解认同"六个为什么"思想理论的价值内核，形成符合社会要求的理想信念。因此，我们必须树立以学生为本的理念，学会换位思考，将大学生的成长需要作为工作的出发点。其二，充分发扬民主，营造平等、和谐的教育环境。教育者应增强自己的服务意识，主动关心大学生、帮助大学生，为大学生营造一种民主、平等、和谐的教育氛围，让他们在轻松舒畅、心悦诚服的心境中接受教育，保障他们有发表、保留自己对相关教育内容观点看法的权利。其三，在教育方式上，注重启发大学生探讨"六个为什么"的自觉性和完善自己理想信念价值体系的主动性。盛气凌人、居高临下的教导方式固然能给受教育者一种接受教育的压力，但往往导致受教育者的接受只是浮于表面、流于形式，而平等的态度、平和的语气、科学的教育手段和有效的教育方式，带给大学生的是富有感情、饱含期待、充满关怀的教育，更有利于启发大学生自我教育、自我认识、自我控制、自我激励，自觉选择社会所倡导的核心价值和主流文化，将"六个为什么"主动内化到自己的思想之中，从而树立起科学的理想信念。

2. 注重交流，双向互动

目前，在部分高校，理想信念教育面临着现实的困境，其困境的焦点之一是理想信念教育对教育客体一定程度的漠视，在某种意义上把教育者或者教育对象演变为单式主体,成了"知识篓子"或"单面人"，忽视教育者和受教育者之间的沟通交流、双向互动。而教育主体和教育客体的思想从来都不是两条互不相关的"单行线",而必然是相互作用的,在一定条件下,双方的思想甚至可以互相转化,即主体思想客体化,客体思想主体化。尤其要看到,在现代社会,大学生往往会以自己的评价标准对教育内容和社会现象予以审视和理解,形成自己的观点和看法,并以之去影响教育者,希望得到注意和反馈。如果教育者忽视大学生的这些信息,他们常会感觉自己的兴趣、见解难以表达,从而影响理想信念教育的实际效果。特别是对于"六个为什么"这些关系党和国家前途命运的重大问题,基于对社会生活的观察和自身的实践经验,大学生对其中一些思想理论问题的认识和看法不尽相同。在这种情况下,注重与大学生的沟通,其一,要引导大学生说出自己对"六个为什么"的认识和困惑。在现实生活中捕捉与"六个为什么"相关的话题,鼓励大学生提出有价值的见解和看法,使他们不仅能够对"六个为什么"畅所欲言,还能够用新的知识和内容去补充和丰富"六个为什么"。其二,要对大学生提出的问题予以正确对待。一方面,教育者要对大学生积极提出各种问题的态度予以肯定,并对大学生提出的各种问题从理论与实践的结合上做出有说服力的回答,重在启发和引导;另一方面,教育者要鼓励大学生之间的交流和讨论,可以通过小组讨论、主题演讲等多种方式激发大学生探讨问题的兴趣,为大学生形成和谐的沟通交流环境创造条件。其三,教育者要不断提高自己的政治素质,加强自己的理论修养,优化自己的知识结构,丰富自己的知识体系,这样才能够在交流互动中正确引导大学生的思想发展和思维方向,满足大学生的知识需求和理论需要;同时,教育者要经常对交流互动过程中出现的问题予以梳理和归纳,善于发掘现实问题深处的理论要素,着力形成师生互动、教学相长的良性循环。

总之，在大学生理想信念教育过程中深化"六个为什么"教育，要依靠教育者和受教育者二者积极性、主动性的提高，尤其要依靠教育者自身在其他条件具备的同时语言沟通能力的不断增强，这样就能更好地满足受教育者健康发展的迫切需要。

信仰导航

八
在大学生理想信念教育中深化"六个为什么"教育的内化机制和过程

　　传统教育理念和方式的一个弊端是没有正确处理好社会价值与青年学生个体价值之间的关系,比较忽略青年学生的内在需求,导致理想信念难以被受教育者所内化,难以与大学生自我需求相契合。本章拟对在大学生理想信念教育中深化"六个为什么"教育的内化机制和过程进行深入研究。要发挥主流价值观念对大学生的引领作用,把大学生对成功的追求和渴望引导到为中国特色社会主义而奋斗的实践中来,实现主流价值观念与大学生个体价值倾向和理想追求之间的有机统一。增强主流价值观念的吸引力,激发大学生自身的内在动力,强化大学生的理想信念意识。

8.1 深化"六个为什么"教育的内化机制和过程概述

教育客体自身理想信念形成发展的向度,不仅仅取决于教育环境等外部因素,更取决于教育个体的内在因素。一般条件下,任何外界影响因素都必须通过个体内在的思想矛盾运动来实现,受教育者并不是消极被动地接受客观环境因素的影响,而是能动地、创造性地在与外部因素的相互作用过程中将一定的社会要求内化为自己的理想信念价值体系。因此,研究和分析如何在大学生理想信念教育中深化"六个为什么"教育的内化机制和过程,将有助于增强大学生理想信念形成引导工作的针对性和实效性,从而提高理想信念教育工作的成效。

8.1.1 内化机制和过程的涵义

1."内化"的涵义

"内化",英文为"internalization",意思是"成为主观和内在化"。"内化"这一概念最早由法国社会学家迪尔克姆提出,指社会中独立于个人意识的规范体系向个体意识的转化。他认为,内化的基本过程就是从"纪律"到"自主"的发展过程。随后,很多教育家、心理学家如皮亚杰、班杜拉、维果茨、凯尔曼等,都对内化问题进行过多方面的探究。尤其是美国社会心理学家凯尔曼关于内化过程三个阶段即服从、同化、内化的论述,对研究内化机制有着重要启示。

我们认为,内化是指受教育者在教育者的教育、帮助或在其他社会教育因素的作用下,通过心理因素矛盾作用或情感的中介,将社会要求的良好的政治观点、思想体系、道德范畴等转化为自己的思想意识和信念。[1]换句话说,内化作为人们思想认识的一次飞跃,就是将符合社会发展要求的思想观念、道德规范转化为个体价值体系的过程,是由他律到自律的过程。在内化这个过程中,一直存在着教育者所传授的一定社会理想信念要求和受教育者自身固有的理想信念体系之间的矛盾与运动。正是这一矛盾和运动,推动着理想信念教育内化过程不断向前发展。

具体来说,"六个为什么"教育内化应该包括三个方面的内容:其一,内化是大学生作为教育客体对社会外部价值体系即"六个为

---

[1] 刘强. 思想政治学科教学新论:第2版[M]. 北京:高等教育出版社,2009:53.

什么"理论思想的消化和吸收，是他们发挥自身主观能动性不断学习和提高的过程。其二，理想信念教育的内化主要依赖大学生自身已有认识水平的程度以及其主观能动性发挥的能力，同时还依赖社会环境的好坏程度与教育者的引导、帮助。其三，在大学生理想信念教育深化"六个为什么"教育内化的过程中，"六个为什么"的具体内容随着实践的深入而被赋予了新的涵义。

2. 内化机制的涵义

机制原指事物活动的构成要素及其相互作用。把"机制"这一概念引入"六个为什么"教育内化活动过程的研究中，便意味着从"六个为什么"教育内化活动的整体系统去考察它的活动规律和运行方式，"把其作为有机结合体去考察它为什么能够运行、怎样运行、怎样在其内部各有机组成部分的相互影响、相互作用、相互配合的条件下运行，以及它在运行中间同外部其他事物之间的交互作用的状况"[1]。

不同学者对内化机制有着不同的理解，从社会影响、心理分析或主客体因素等各个侧面对内化机制做了分析和探索，并把内化机制划分为目标机制、动力机制、培育机制、调控机制、固化机制等不同方面，这些对我们研究深化"六个为什么"教育的内化机制和过程具有一定的借鉴价值和意义。

---

[1] 程宏，李波.思想政治教育内化机制研究述评[J].西安政治学院学报，2007（3）：43-44.

8.1.2 内化机制和过程的要素

内化机制和过程的要素是教育过程存在和发展的基础，各要素之间的有效整合及其整体功能的发挥是内化过程运行的起点。按照划分标准不同，内化的要素也可以分为不同种类，例如，按照要素所起作用程度的不同，可将教育要素分为决定性要素、次要性要素；按照要素状态不同，可分为静态要素、动态要素；按照交往实践角色不同，可分为主体、客体、介体、环体，等等。总体来说，内化机制和过程要素在整体上可从静态和动态两个方面加以分析和研究。

第一，从静态方面，根据事物内在发展的矛盾规律和本质，我们把内化机制和过程的要素大致从交往实践认识论的角度予以划分。具体来讲，包括教育主体、教育客体、教育媒介和教育环体四个基本要素，这四个要素交互作用，相互影响，共同构成深化"六个为什么"教育的大学生理想信念教育的内化过程。

教育主体，就是指对一定客体实施"六个为什么"教育内化活动的组织者和实施者。一般来讲，教育主体既包括从事思想教育的人员，也包括进行思想教育的机构。教育人员主要指那些能够承担组织和实施"六个为什么"教育活动的个人，如教师、家长、政工人员等。教育机构，也就是广义上的教育主体，主要指那些能够承担组织和实施"六个为什么"教育活动的教育群体，各类正式或非正式的组织、团体、机构，如教师队伍、管理队伍、研究咨询机构、学生社团等各种群团组织。无论理想信念教育的人员或者机构，他们自身都需要具备很强的创造性和超越性，与大学生有着密切的关系，对大学生起着主动、积极的教育作用，并能够在理想信念教育的内化过程中始终占据主导和支配地位。同时，应当指出，个人和群体是紧密联系在一起的，个人离不开群体，群体由个人组成。二者作为内化主体，根据一定的社会要求和标准，共同确定教育目标、监管教育过程。

教育客体，就是指在"六个为什么"教育内化活动中对教育内容予以接受的受动者和指向对象。与教育主体相对应，教育客体同样包括个体和群体两个方面，个体客体是某一个独立的学生，群体客体如班集体、团组织、共产党员群体等等正式或非正式的组织。此外，有些学者还把教育客体从纵向结构、横向结构和层次结构的角度加以划分，突出其自身的特质。需要指出的是，大学生这一教育客体作为能动性的人，他们虽然在内化过程中处于从属地位，但在接受教育主体施加教育影响的同时，并不完全是被动的，尤其是在当前内化活动中，与教育者平等互动的趋势日益明显。一方面，他们是积极求知的个体，并会主动根据社会要求完善自身知识认识结构，是具有能动性的学习主体；另一方面，他们还具有很强的创造性和开拓性，有着举一反三的能力，对教育内容加以提炼和加工，从而获得自己的意义。

教育媒介，就是指在"六个为什么"教育内化活动中，教育主体用来影响教育客体的信息内容以及把这些信息内容传递给教育客体的物质条件和实践形式。教育媒介作为联结教育主体与教育客体相互连接的中介因素，不仅承载着特定内容的输出和导入，还要起到连接教育主客体、确保其沟通交流畅通的桥梁作用。具体来说，教育主体作用于大学生这一教育客体的信息内容不仅包括马克思主义理论体系，还包括党和国家的发展道路、政治制度、政党制度、经济制度、发展方向等各方面的理论知识，以及党的最新理论成果与各项方针、政策，体现出社会的发展要求和价值选择；而教育信息传递的手段和路径也同样需要随着社会的发展而不断充实和完善，注重互联网、多媒体等新介体的有效利用，做到物质介体与精神介体相结合，显性介体与隐性介体相结合，传统介体与现代介体相结合。

教育环体，就是指能够对大学生这一教育客体思想观念形成、发展产生影响与"六个为什么"教育内化活动相关的一切外部自然和社会因素。马克思说："人创造环境，同样环境也创造人。"[1] 众所周知，任何内化活动的开展都是在特定的历史条件下进行的，离开具体的教育环境，内化活动就会显得空洞乏力。随着改革开放的日益深入，社会环境变得日益复杂，人们的思想观念也越来越多样化，在这种情况下，要关起门搞内化就会成为无稽之谈。只有把内化活动融入开放发展着的教育环体中，才能更具生命力和实效性。按照划分标准不同，内化活动的教育环体可分为：宏观环境与微观环境；软环境与硬环境；现实环境与虚拟环境等不同方面。总之，大到整个社会的政治、经济、文化氛围和大众传播媒介环境，小到具体单位、学校、社区、家庭，都会对内化活动起到影响作用。因此，要增强内化效果，必须不断建设积极环境、治理消极环境，使每一个大学生都能够得到先进文化的熏陶、培育和塑造。

第二，从动态方面，我们还应考虑到教育主体、教育客体、教育媒介和教育环体四个基本要素之间的相互关系和作用过程。

教育者与受教育者之间的关系及作用。在"六个为什么"教育内化过程中，教育主客体这对范畴是相对应的，是一对辩证的矛盾

---

[1] 编译局.马克思恩格斯选集：第1卷[M].北京：人民出版社，1995：92.

关系。教育者有目的、有计划地通过介体将符合社会要求的教育信息输入教育对象即大学生的思想理论系统，他们根据自己的本身需求和接受能力有选择地对教育者传递的信息予以内化，并经过"知、情、意、信、行"之间的转化，最终将教育内容融入自己的知识体系之中。这个过程是二者相互作用的过程，教育者积极、主动地向受教育者施教，受教育者根据自我具体情况对教育者的施教活动作出特有的反应，在这种"施教——反馈"的过程中，教育者和受教育者都在不断调整，以保障内化效果。

教育主客体与教育媒介之间的关系及作用。作为具有主观能动性的个人，教育客体即大学生具有自身固有的思想观念和社会意识体系，并具有独立的思考能力和创新能力，这就决定了他们在感知、记忆、想象外界信息刺激的时候自觉性、自主性很强。一般来说，当内化内容与大学生认知水平和接受能力之间具有很高的相容性时，就容易在双向互动中实现特定的内化目标和任务，反之，则容易受到他们的排斥。同时，教育主客体和教育内容之间还需要依靠教育手段和教育载体作为"纽带"，才能构成互动的循环体系。

教育主客体与教育环体之间的关系及作用。"六个为什么"教育的内化活动是一个立体的过程，教育主客体都处于特定的历史条件下，并受到政治、经济、文化、社会生活等各种环境要素的影响。一方面，实现大学生"六个为什么"教育内化活动需要受特定社会环境的制约，任何超越现实的内化活动都不可能得以实现；另一方面，教育环体分别对教育主体和教育客体发生影响。不仅教育主体对教育内容的选择必须符合特定社会发展的需要和国家的意志，教育客体往往在现实社会中会选择并接受那些与现实环境中的社会取向具有较大耦合性的理想信念信息刺激。教育环体对教育主客体双方都产生着潜移默化的重要影响。

8.1.3 内化机制和过程的作用

内化作为在大学生理想信念教育中深化"六个为什么"教育的重要环节，实质上是大学生对外部刺激信息通过认识转化为内部思维的过程，是从"他律"发展到"自律"的过程。内化机制的优化不仅能够保证"六个为什么"理论思想进教材、进课堂、进头脑目标的实现，而且还是受教育者即大学生自身发展的需要。

第一，"六个为什么"教育活动的内化是社会和人全面发展的需要。也就是说，内化过程及其机制的优化是符合社会和人自身发展规律的内在体现。在深化"六个为什么"教育实践活动中，一方面，教育目标具有先进性与指导性；另一方面，大学生作为教育对象是具有主观能动性和创造性的人，这种能动性和创造性就决定了他们对社会信息的捕捉不会在自然、自发状态下发展，而会对那些符合自己发展且与自身知识体系结构相似的外界信息刺激产生兴趣和学习渴望，这两者通过内化发生作用，使大学生在满足自我需求的过程中实现从社会意识到个体意识的飞跃。内化不仅满足大学生全面发展的需要，同时，也是社会发展需要在大学生身上的个体化体现。

第二，通过内化活动所形成的理想信念和情感意志又会反过来影响社会和人自身的发展。"六个为什么"教育活动的内化目标就是帮助大学生明确当今中国要"举什么旗、走什么路、以什么样的精神状态、朝着什么样的发展目标继续前进"，提高他们认知水平和是非判断能力，树立科学的理想信念。而每个大学生的思想境界、道德水平和信仰意志都是相对稳定的，因此，这种更为丰富、科学的思想观点和理想信念一经形成，就能够起到持续界定偏离理想信念教育方向、目标的思想与行为，排斥干扰理想信念教育方向、目标的思想与行为的作用，使大学生在长时间内不断明确自己的奋斗方向，确立相应的认知、态度、情感，产生响应行为，对外界事物及影响进行正确的判断，并自觉将个人的价值追求、行为模式统一到社会价值准则、行为规范上来。

总之，根据辩证唯物主义的观点，外因是条件，内因才是关键。现代社会开放复杂多变，社会思潮多元多样多层，大学生思维活跃，迷信盲从少，主体意识强。面对这种状况，如果我们仅仅采用一般性的教化，而没有真正实现"六个为什么"教育在大学生个体思维观念深层面上的内化，就很可能使深化"六个为什么"教育浮于表面，流于形式。应该说，教化是手段，而内化才是真正目的。虽然教育者通过各种各样的方法对受教育者实施教育，大学生也在教育过程中获得了一定的理论知识，但并不等于说他们的知识水平、理论层次、判断能力就得到了提升。例如，在很多情况下，教育者的说教由于脱离大学生学习生活的实际反而让他们对科学理论产生困惑甚至怀疑的态度。只有通过受教育者即大学生自身对外部刺激信息筛选、过滤、选择、接受，经过他们自身的思想矛盾运动，最终自愿将符合社会发展要求的思想观念作为自己的价值准则，才能真正指导其外在的行为模式。

8.2 深化"六个为什么"教育的内化机制和过程分析

8.2.1 大学生接受心理分析

1. 大学生接受心理概述

第一，大学生接受心理的涵义。"接受是指主体（即受教育者）在外界环境影响下，尤其是在教育的控制下，选择和摄取思想教育信息的一种能动活动。"[1]我们这里研究的大学生接受心理，是指大学生这一群体在深化"六个为什么"教育活动中，作为接受主体的受教育者感知、吸收外界相关教育信息刺激时所表现出来的一切心理结构、心理过程以及心理规律等心理趋向反映的总称，它受到教育内容、教育实施方式、教育环境等条件影响。

第二，大学生接受心理的特征。大学生接受心理作为一种特殊的心理活动，具有以下特征：其一，主体性。大学生在接受的过程中会以自己的内在需要、利益和兴趣为出发点，自觉对外界刺激信息作出选择，并主动追求高尚的思想观念和理想信念。这体现出大学生内在判断力和自决力的应然性。其二，层次性。不同的大学生的价值观念、理论水平、心理结构不同，表现出来的接受能力也不同，也就是说，相同的教育信息对不同的受教育者能够产生不同影响，不同类型受教育者的"六个为什么"教育需要依靠不同层次信

---

[1] 邱柏生. 思想政治接受学[M]. 太原：山西人民出版社，1992：3.

息的刺激。其三，多变性。随着社会实践的不断深化，大学生在接受"六个为什么"理论思想过程中总在不断修正、补充、丰富自我认知，对外界信息的评价标准以及接受能力也在变化。其四，创造性。大学生思维活跃，是具有创造性思维品质的接受主体，他们对外界信息经过自身的分析、判断、联想、思辨、加工后可能产生新的创造性理解。

第三，大学生接受心理的类型。其一，顺从。顺从是心理接受的最低层次，虽然外在行为表现形式与他人无异，但外部"六个为什么"教育的刺激信息并未真正融入大学生的价值体系，通常情况是迫于某种压力或者出于从众心理而选择了与自我情感不完全相一致的行为表现形式。其二，认同。认同比顺从在心理接受上更高一个层次，在这个层次中，大学生基于一定的情感认同，开始自觉追求特定的价值理想和信念，并通过对这种价值观念的理性分析，实现知行统一。其三，内化。内化是心理接受的最高层次，这时候"六个为什么"教育信息已经融入大学生的知识体系和价值观念中，这并不是他们一时的冲动或者特定时间段内的需求，而表现为长期的、自觉的追求。通过深化"六个为什么"教育，我们最终要实现内化这一最高层次目标，促使大学生搞清楚在中国走什么样的道路是可行的，什么是不可行的，明白中国共产党始终不渝地高举中国特色社会主义伟大旗帜，坚持中国特色社会主义理论体系，走中国特色社会主义道路的决心和信心。

2. 大学生接受心理过程

大学生对"六个为什么"教育的接受过程是将共产主义信仰和中国特色社会主义理想信念转化为自身内部价值体系的过程，也是伴随着一定心理活动的过程。从心理学理论来看，大学生接受心理过程主要包括认知、情感、意志三个方面。

任何人的接受过程都是从认知开始的，在认知心理系统中，大学生总会自觉不自觉地运用自身原有的知识和经验对特定的教育信息产生思维上的指向和集中，这时候，以智力为基础的相应的认知结构起着关键性作用。只有符合这种智力认知水平、符合社会和大学生主体需要，并与当前活动有关的才有可能引起大学生的认知心理活动。如在教学活动开始时，特别强调教学内容的时代前沿性、社会热点性、当代价值性，大力张扬教师自己的学术研究价值及其所处的学术地位，会使接受主体在接受活动环节中具备最佳的思想心理状态。[1]因此，在对大学生深化"六个为什么"教育过程中，我们应首先尽可能地将最丰富、最系统的知识理论体系展现给大学生，满足大学生群体多方面、时代性的认知需要。与此同时，课堂上拿着教材照本宣科是典型的智力培育手段，这种缺乏互动、居高临下的教育手段，不仅使大学生的主体性没得到体现，而且往往忽略了个体的智力认知，很难引起大学生的心理认知兴趣。例如，在进行思想政治理论课教学时，部分大学生会感觉马克思主义的一些理论与现实不尽相符，现实社会情况似乎又与马克思主义理论之间存在一定距离。这固然有多方面的原因，其中一个重要原因，就是理论教学没能符合大学生智力认知水平和主体需要的结果。要在深化"六个为什么"教育中解决这个问题，需要广大教育工作者走下讲台、走出课堂，去了解大学生的实际认知水平，在交流互动中摸清大学生在树立理想信念过程中的困惑，摸清大学生在"六个为什么"教育过程中出现的疑问，并及时对这些困惑和疑问予以化解，

---

[1] 刘丽琼.思想政治理论课教学接受论[M].北京：人民出版社，2009：20.

这些困惑和疑问集中反映了大学生的思想问题和实际问题，随着大学生对这些问题认知的深化，其情绪、情感和情操就会随其对"六个为什么"教育感受的增加而变化。情感不仅成为接受的诱因，也成为强化或弱化思想接受的内驱力，尤其是周围人群对受教育者接受状态的反映状况往往直接影响着受教育者的心理情绪。当大学生对"六个为什么"理论思想的接受得到肯定反馈时，或者某一理论、事物得到大学生心理认可时，情感便转变为意志。意志是人为了达到一定的目的，自觉地组织自己的行动，并与抵制诱惑和克服困难相联系的心理过程。[1]只有达到了意志这一情感接受过程的最高阶段，大学生才能对"六个为什么"教育保持稳定的情感态度，增强深化"六个为什么"教育效果的长效性、持久性。

8.2.2 大学生内化机制分析

概括地说，大学生内化机制主要包括教化机制、体验机制、调控机制、固化机制等方面，下面逐一分析。

1. 教化机制的优化

所谓教化机制，是指在深化"六个为什么"教育过程中，教育者按照一定社会需求和"六个为什么"理论思想的要求，将一定的思想观念、政治观点、道德规范等传授给受教育者即大学生，并影响其内在精神、心理上的反应行为模式。教育者通过教化手段，使大学生认知什么是符合社会发展要求，为社会所肯定和认同的思想价值观念，这些观念具有怎样的合理性与科学性，以及在用这些观

---

[1] 曹蓉玫.思想政治教育接受心理障碍及对策研究[J].求实，2007（6）：88.

念规范自己行为时应该如何去做。没有教化，大学生作为教育对象就无法系统接受和认知教育的基本内容和要求，更谈不上对教育内容的内化。

要实现深化"六个为什么"教育过程中理想的教化模式，需要从教化内容的优化、教育理念的优化、教育载体的优化以及教化方法的优化四方面着手。其一，优化教育内容。必须坚持实事求是、与时俱进的原则，丰富和发展"六个为什么"理论思想的内涵，准确把握时代潮流和社会发展趋势，将能够反映中国特色社会主义建设最新成果，与大学生切身生活密切相关的重大理论现实问题有机反映到教学内容中。其二，优化教育理念。要改变以往"教师为主、学生为辅"，"灌输为主、引导为辅"的教学模式，让大学生掌握课堂，以大学生作为课堂的主体，在保证系统化教育的基础上，引导大学生用正确的思想观念去指导自己的行为，并通过理论联系实际的过程，找出思想问题的症结，强化"六个为什么"教育成果。其三，优化教育载体。毋庸置疑，随着现代科技的迅速发展，教育载体也越来越丰富，这就为教化机制的发展与完善带来更好的硬件条件，深化"六个为什么"教育可借助多媒体等现代化手段，让教育内容变得更加生动形象。其四，优化教化方法。应运用灵活多样的启发式教学方法，充分调动大学生学习"六个为什么"理论思想的积极性和主动性。"六个为什么"问题逻辑本身蕴含着一种范导性的思维逻辑模式，这种思维模式通过师生的"问—答"互动沟通，能够在无形之中激发大学生探究理论问题的热情，使大学生得到深层次的启示，最终做到析事明理，让中国特色社会主义共同理想信念更全面地内化到大学生个人的理想信念体系之中。

此外，在教化过程中，我们应注意重点把握目标导向设立、选择认知和监督激励的作用。目标导向设立时既要体现"六个为什么"教育的主要内容，又要贴近社会发展和大学生思想实际；选择认知过程中要加强对大学生的引导工作，用完善的理论知识体系和鲜活的社会实例打动大学生、启发大学生、规范大学生；监督激励的作用就是防患于未然，让大学生更加清楚"六个为什么"教育的主要目标，对"六个为什么"理论思想产生情感共鸣和价值认同，并据此将"六个为什么"理论思想中倡导的社会价值要求转变为自己的思想观念和内心信念。

2. 体验机制的优化

"体验"，就一般意义上说，是指直接实践的反思性心理过程。[1]随着在大学生理想信念教育中"六个为什么"教育实践活动的越发深入，我们发现，将大学生置入具有导向意义的现实情景中，他们在体验之后作出的选择更加符合教育设定目的，对共产主义信念和中国特色社会主义共同理想信念的认同也更为坚定。

在这里，我们强调体验机制，就是因为，从受教育者角度来讲，对于那些在日常生活习得中获取的对理论知识和道德行为的感受和认识，他们往往会在潜意识中将其与自己固有的思想体系进行比对，并予以逻辑和理性的分析梳理，产生一定的情感和信念体验。毛泽东说过："读过马克思主义'本本'的许多人，成了革命叛徒，那些不识字的工人常常能够很好地掌握马克思主义。"[2]因此，要想实现对"六个为什么"理论思想的认同必须经过反复的实践，只

---

[1] 张澍军, 王立仁. 论德育过程的内化机制[J]. 社会科学战线, 2003（2）: 135.

[2] 毛泽东. 毛泽东选集: 第1卷[M]. 北京: 人民出版社, 1991: 111.

有经过亲身体验的理论才能真正成为自身的理论。但受教育者选择获取这种情感体验的方式和途径是多样的，所获得的情感因素也有多有少、有正有偏，一旦这些情感体验成为大学生思想情感的一部分，就总会自发地影响个体的行为。这不仅仅需要大学生作为受教育者自身在选择与矫正的过程中的正确思想导向性，也需要教育者不断拓展教育途径，营造良好的教育氛围来优化体验机制。

因此，优化"六个为什么"教育的情景机制，让大学生从现实生活实践中体验感知社会主流意识形态，在课程配置、教学方法和环境设置中用"六个为什么"理论思想将理论问题与社会现实连成一体，从网络环境、校园环境、社会环境和家庭环境等各方面营造良好的氛围，利用各种社会实践活动以及活跃开放的课堂氛围带给大学生相互感染的境遇以及思想文化态势，这不仅是一种对社会宏观环境的感知与体验，也是对教育环境设置的高层次要求，是通过在体验中感知"六个为什么"理论思想和社会主义核心价值体系的理论意义，并在体验中实现教学相长，发现大学生实际的困惑，解决大学生深层次的思想问题。

3. 调控机制的优化

调控机制是受教育者在接受"六个为什么"理论思想教育的过程中，依靠自我内心情感、意志等因素和外部社会环境因素等来规范主体行为，使其内化内容、内化目标、内化方向等按照社会需要向前发展的保障性措施。也就是说，调控机制实施的主体包括教育主客体两方面的内容。从教育客体来讲，个人的自我规范通常借助于教育、感化和社会舆论的力量，通过个人情感、意志、动机、欲望、情绪等心理要素的不断调节进行自我约束和控制；从教育主体来讲，则主要依靠纪律、制度、规范等，通过社会舆论、义务规定等方法对受教育者的价值追求、思想观念、行为方式等予以调节。在新的历史时期，面临着复杂多变的国内外形势，大学生受到的文化冲击是多元化的，所感知的社会政治、经济、文化的因素以及由此而产生的思想困惑也是多方面的，要想在这种复杂的关系中实施好深化"六个为什么"教育的过程，实现理想信念教育的目标，就需要从外部调控和自我调控两方面双管齐下。

应当说，"六个为什么"中的每一个重大问题，都是强化调节机制的突破口，大学生围绕"六个为什么"产生的疑问与困惑正是理想信念教育需要进行调节的关键点。我们关注大学生的问题，在师生互动中形成思考，从日常生活中捕捉相关教育信息，可以有效地补充大学生"有社会观察，有知识信息量却少深入思考"的不足。通过不断教育，促使大学生重新审视已有的社会经验和自我价值体系，并利用各种媒介形成社会规范、舆论导向，使"六个为什么"的每一个问题都能在教育主客体双方的共同努力下，成为发掘大学生理想信念现实问题的重要理论要素，并通过具体内化内容、内化目标、内化方向的不断调整，促进在大学生理想信念教育中"六个为什么"教育的深化。

4. 固化机制的优化

任何思想观念的固化都是以受教育者的"接受"作为先决条件的。而接受并不等于固化，只有在经过反复实践之后，才能最终实现某种意识形态的固化。固化机制作为巩固内化效果的重要环节，应该从多方面入手：其一，通过反复实践活动，形成行为习惯。其二，通过课程理论引导，营造良好教育环境，形成心理暗示。其三，广开言路，给大学生反复表达的机会、场合与条件。其四，关注大学生心理变化特征，关心大学生思想实际问题，防止实际、理论两张皮。其五，转变教育理念，加强教学管理，创新教育方法，拓展网络教学，等等。

具体来讲，在"六个为什么"进课堂的过程中，充分考虑大学生知识、年龄和阅历等个体差别，充分利用教育者不同知识结构、学术背景的差异，一方面，通过系列讲座、专题研讨会、辩论赛、课堂讲授等方式，从同一问题的不同理论层次反复深化相关思想观点，如果这些观念被谈起的次数越多，那么它的理论内容也就被发掘得越深；另一方面，配合学校和社会等各个方面，精心组织一些与深化"六个为什么"教育的课堂教学相对应的课外实践环节，通过社会考察、爱国活动、日常实践激发大学生践行正确道德价值、为中国特色社会主义事业奋斗的积极性，在自我践行中深刻了解"六个为什么"理论思想的内容，树立正确理想信念。此外，我们还要创造一种民主、宽松、和谐的教育氛围，创新教育方式，利用各种红色网站，关注网络社区和BBS等网络途径，鼓励大学生多观察、多思考、多探索，对正确的思想充分肯定，对错误的思想加以引导，用睿智的眼光、平易近人的语言表达分析各种现象，通过对"六个为什么"教育内容的不断重复，最终实现固化的效果。

8.2.3 大学生内化过程分析

一般来说，内化过程是受教育者作为一个能动对象，在教育主客体相互作用中一直存在着教育者所传达的社会思想观念和受教育者自身价值体系之间的矛盾运动过程。虽然大学生每个人已有的认知水平不同，其内化过程也有其特殊性和复杂性，但从总体上看是一个感受、分析、选择的过程。[1]

1. 感受阶段

感受就是大学生作为受教育者在一种积极主动的心理状况下，通过社会实践，去接触外部来自各个方面的相关教育信息，并引起其产生心理活动指向性和集中性，形成其感官反应表象的动态过程和运行模式。在感受阶段，我们需要注意两个问题：其一，大学生主体的内在需要及已有思想体系水平的衡量。大学生主体内在的需要是推动主体发生内在活动的原动力，作为有情感的个人，大学生对外部教育相关信息的感知、想象、反映、择取都是与自身的生活经历、心理因素及知识结构相关联的，他们根据自己的内在需要对教育者传递和灌输的教育内容在自我意识之中进行选择性地接触和感受，从而形成了对客观事物特性、联系或关系的一个初步认识。大学生已经具备了较成熟的心理意识，并形成了自己的认知体系，他们期望理想信念教育要与实际生活结合，尤其要与大学生关心的问题相联系，这就为"六个为什么"理论思想融入大学生理想信念教育提供了有利的内在环境。因为"六个为什么"理论思想一方面包括了社会生活中最主要的内容，是包括大学生在内的广大人民群众最关心、与日常生活联系最密切的内容，另一方面它还讲究与时俱进，贴近实际，不回避矛盾，不避重就轻，有理有据，见事见物见人，问题式的提问方式也同样能够适应大学生的心理需要，激发大学生自觉探索问题的兴趣和主动性。因此，只要能够根据不同个体的情况，在深化"六个为什么"教育的过程中做到因材施教，富有针对性，就能够达到理想效果。其二，外部相关教育信息的获取。

---

[1] 鲁杰、王逢贤.德育新论[M].南京：江苏教育出版社，1994：273.

在深化"六个为什么"教育过程中，教育者运用一定的教育手段，将社会要求的政治观点、思想体系和价值体系传递给大学生，使大学生对我国现阶段的指导思想、发展道路、政治制度、经济制度、政党制度、发展方向等重大问题有初步的感受和认知，为下一阶段的分析奠定基础。

2. 分析阶段

分析就是在感受的基础上，分析确认外部相关思想观念、社会价值等信息，并经过判断形成新的思想认识，是受教育者以自己原有的认识水平为基础，自觉对教育者"传达"的内容作出的选择。具体来说，这个阶段，大学生在接受教育者阐述的"六个为什么"理论思想内容后，将其中自己感兴趣的刺激信息予以提取，并通过自己的逻辑分析和价值比对，从表象和本质两方面对其进行创造性的总结、提炼、归纳和演绎，将符合社会要求与自己思维模式的思想观念、政治观点、道德规范等内容，在自身已有认知模式下进行系统化、理论化、条理化的重组，形成新的理想信念认知体系。

大学生通过高校的学习以及自身的实践，已经初步形成了以理性思考为主导的认知层次，这为他们能够对外界信息的刺激作出科学分析和判断奠定了基础。与此同时，在这个阶段，大学生的分析、理解所产生的认知体系还是教育者的引导和自己的认知共同作用的结果。因为，在这个过程中，大学生不可能是机械背诵、闭门造车的，在分析中出现的思想困惑需要在现实生活中寻找答案，或者运用自己已有知识体系作出初步判断，但他们固有的知识体系以及对现实生活的观察判断并不全部都是科学的，这就需要教育者在大学生进行教育信息分析的过程中积极配合，加强引导。由此可见，以社会发展为出发点，以释惑解疑为导向，针对大学生思想状况中出现的问题深入分析并加以引导,是提高大学生分析能力的重要手段。"六个为什么"以问题的模式出现的目的就是便于在"提问——分析——回答"的引导过程中,通过正反对比和历史分析的手段,帮助大学生正确理解中国特色社会主义理论体系和各种社会现象的本质,形成符合社会发展趋势的、科学的理想信念认知,这也成为检验在大学生理想信念教育中是否促进深化"六个为什么"教育发挥积极作用的重要标准。

3. 选择阶段

选择作为内化过程中最复杂的一环,在这个环节中,受教育者对于符合自己固有思想认知状况的教育信息予以同化、吸收,对于不符合自己固有思想认知状况的教育信息经过思想矛盾斗争后选择性地予以摄取,使自我信念得以形成和发展。具体讲,其一,在这个环节中,大学生作为受教育者在经过对"六个为什么"相关教育信息的分析之后,会产生一系列思想矛盾斗争,对有些教育内容进行取舍,使之与自己原有的知识体系融为一体,这一过程掺杂了情感与理性两种复杂因素。其二,每一个大学生的思想认知水平、价值取向、主体接受能力等存在着诸多差异,因此,在个体选择进程中呈现出不同的层次差别,思想道德理论水平较高的大学生在接触社会生活的过程中往往能够看到事物的本质面貌,而思想道德理论水平较低的大学生则只能依靠事物的现象去判断,而无法接触到事物的内在联系和核心内容,这就会使对"六个为什么"理论思想的认知走进误区。其三,现阶段社会主义中国的面貌发生了翻天覆地的变化,面对新的形势和新的任务,"六个为什么"教育的具体内容也在不断充实,这就要求大学生应突破原有知识体系和认识瓶颈,使自己对"六个为什么"理论思想的认知能够随着世界、中国的发展而不断提升。因而,在深化"六个为什么"教育中要确保选择结果的正确,就需要做到:一方面,教育内容必须符合社会的发展和个人固有知识体系、心理特征等,另一方面,在运用教育手段时,要建立合理、恰当的方法艺术和内化机制,确保受教育者的选择更具有合法性和正当的理由,满足其内在层次的需要。在调研中我们发现,当代"80后"和"90后"大学生虽然对马克思主义理论和社会现实有些模糊认识与忧患意识,但总体的价值观和理想信念方向还是符合社会发展要求的,对未来中国的发展前景还是保持乐观态度的。因此,在教学中,以深化"六个为什么"教育为主线,将现实问题的困惑与理论问题的认识充分结合起来,围绕"六个为什么"理论思想与社会主义核心价值体系建设,引导大学生探究现实问题,促使大学生观察已有的社会经验进行再认识,在解决问题中提高大学生选择的正确性,并通过选择过程,重构、完善大学生的认知体系。

总而言之,内化的机理是复杂的,感受、分析、选择三个阶段循环往复形成了内化机制的完整系统。深化"六个为什么"教育的内化环节就需要注意每个阶段的具体特征和要求,针对大学生各个阶段的心理活动和行为变化,将"六个为什么"重要理论与现实生活实际相联系,满足大学生不断变化的心理需求,促使他们选择与吸收"六个为什么"理论思想的内容,摒弃错误社会思潮和思想观念,引导他们树立正确的理想信念。

8.3 深化"六个为什么"教育的内化机制和过程要求

8.3.1 明确内化的目标

"六个为什么"理论思想立足于我国社会主义现代化建设实践，是对马克思主义理论与中国特色社会主义理论体系的高度概括。在大学生理想信念教育中明确"六个为什么"教育的内化目标，就是要帮助大学生认清马克思主义的科学性、中国特色社会主义道路的正确性，坚定在中国共产党领导下走中国特色社会主义道路、为实现中华民族伟大复兴而奋斗的共同理想和信念。同时，大学生中的共产党员和先进分子，还应追求更高的目标，树立共产主义的远大理想。[1]

1. 确立马克思主义的信念

"六个为什么"理论思想开篇明义，提出"为什么必须坚持马克思主义在意识形态领域的指导地位，而不能搞指导思想的多元化"的问题。马克思主义作为我们党和国家的根本指导思想，是被160多年来世界历史发展进程，特别是我们社会主义革命、建设和改革实践反复证明了的科学真理，揭示了人类历史发展的客观规律，代表了最广大人民群众的根本利益，具有鲜明的科学性、革命性和崇

---

[1] 本书编写组. 思想道德修养与法律基础 [M]. 北京：高等教育出版社，2013：20.

高性。虽然马克思主义诞生于19世纪，但与时俱进的品格使它具有极强的生命力，马克思曾说："正确的理论必须结合具体情况并根据现存条件加以阐明和发挥。"[1]160多年来，马克思主义在指导各国社会主义革命的过程中不断开辟认识真理的道路。它一经与中国具体实践相结合，就显示出巨大的作用。在马克思主义指导下，中国共产党带领中国人民逐步实现了民族的解放和国家的富强。当下，西方敌对势力在意识形态领域散播"新自由主义"等一些非马克思主义和反马克思主义的思潮，混淆了部分大学生的视听。因此，在用马克思主义教育当代大学生的过程中，最重要的是让他们学习和掌握马克思主义的世界观和方法论，让他们在面对同各种敌对势力和非马克思主义及反马克思主义思潮斗争的时候，能够运用马克思主义的理论和方法观察和分析问题，引导他们将自己的理想建立在现实实践基础之上，增强抵制各种错误思潮的自觉性和坚定性。

确立马克思主义的信念，还应建立在正确理解中国特色社会主义理论体系的基础之上。这是因为，在当代中国，坚持中国特色社会主义理论体系就是真正坚持马克思主义。中国共产党成立以来，中国共产党人坚持把马克思主义的基本原理同中国实际、时代特征、人民愿望紧密结合，不断推进马克思主义中国化、时代化、大众化，形成了毛泽东思想和中国特色社会主义理论体系两大理论成果，生动而具体地坚持和发展了马克思主义，不断赋予马克思主义新的鲜活力量。[2]这些理论成果有助于大学生认识马克思主义的科学性。

---

[1] 编译局. 马克思恩格斯全集：第27卷[M]. 北京：人民出版社，1995：433.
[2] 本书编写组. 思想道德修养与法律基础[M]. 北京：高等教育出版社，2013：23.

教育内化过程是一个动态、发展的平衡系统，大学生在接受外界信息并对其进行内化的过程中，存在着自身内在目标体系与外界教育目标体系的矛盾斗争，我们应善于控制这一矛盾斗争；同时，在每一具体内化阶段，我们要实现的内化任务不同，其内化目标也会随之变动；此外，作为"六个为什么"教育接受主体，大学生是有意识的独立个体，其思想观念、价值观念、接受能力等呈现差异性，对他们设定的内化目标也应呈现层次性，要力求做到目标设定的先进性与广泛性相结合。

8.3.2 增强内化的动力

深化"六个为什么"教育是由教育主体、教育客体以及教育介体等各种要素共同作用的动态实践过程，在这一过程中，大学生自身价值体系和"六个为什么"中涵盖的理论思想、价值标准之间的矛盾不断发展变化，成为推动理想信念教育内化的根本动力。具体来说，"六个为什么"教育信息刺激是外部动力，大学生作为受教育者的需要和自主追求是理想信念教育内化的原初动力。

1. 增强内化的外部驱动力，优化外部刺激信息

"支配行动的动机并不是人们头脑里固有的，而是在客观上被历史状况所限制"。[1]大学生思想观念的形成也同样不是天生禀赋，而是在后天的社会化过程中形成的，是一定社会历史条件相互作用的结果。在深化"六个为什么"教育的过程中，大学生的思维方式随着外部信息刺激的改变而发生变化，不同的外部刺激信息对大学

---

[1] 编译局.马克思恩格斯全集：第20卷［M］.北京：人民出版社，1995：40.

生产生不一样的外部驱动力，内化动力形成的过程就表现为有效外部信息刺激的过程。因此，深化"六个为什么"教育的整个过程离不开外部驱动力的推动，如社会的舆论压力、家庭的道德风尚和理想信念教育方式等都是有效的外部驱动力。

要增强内化的外部驱动力，必须要为受教育者创设一种积极向上且符合"六个为什么"教育目标要求的社会介体，一种贴近大学生实际且能够为最广泛学生所接受的教育方式，通过大学生的身心体验，使他们在情感上接受、认同、内化"六个为什么"教育的内容。根据当代"80后"、"90后"大学生自身特征以及大学生思想状况的发展规律，我们增强内化的外部驱动力可以从扩大激励刺激信息和遏制消极刺激信息两方面着手。其一，扩大激励刺激信息。"如果受教育者对教育内容和方法持肯定态度，则以满足、喜欢、赞赏的心态把自身的积极情绪和热情转化为接受的内驱力，就可以将教育内容顺利转化为自己的行为主导思想。"[1]"六个为什么"教育强调的是中国特色社会主义道路、理论体系和制度的正确性，这种外部刺激信息是"六个为什么"教育目标的具体体现，也是一种正向的刺激信息，只有让大学生真正理解、感知中国特色社会主义道路、理论体系和制度的正确性，才能使他们坚定中国特色社会主义共同理想。因此，从这个意义上讲，我们应该紧密结合"六个为什么"教育的具体内容，及时对"六个为什么"理论思想予以扩充完善，用富有时代性的具体事例作为佐证，使大学生能够切身体会到中国特色社会主义道路、理论体系和制度的正确性与历史发展

---

[1] 黄立峰. 试论大学生德育的有效内化机制[J]. 学校党建与思想教育,2010（12）：65.

必然性，这样才能将抽象的理论化为娓娓动听的道理为大学生所接受。与此同时，要激发大学生的内化驱动力还需要依靠他们对"六个为什么"教育方式方法等各要素的认同与热情。这就需要广大教育者在进行"六个为什么"教育时能够积极主动地创新教育方式方法，寻求社会各方面支持，构建学校、家庭、社会紧密协作的教育网络。比如，借助于红色网站等健康的现代化媒体，用正确的舆论引导大学生；通过各种志愿服务或党建等活动让大学生在实践中潜移默化接受教育；在理论教学中从大学生的主体需要出发，让理论实现思想性和大众性的统一，以大学生喜闻乐见的方式来展示中国经济社会发生的变化，等等，为"六个为什么"教育内化提供多渠道正导向的外部驱动力。其二，遏制消极刺激信息。与正向外部驱动力相对，在"六个为什么"教育过程中还存在着一些消极刺激信息，如国内外对我国社会主义的质疑声音，西方社会一些非马克思主义、反马克思主义思潮的责难，社会利益调整带来的一些杂音，传统理想信念教育中理论灌输比例过重带来的弊端等等，都阻碍了大学生内化动力的产生。要增强大学生内化动力，就要科学、合理地遏制这些消极刺激信息，及时将其调整为有利的正导向内化驱动力。

2. 增强内化的内部驱动力，提高教育客体的主体性和能动性

在深化"六个为什么"教育过程中，受教育者个体产生的内部驱动力，即大学生内化的主观情感需要与意志，是外部相关教育信息在经过大学生头脑时所带来的不同层次、不同指向的内在动机反应，是思想、理论、理想、道德、情感、意志等精神因素对人从事的一切活动及社会发展产生的精神推动力量[1]。换句话说，当外

---

[1] 骆郁廷.精神动力论[M].武汉：武汉大学出版社，2003：18.

部教育信息对大学生产生感觉刺激时，就能引起或维持他们的行为向着某一目标进行，以满足其某种需要的愿望、理想、兴趣等，而这些需要就是内在驱动力，它会促使大学生为了满足某种愿望或适应这种需要而坚持不懈地努力。需要注意的是，符合社会发展要求的愿望或需求，能够导致正向内部驱动力，而不符合社会发展要求的愿望或需求，则有可能阻碍"六个为什么"教育的深化。

因此，在对大学生深化"六个为什么"教育过程中要增强内化的内部驱动力，就必须注重受教育者自身内化动力的激发，以受教育者为出发点和落足点，最大限度地发挥教育客体的主观能动性。其一，激发大学生提高自我认识水平的自觉性。心理上的认同和需求是外部教育信息发挥效益的情感因素，由于大学生个体本身的差异，同样的教育信息带来的效果可能不同，这就需要大学生通过对自我意识的不断调整，积极对各种客观存在进行体验和认识，并通过按照社会要求自我检查、自我反省、自我超越、自我完善，自觉提高个体的认知水平，在把学习动机指向当前现实需要的基础上提高道德素养追求。其二，大学生应将自身的理论学习和情感体验有机结合起来。理论学习能够帮助大学生形成理性的思考方式，产生符合逻辑性思维模式，而当这种思维模式固定下来以后，就能成为大学生对"六个为什么"教育内容内化的长久驱动力。但理论学习往往较为平淡，甚至乏味，对于认知水平不高的部分大学生，在对理论学习兴趣较淡时就应积极进行情感体验，激活其自身的感性因素。理论学习和情感激发并不是泾渭分明的，两者只有相互融合才能帮助大学生更好地激发自身的内化动力。总之，内化作为深化"六个为什么"教育的关键环节，起主要作用是受教育者——大学生自身的内化动力，只有大学生自身形成了对教育内容的欲求倾向，才能引起内化活动的发生。大学生在深化"六个为什么"教育的过程中，应该积极主动地去学习"六个为什么"理论知识，通过对"六个为什么"相关问题和内容的思考，把握"六个为什么"理论思想的精神实质，并用理论学习成果主动指导自身的认识实践活动，在实践活动中产生对中国特色社会主义的热爱，并将这种热爱再投入到学习理论活动中去，以此保障理想信念内化动力的长效性。

8.3.3 完善内化的环境

社会的政治、经济、文化、风气、习俗等各个方面构成了理想信念教育内化的外部环境系统，良好的外部环境在很大程度上决定着"六个为什么"教育的内化是否能够顺利实现，影响着大学生是否能形成正确、科学的理想信念。现阶段，我国发展进入新阶段，改革进入攻坚期和深水区，一些非马克思主义思潮、反马克思主义思潮鼓噪一时，一些怀疑中国特色社会主义道路的杂音不绝于耳，一些社会腐败、丑陋现象时有发生，等等，这些都是我们促进大学生"六个为什么"教育内化过程中不可忽视的问题。要想实现大学生对"六个为什么"教育内化的顺利进行，我们应该加大力度，完善内化环境。

1. 完善社会政治环境

良好的社会政治环境是保证深化"六个为什么"教育顺利进行的重要条件。完善社会政治环境，从根本上说，就是要坚持正确方向，积极稳妥地推进政治体制改革，加强民主法制建设，维护安定团结。尤其是现阶段，高校绝大部分学生都已经年满18岁，拥有了选举权和被选举权，这种权利的拥有使大学生更加关注社会政治的发展与变化。总体而言,新中国成立尤其改革开放以来,人民代表大会制度不断加强自身建设,法治中国建设正在推进,在科学立法、民主立法方面取得了巨大成绩,实现了人民当家作主,中国人民正在党的带领下向全面建成小康社会的目标不断迈进,应该说,现在是百多年来中国最少干扰、政治稳定的宝贵时期。但与此同时,在部分地区依然存在的贿选现象,在部分党员干部身上出现的官僚腐败现象,在边疆地区出现的少数反动分子对社会主义社会的破坏活动、国外敌对势力热衷的"颜色革命"等等,在一定程度上都成为影响社会政治环境的杂音,而这些杂音又不同程度地影响着大学生在"六个为什么"理论思想认识上的判断,成为大学生理想信念内化的阻碍。因此,我们要积极创设更加和谐的社会政治环境,为在大学生理想信念教育中深化"六个为什么"教育内化活动提供良好的社会政治环境。

2. 完善社会经济环境

社会经济环境是加强大学生"六个为什么"教育的重要物质环境。当前,完善社会经济环境就是要努力建立和完善社会主义市场经济体制,促进生产力的持续、快速发展,完善社会主义分配制度,树立与社会主义市场经济相适应的现代观念。现阶段我国实行的是以公有制为主体、多种所有制经济共同发展的基本经济制度,一方面,"公有制"强调的是集体利益,另一方面,"多种所有制"以及市场经济又强调竞争机制。这种经济制度保障了社会生产力的快速发展,保障了人们的物质利益以及国家集体利益的相统一,但与此同时,市场经济的消极因素又让有的大学生产生了利益至上、利己主义、只求索取、不求奉献、背信弃义等错误思想,并将共产主义信仰、马克思主义信念抛之脑后。总之,经济制度改革带来的利益调整同时带来大量深层次的矛盾，引起包括大学生在内的部分人思想上的波动，完善社会经济环境势在必行。

3. 完善社会文化环境

社会文化具备熏陶、教化、审美、塑造等功能，在大学生理想信念内化活动中具有不可替代的作用，良好的社会文化氛围能够帮助大学生在潜移默化中完成对理想信念的内化，并有效化解内化心理障碍。现阶段国际国内意识形态领域的斗争仍然复杂，马克思主义与非马克思主义思潮、先进思想与落后思想的矛盾时有发生，因而导致部分大学生在"六个为什么"理论思想的认同上产生偏差，影响大学生理想信念形成和发展的方向、范围。因此，要加强社会主义文化强国建设，创造良好的社会文化环境，在全社会大力发展哲学社会科学事业，使包括"六个为什么"理论思想在内的党的先进理论成果在高校真正做到进教材、进课堂、进大学生头脑。

总之，在大学生理想信念教育中深化"六个为什么"教育是在发展社会主义市场经济和改革开放的社会条件下进行的，如果教育内容与现实环境发生冲突，大学生就会感到无所适从，不知所措，并最终有可能产生错误的认知，那就谈不上所谓的认同和同化了。因此，应当说，完善社会政治、经济、文化环境是实现大学生"六个为什么"教育内化所不可或缺的重要条件。

信仰导航

九

在大学生理想信念教育中深化"六个为什么"教育的体制机制

要真正使深化"六个为什么"教育落到实处，必须创新体制机制，形成强大合力。本章拟对此进行深入探讨。要把各方面的力量动员起来，把各方面的资源整合起来，建立健全教育机制互联、教育功能互补、教育力量互动的学校、家庭、社会"三结合"教育网络；要加大学校内部育人力量的整合，把日常思想政治教育作为主阵地，用人文教育浸润学生心灵，启迪理想信念的智慧；要构建立体式、全方位的教育格局；要加强学科建设、教材建设和教学体系建设，更好地推进社会主义核心价值体系进教材、进课堂、进学生头脑。

9.1
深化"六个为什么"教育的体制机制概述

9.1.1 体制机制的涵义

1. 体制机制的涵义

体制，从管理学角度来说，指单位机构的设置和管理权限划分的组织制度总和，是管理机构和管理规范的统一体或结合体。机制源于希腊文，意为机器的构造及其运转过程中各零部件由于一定机理而形成的因果联系和运转过程中的工作方式。后被广泛引申到自然科学、社会科学等领域。在社会科学领域中，机制的涵义非常复杂，包括：其一，事物各组成要素的相互联系；其二，事物在有规律性的运动中发挥的功能；其三，发挥功能的作用过程和作用原理。而将机制引入教育领域中，则是指教育活动中教育主体、教育对象、教育影响等构成要素的相互关系、作用方式及其活动规律。一般来说，机制包括两个重要方面：其一，组织结构，即构成某一特定事物中各组成要素之间的组合方式；其二，作用机理。即各要素在运行过程中的演进方式和变化规律。这种组织结构和作用机理静态的物化形态与载体则为一定的制度文本，同时也渗透在各组成要素内部。

由此可见，体制和机制既有区别又有联系。体制是机制所依存的宏观基础，机制是体制的微观构成。有什么样的机制就有什么样的体制与之相适应，而反过来，体制又对机制的有序运行具有反作用。良好的体制能够促进机制的完善和发展，而落后的体制则会阻碍机制的正常运行。此外，体制和机制所强调的侧重点也各不相同。体制侧重于规定与一定事物组织结构相关的外部组织原则和制度体系，为教育主体指明行为路径，具有一定实体性，是相对静态的，机制则侧重于形成特定事物的各要素之间的相互关系以及该事物内在的运行原理和方式，为行为过程做出机理上的说明，具有一般抽象性，是相对动态的。

2. 深化"六个为什么"教育的体制机制涵义

深化"六个为什么"教育的体制机制，就是指将深化"六个为什么"教育作为一个系统工程，基于教育工作内部构成要素之间所形成的因果联系以及内部要素同外部要素之间存在的有机联系性，而建构的运转方式和活动规律。对深化"六个为什么"教育的体制机制要注意从三个方面去理解：其一，深化"六个为什么"教育系统内部各构成要素的总和。其二，各相关要素之间相互作用、相互制约、相互衔接的组合方式，以及在系统内部各要素间的有序性、协调性与因果关系。其三，深化"六个为什么"教育整个系统按照一定的机理与运行方式有规律地运行着的动态过程。

总之，深化"六个为什么"教育体制机制是经过实践检验证明有效的、制度化了的教育方式、方法体系，它的构建不是孤立的一个过程，除了需要"六个为什么"教育工作自身要素的系统整合，还需要配套的其他相关条件的有效支持。对于大学生深化"六个为什么"教育体制机制的有效构建则要放在特定的历史条件——即经济和文化全球化以及改革开放新时期的大背景下，以及特定的教育对象——即以"80后"、"90后"为主体且生理、智力都处于发展阶段的大学生之中进行研究、探索，才能切实发挥其实效性。

9.1.2 体制机制的结构

任何事物都有一定的结构，深化"六个为什么"教育是关乎能否正确理解党和国家的指导思想、发展道路、经济制度、政治制度、政党制度、发展方向等六个方面的重大问题的系统工程。深化"六个为什么"教育的目的因素、时间因素、空间因素和主客体因素相互作用、相互依存，形成深化"六个为什么"教育的体制机制的多层次结构体。

第一，深化"六个为什么"教育的目的因素就是指深化"六个为什么"教育的目的，目的因素在深化"六个为什么"教育机制体制诸要素中起着导向作用，决定着深化"六个为什么"教育工作的性质，其他要素都以能否满足深化"六个为什么"教育的目的要求，作为它们价值评判的标准。因此，目的要素的研究，客观上成为深化"六个为什么"教育体制机制的方向保证和重要前提。

深化"六个为什么"教育是针对当前国际国内形势的深刻变化引起我国意识形态领域日益复杂的时代背景。深化"六个为什么"教育的目的要求就是为了引导大学生坚持马克思主义指导思想不动摇，强化主流意识形态的影响，用马克思主义中国化最新理论成果占领高校意识形态阵地，为社会培养有理想、有道德、有文化、有纪律的社会主义的合格建设者和可靠接班人。这是新时期深化"六个为什么"教育必须坚持的基本前提和落脚点，也是检验深化"六个为什么"教育成效的重要标志。

第二，深化"六个为什么"教育的时间因素就是指深化"六个为什么"教育应紧密联系国际国内的形势，紧密联系现代化建设和改革开放的实践，应当具有历史和现实意义的主题。坚持党和国家的指导思想、发展道路、政治制度、政党制度、经济制度和发展方向，是新中国成立 60 多年特别是改革开放 30 多年来历史和人民的选择，是逐渐在历史发展过程中生长和巩固起来的。深化"六个为什么"教育，要紧密追踪教育客体即大学生的思想动态，抓住有利时机开展教育，引导大学生在自身思想政治素质培养过程中，不断注入"六个为什么"理论思想要求的内容。深化"六个为什么"教育作为大学生理想信念教育的重要组成部分，对大学生充分理解和把握社会主义核心价值体系、社会主义核心价值观有重要意义，它不应是临时性的、短时期的，而应坚定不移、持续不断地坚持下去。

第三，深化"六个为什么"教育的空间因素是指深化"六个为什么"教育必须在一定的社会环境中进行。深化"六个为什么"教育的体制机制运行正常与否会改善或破坏空间环境，而空间因素本身的变化也会影响甚至改变深化"六个为什么"教育的运行。深化"六个为什么"教育的重点是高校大学生，要创造深化"六个为什么"教育的社会氛围。通过发挥高校思想理论教育主渠道作用，充分依靠学校和家庭教育自身优势，构建三位一体的教育模式，使大学生在生活和学习各个方面都能切身感受到深化"六个为什么"教育的感染和熏陶。

第四，深化"六个为什么"教育的主客体因素就是指人的因素，即深化"六个为什么"教育的教育者和受教育者。深化"六个为什么"教育的主体和客体是相对存在的，只有在与对方的存在关系中才能获得自己的确定性。主体和客体之间相互依存、相互对应。应当说，教育主体（教育者）因素在深化"六个为什么"教育运行机制诸因素中起主导作用，所以，要强化教育者特别是教师的主导性作用，使他们通过自身较高思想政治素质和课堂教学的影响，引导大学生积极思索社会的热点和难点问题，深化对"六个为什么"理论思想的认识。

以上四种要素构成了深化"六个为什么"教育机制体制的有机整体，它们之间相互影响、相辅相成，每种要素自身的状态都直接影响到深化"六个为什么"教育机制体制运行的整体状态，同时，深化"六个为什么"教育机制体制的良好运行状态也促进其各要素自身状态的发展。

9.1.3 体制机制的功能

机制的功能是构成要素功能的耦合，其发挥不仅依赖各要素功能的齐全，而且依赖各要素的相互联系、协调运转。[1]深化"六个为什么"教育的体制机制的功能，是指深化"六个为什么"教育

---

[1] 平章起，梁禹祥.思想政治教育基本理论问题研究[M].天津：南开大学出版社，2010：226.

的体制机制对整个教育过程所发生的积极独特的作用或影响，是其本质的外在集中表现。清晰认识深化"六个为什么"教育的体制机制的价值功能，有利于更加全面深刻地把握它的内在本质。而深化"六个为什么"教育的体制机制的特殊性，又决定其功能具有多层次性、长期性和发展性等特点。具体来说，其功能主要包括以下几个方面。

1. 导向功能

机制运行和完善的过程，实质就是向外界传输特定信息的过程。[1]深化"六个为什么"教育工作体制机制是制度化的方法论，囊括一系列具体的考核标准和办法，具有鲜明的目标性。在深化"六个为什么"教育过程中，教育者通过制定目标、选择计划、实施开展、信息反馈、考核整改等环节，对教育工作中好的方面予以肯定，对其不足的方面予以调整，而对于不好的方面则予以否定，从而起到对深化"六个为什么"教育工作自身的整体运行予以指引。此外，深化"六个为什么"教育工作机制的运行和完善，还对教育主、客体的思想观念和行为起到导向作用。

深化"六个为什么"教育体制机制要真正起到导向作用，必须将抽象的教育理论指标与教育目标层层分解，逐级细化，最终转化为符合一定方向性要求和实际标准且可行性强的具体体制目标。现代科学技术的发展特别是一些适合研究社会科学的新的数学分类的出现，使得深化"六个为什么"教育体制机制朝着定量化方向迈出很大一步，这对增强深化"六个为什么"教育体制机制的规范化以及导向性起着极为重要的作用。

---

[1] 吴东莞,沈国权.思想工作机制论[M].北京:军事科学出版社,2008:35.

2. 保障功能

深化"六个为什么"教育体制机制的建立与优化,是对大学生实施"六个为什么"教育工作规范化、理性化、正规化的过程。在深化"六个为什么"教育过程中,工作机制、运行机制、接受机制、管理机制、评价机制都是实现其教育预期目标必不可少的手段。一方面,它们可以对教育工作的决策程序、运行要求、管理控制、总结考评等内容进行必要的规范,协调工作运行中各个要素之间的关系,保证教育系统的良好运行;另一方面,它们还可以对教育主体提出权限边界、能力素质等方面的硬性要求,保证其在工作决策、工作指导、工作管理中作出正确选择,保障教育主体在执行教育计划、实施教育手段时按照正确的方向进行,实现教育预期目标。深化"六个为什么"教育体制机制的客观性、科学性与持久性使得它能够在降低教育工作成本的前提下,持续有效地保障教育活动的顺利进行。

3. 转化功能

深化"六个为什么"教育体制机制的转化功能,是指通过深化"六个为什么"教育体制机制的建设,最大限度地协助教育主体预知某种客观实践活动的后果,并在此基础上,发挥其主观能动性,激励其应对各种突发事件的积极性,促使教育活动沿着预期目标进行。具体来说,构建完善的体制机制,就是要将抽象的教育活动各要素之间形成的因果联系和教育活动规律显化为容易被认识和运用的规范,协助教育主体在展开工作时预知教育活动未来的发展趋势,预防不良后果的产生,使不符合教育目标或偏离教育目标的教育活动转化为符合教育目标的教育活动。

4. 评估功能

深化"六个为什么"教育的结果往往不像经济效益那样表现得比较直观、明显，其实践过程又通常没有固定的运行模式，往往会随着客观环境和教育主客体等各种因素发生变化。尤其是在教育实施过程中，一些类似信息交流沟通不到位、教育者对教育目标认识不清的问题的出现，很容易导致教育实际效果偏离既定目标的后果。因此，为了实现深化"六个为什么"教育效果的最大化，教育主体通过科学收集和分析教育过程中的各种信息，总结归纳实践中的教育经验，将教育活动中的各种信息与量化了的评估指标进行比较、分析，来校验、反思教育过程中存在的不足或者失误，从而全面认识和判定深化"六个为什么"教育的整个过程。

9.2 深化"六个为什么"教育的体制机制构建

9.2.1 教育的管理体制

1. 健全管理组织体系，明确各级管理职能

要真正实现深化"六个为什么"教育对大学生理想信念的促进作用，除了要依靠行之有效的方法、深入浅出的语言艺术、良好的内化机制之外，还必须要有健全、高效的组织体系作为保障。这个体系包括：其一，决策机构。它的主要责任是针对教育活动中一些重大政策的制定，再通过集体民主决策并对多种可行性方案进行对

比、选择后,为下一级执行部门提供整体最优方案。一般情况下,这一决策机构由学校党委统一领导。其二,咨询参谋机构。它的主要责任是为在大学生理想信念教育中深化"六个为什么"教育活动提供多种可行性方案及相关协助工作。咨询参谋机构一般由专家学者及部分资深的基层教育工作者组成。其三,信息系统。深化"六个为什么"教育是一个多因素、多层次的动态复杂系统,准确信息的传递是科学管理的基础。因此,这个系统可由党委统一领导、党政工团齐抓共管,具体来说,学校下设调研办公室,院系由辅导员和思想政治理论课教师组成调研小组,同时,各种学生党团组织也可参与其中,切实保障在深化"六个为什么"教育过程中,大学生对"六个为什么"理论思想认识上存在的问题以及其理想信念方面存在的问题都能及时、准确、全面地反馈给相关部门和教师。

2. 创新教育管理理念,完善管理领导制度

深化"六个为什么"教育的内容是当代中国理论和实践问题的重中之重,具有重大的现实意义。因此,对大学生深化"六个为什么"教育就必须及时反映时代的特征,反映当代中国发展的新形势和大学生理想信念教育活动的新要求,这样才能使深化"六个为什么"教育真正实现促进大学生树立正确的理想信念的目的。其一,创新教育管理理念,形成"以人为本"和"柔性管理"的思想。在深化"六个为什么"教育过程中,教育者应尊重大学生对管理措施、管理制度等方面提出的建议和要求,对大学生在"六个为什么"方面存在的困惑与疑问,做到积极予以回应;同时,灵活应对大学生复杂多变的思想情况,激发大学生自我管理意识,保障各种信息的流通共享,鼓励大学生用知识的创新丰富和完善"六个为什么"理论思想,并在丰富和完善"六个为什么"理论思想的过程中坚定自己科学的理想信念。其二，探索有效的管理领导制度。高校可根据自身不同的实际需要，通过改革管理旧体制，增加管理新内容，来完善教育服务体制。具体来说，完善管理领导制度可从以下几个方面入手：一是创新管理执行体制。高校可在学校层面根据实际需求设立三级管理体制，并设立院系沟通平台，加强组织结构优化以及部门之间的协调，实现教育资源的优势互补，避免多头管理现象，而对于部分人数少的学校，"三级管理"可改为"二级管理"，并以相关教育、管理、服务组织为补充，防止出现管理盲区。二是构建计划管理、规范管理、民主管理三位合一的综合管理体制。确立可操作的实施计划，通过制定和应用各种工作规范，克服管理中的随意性。同时，在各种规范制定及教育过程中发挥民主作风，促进深化"六个为什么"教育管理的科学化、民主化。三是完善网络管理制度。加强网上思想文化阵地建设是社会主义文化建设的迫切任务。现阶段，一些红色网站上刊登了"六个为什么"理论思想的详细阐释，高校可以通过合法引用、转载相关信息，建立各种关于"六个为什么"教育的论坛，或者通过专家网络授课、微博等方式，发散式控制信息网络的管理。在这个过程中，要加强网络法制建设，加快形成法律规范、技术保障、公众监督、社会教育相结合的互联网管理体系，加强网络和即时通信工具等的引导管理，培育文明理性的网络环境。

9.2.2 教育的运行机制

1. 建立教育预警机制

所谓预警机制，就是建立深化"六个为什么"教育网络信息系统，通过收集、整理和分析相关信息，全面了解认识大学生的思想状况以及各种社会思潮对大学生思想的影响，及时把握大学生思想动态和带有倾向性的情绪状态，为领导部门提供正确信息，方便其及时作出正确决策。相比过去，今天的大学生面临更多的网络信息冲击，其中不乏非马克思主义和反马克思主义思潮以及西方文化价值观念，大学生理想信念中的新问题和新情况层出不穷。因此，建立深化"六个为什么"教育工作预警机制，就要以"六个为什么"理论思想"三进"工作（进教材、进课堂、进头脑）中大学生思想动态发展状况为基点构建信息调研网络，借助现代技术、先进方法和各学科的综合优势，建立起纵向和横向、内部和外部相连贯的信息收集和分析平台，及时收集梳理大学生在"六个为什么"理论思想认识以及理想信念方面出现的问题，加强与大学生的思想沟通交流，并以现实生活现象和社会热点问题及舆情社情为话题，引导大学生围绕"六个为什么"与自身理想信念展开讨论，对相关问题产生新的追问，将各类思想困惑和不正确认识化解在矛盾发生之前。对思想预测的方式方法主要有：定性预测、定量预测、类比预测、变化分析预测、相关性预测、规范性预测，等等。

2. 完善教育调节机制

科学有效地实施理想信念教育是运行机制有效发挥作用的关键，而要在运行过程中保持正确方向，就需要完善理想信念教育的调节机制，合理安排，统筹规划，适时对系统运行过程加以调适，确保教育工作的正确方向。针对深化"六个为什么"教育工作的具体情况，我们可以通过目标调节、反馈调节和权威调节三种途径来实现教育调节工作。深化"六个为什么"教育工作的根本目标，就是通过"六个为什么"理论思想的"三进"工作来帮助大学生树立科学的理想信念。因此，通过推行目标管理，要使相关教育者明确这一工作目标，并赋予受教育者即大学生具体的内化目标，确保他们能够形成合力，以目标为导向，有计划、有步骤地完成教育任务。与此同时，教育者还需要注重对教育活动情况的跟踪调查，根据教育环境的变化、大学生思想中出现的问题以及上级部门的计划决策，及时对教育工作作出调整，注重人文关怀，最大限度地满足大学生的认知需求与理想信念追求，从全局的、整体的、理性的角度去考虑问题。

3. 健全教育保障机制

深化"六个为什么"教育工作的正常运行必须要有一定的制度和物质保障。在社会主义市场经济条件下，要解决社会政治、经济、文化、道德等变化带来的大学生思想的新问题，不可能再像以往只靠简单行政命令，而应该转而依靠政治、法律、文化等多种手段，特别是要依靠高校思想政治教育的各项规章制度的制定和完善，把科学地深化"六个为什么"教育原则融入教学实践中，使深化"六个为什么"教育的具体工作规范化、制度化，使自律与他律、内在约束与外在约束有机结合起来，保障教育者和受教育者共同遵循，各司其职，协调一致地完成深化"六个为什么"教育的工作任务。此外，深化"六个为什么"教育还需要物质上的保障。不仅包括组织"六个为什么"教育理论研究与宣传经费、对"六个为什么"教育实践调研经费以及其他建设、设备专项费用，还包括相关理论教师培训、考察经费等等。讲义编写和多媒体课件制作中要将"六个为什么"理论思想的特色体现出来，为教师提供一个适合讲授"六个为什么"理论思想的教学体系，并保障深化"六个为什么"教育的相关科研成果能够在实际工作中发挥应有的作用。

9.2.3 教育的科学评估

评估，是指衡量事物效果与价值的活动，它存在于社会生活的各个方面。对深化"六个为什么"教育的评估，就是要考察深化"六个为什么"教育做的怎样，其社会价值如何。总的来说，因材施教，突破大学生认知瓶颈，拓宽认知视野，提高大学生对这些重大问题的认识能力，坚定他们的马克思主义信仰与中国特色社会主义共同理想信念，应当成为检验深化"六个为什么"教育与大学生理想信念教育是否有效的重要标准。

1. 确立评估标准

评估标准是衡量教育过程和价值的客观价值尺度，其正确与否直接关系到深化"六个为什么"教育评估的效果。对深化"六个为什么"教育的评估，应以其实践活动的社会效果为标准。具体来说，可分为以下方面：其一，是否有效提高大学生对"六个为什么"重大理论的认知水平，并解决其相关思想和实际问题。具体考察大学生通过"六个为什么"理论思想学习后的理论运用能力；运用"六个为什么"相关知识、观念帮助他们正确看待中国特色社会主义道路。其二，是否有效推动大学生理想信念的发展，为社会主义现代化建设服务。具体考察通过深化"六个为什么"教育，大学生认同马克思主义信仰与中国特色社会主义共同理想信念的完善程度，并坚定实现中华民族伟大复兴中国梦的信心以及为共产主义奋斗终生的决心。

2. 实施评估方法

对深化"六个为什么"教育成果进行评估的方法有很多，如系统分析法、目标检测法、比较评估法、全体评估法、定性定量评估法，等等。这里着重介绍几种具体评估方法。

第一，实践检验法。实践检验法是通过观察、访问、调查研究和总结经验为主的评估方法，这种评估方法注重对调查对象自身情况的研究，强调的是对教育动态过程的整体评估。具体来说，实践检验法有一个有序的实施程序：其一，通过听取工作汇报、实际考察、抽样调查、追踪调查、座谈访问，详细了解大学生对"六个为什么"重大问题的认知情况，及时获知大学生在"六个为什么"理论思想认识过程中取得的成效或出现的问题。其二，借助统计科学等手段，通过科学的定性定量分析，对大学生在深化"六个为什么"教育前后发生的理想信念变化状况进行比较，并作出动态评述，提出评估报告。其三，通过相对比较评判以及对评估报告的分析，总结经验，找出差距，明确方向，增强"六个为什么"教育对大学生理想信念的推动作用。

第二，检验评估法。检验评估法主要是通过考察调查对象对相关教育理论的运用程度来评价教育成果的一种方法。其具体实施方法主要有：其一，案例处理。围绕"六个为什么"的相关内容设计若干个案例，比如如何看待金融危机下中国经济发展模式等一些社会热点、难点问题。每次测试可根据实际情况，要求评估对象处理不等数量的案例，通过他们对案例的分析来评测其政治理论水平和运用理论能力。其二，理论分析。紧密联系国际国内形势和思想领域的深刻变化，给定评估对象不同类别的思想观念，如社会主义核心价值体系、新自由主义等社会思潮，由评估对象自由发表各自见解，对其思想、能力以及深化"六个为什么"教育的成效进行定量分析、测定和评估。

第三，达度评估法。度，即一定的客观标准，我们这里使用达度评估法，是要通过日常性的测试等方式，考察大学生对"六个为什么"重大理论问题的认知水平。应该说，"六个为什么"理论思想本身就涵盖在思想政治理论课之中，但往往被分散在各门课程之中，不够突出。在这里，我们要借助于思想政治理论课中教师的日常性测试方式，或通过单独设计"六个为什么"中相关理论知识问卷，来考核大学生对"六个为什么"重大理论的把握程度。这里需要注意的是，达度评估是一种绝对评估，因此，在进行测试考评时，要注意问题设计的非开放性，切忌模棱两可的问题出现。

应该说，深化"六个为什么"教育有什么样的效果，有什么成绩和经验，有什么不足和失误，只有通过检测评估才能加以评定。深化"六个为什么"教育的科学评估，有利于发现大学生对"六个为什么"理论思想认识中的不足，有利于发现"六个为什么"教育过程中的薄弱环节和新情况，能够防止教育过程中个别学生的苦恼变成群体的苦恼，为新的教育决策提供实际材料，增强深化"六个为什么"教育对大学生理想信念发展的积极促进作用。

9.3 深化"六个为什么"教育的外部条件优化

9.3.1 创造教育的良好环境

19世纪英国空想社会主义者欧文曾明确指出，"环境决定着人们的语言、宗教、修养、习惯、意识形态和行为性质"。[1]高等学校是进行大学生"六个为什么"教育的主阵地。因此，注重高校的环境建设，对深化"六个为什么"重要理论思想的学习和宣传，引导大学生牢固树立中国特色社会主义理想信念，有重要的理论和实践意义。

1. 完善校园硬件设施，优化校园物质环境

校园物质环境是宣传学习"六个为什么"重要理论思想坚实的物质基础和外部条件。学校的硬件环境主要包括人文景观、建筑格局和科研水平及设施。良好的校园物质环境有利于开展"六个为什么"重要理论思想的宣传和学习，对大学生树立科学的理想信念有潜移默化的影响。校园建设要体现"以人为本"和"和谐校园"的理念，注重校园环境的绿化和美化，要使大学生行走校园之间，都能感受和谐的自然美。同时，加强教学设施建设，充分发挥实验仪器设备、现代教学设备和图书馆藏书对大学生专业知识和思想理论构建的支撑作用，发挥大学生主观能动性，鼓励他们参与校园环境的建设和优化，促使大学生充分感受人类文明的发展和科技的进步。校园良好的硬件环境的建设，校内和谐的环境氛围的营造，对大学生思想进行潜移默化的引导，有利于大学生深刻解读和领会学校环境中蕴含的校风、学风、教风，对宣传学习"六个为什么"重要理论，促进大学生理想信念教育工作的顺利开展起着重要的作用。

2. 加强舆论宣传，营造良好的校园文化

高校各部门、党团组织、学生组织要正确观察和分析大学生的思想动态，深入了解大学生的学习和生活方式，采取多种舆论宣传

---

[1] 欧文.欧文选集：第2卷[M].北京：商务印书馆，1981：47.

方式，积极开展"六个为什么"重要理论思想的宣传活动。一方面，高校宣传、学工等部门要充分利用学校各种传媒，强化舆论宣传和监督，倡导科学的道德价值取向；同时，加强校风、教风、学风建设，融校训、校风、教风、学风于办学理念和学生日常生活中，营造健康、高尚、积极、向上的校园文化氛围。另一方面，通过讲坛、论坛、研讨会、讲座和报告会等多种渠道，利用学校的广播、网站、征文活动等多种平台，采取大学生喜闻乐见的学习宣传形式，体现宣传和学习"六个为什么"重要理论思想的要求；同时充分利用宣传栏，悬挂我们党历史伟人肖像、名人名言等，营造一种健康向上的思想道德氛围，有利于发挥舆论宣传对大学生理想信念积极的影响，加强大学生对"六个为什么"重要理论思想的内涵和外延的深入理解。

"六个为什么"重要理论思想对大学生理想信念教育有重要的指导作用，我们必须重视高校环境，创造教育的良好环境，推进"六个为什么"重要理论思想进教材、进课堂、进学生头脑，使"六个为什么"重要理论思想内化为大学生的世界观、人生观、价值观，引导大学生树立坚定的、正确的理想信念。

9.3.2 整合丰富的社会资源

"六个为什么"教育社会资源是指全社会能被纳入到大学生"六个为什么"教育活动中来，并有助于实现教育既定目标的各种要素条件的总和。胡锦涛指出："要把社会各方面的力量动员起来，把社会各方面的资源整合起来，使它们充分发挥作用、密切配合，积极营造大学生健康成长的良好社会环境。"[1]深化"六个为什么"教育，要求我们必须从大学生的根本利益出发，对各种社会资源进行整合，凝聚实现中国梦的强大正能量，扎实推动"六个为什么"重要理论思想的学习，促进大学生理想信念教育工作的推进。

1. 整合社会资源必须充分发掘传统文化资源

江泽民指出："保持和发展本民族文化的优良传统，实现文化的与时俱进，是关系广大发展中国家前途和命运的重大问题。"[2]深化"六个为什么"教育工作要植根于博大精深的民族文化和具有时代精神的中国社会主义文化中。中国人民在长期的革命、建设和改革的伟大实践中，继承并形成了中华民族的民族精神和时代精神，这些珍贵的精神述说着中华儿女在中国特色社会主义革命和实践中生生不息的奋斗过程与历史变迁，是我们深刻理解"六个为什么"重要理论思想的宝贵素材。同时，充分挖掘利用各种重要节日、纪念日、重大事件等主题活动中的资源，通过举办"一二·九"、"同一首歌"、"申奥"等纪念活动，为深入学习"六个为什么"重要理论思想提供了新的契机和新的内容。

2. 整合社会资源必须构建新的资源体系

随着社会的发展，深化"六个为什么"教育不断地被赋予新的时代内涵，因此，要不断创新教育理念，构建富有时代意义的大学生理想信念教育的社会资源体系。其一，整合高校周边资源，建立以学校为中心，包括城市图书馆、博物馆、音乐馆等文化设施在内

---

[1] 胡锦涛.进一步加强和改进大学生思想政治教育工作 大力培养造就社会主义事业建设者和接班人[M].人民日报，2005-01-19（10）.

[2] 江泽民，江泽民在中国作协第六次全国代表大会中国文联第七次全国代表大会上的讲话[N].人民日报，2001-12-19（1）.

的教育设施区域,并将其纳入城市规划。最大限度地发挥高校思想文化对社会的辐射作用,实现良性互动,推动高校所在区域的思想文化环境的改善,有利于对大学生开展全方位、多途径的"六个为什么"重要理论思想宣传学习。其二,整合全国教育资源,构建区域大学生"六个为什么"教育中心,建立设施齐全的大学生实践教育基地,为大学生"六个为什么"教育提供实践场所。充分利用网络资源,建立大学生"六个为什么"教育主题网站和平台,最大限度发挥网络的各种优势,拓展大学生"六个为什么"教育资源的外延。

总之,我们要积极探索社会资源整合的方式和途径,建立和加强资源整合的长期有效的机制,将传统的资源与新的资源有机结合,扬长避短,优势互补,为大学生学习宣传"六个为什么"重要理论思想提供宝贵的素材和资源,更好地指导大学生理想信念教育工作的开展。

9.3.3 发挥家庭的重要作用

洛克指出:"父母和教师就是儿童精神成长的决定者。" 家庭作为社会基本的组成单位,是人的最初环境,对个体人格的形成和发展具有重要的意义。现阶段,要深化"六个为什么"教育,充分发挥"六个为什么"重要理论思想对大学生理想信念的指导作用,家庭教育起着非常重要的作用。

1. 发挥家长模范表率作用,营造健康向上的家庭文化

家庭文化是社会道德在家庭中的反映,体现了一个家庭的社会形象和社会价值。优良的家庭文化不是普通意义上家庭中的小事,而是家庭成员高尚的道德修养和崇高的思想境界的反映,能够为大

学生树立良好的风范。一方面，大多数家长经历了改革开放30多年的历史巨变，经历了"计划经济"到"市场经济"的转变，见证了城市经济的发展和乡镇企业的活跃，能够切身体会国家和社会以及人民群众精神风貌的明显变化。另一方面，许多家长自身在成长中某种程度伴随着非马克思主义的意识形态，经历了改革开放时期"真理标准大讨论"的波澜壮阔的历史进程，个人的思想意识就是在这种不断的矛盾斗争中得到升华。家庭是大学生最初的教育基地，家庭长期的影响和教育很大程度上决定着一个人将来的社会价值。因此，家长通过自身的认识、思想的升华和模范表率作用的发挥，潜移默化地影响着大学生对我国政治、经济、文化、政党制度的理解，有助于引导大学生正确认识中国特色社会主义道路，充分理解马克思主义原理的精髓，客观上推动着"六个为什么"重要理论思想的宣传和教育。

2. 坚持民主的教育理念，树立现代家庭教育观念

家庭是人出生后的第一所学校，是人生长的摇篮。因此，采取什么样的教育方式，直接影响到子女的教育效果。譬如，大学生在经济生活上依赖于家长，决定了家长对子女教育的权威性，但是，这并不意味着大学生在家长面前唯命是从。家长在长期的工作和生活中，必然体会到人民民主比"一言堂"更具有优越性。不管在单位还是在社区，家长作为一名公民，行使自己的选举权和被选举权，从选举人大代表到各级领导，社会处处充满民主的气息，家长时刻感受到人民民主的优越性。同理，现代家庭教育也要坚持民主，在家庭中建立家长和子女之间民主、平等、和谐的家庭关系，家庭成员之间要和睦相处，创造民主和谐的家庭气氛，家长遇事应充分听取和尊重子女的意见，让子女感受到人民民主的优越性，人民民主能够团结最广泛的力量,促进社会的健康发展。这就会逐步引起大学生关于民主的反思,逐渐内化为大学生自身的思想,就是我国为什么必须坚持人民当家做主,为什么必须坚持人民代表大会制度,深化大学生对我国经济、政治、文化、政党制度的深刻理解,促进大学生准确把握"六个为什么"重要理论思想的丰富内涵。

综上所述,家庭教育是大学生最早接触的教育,也是大学生理想信念教育的重要途径。因此,强化家长的模范作用,营造和谐的家庭氛围,树立民主的家庭教育理念,有利于在大学生中深入开展"六个为什么"重要理论思想的宣传和学习,促进大学生科学理想信念的发展和升华。

结束语

在纪念党的十一届三中全会召开 30 周年理论研讨会上,中央领导同志明确要求紧密联系干部群众的思想实际,深入回答六个与社会主义核心价值体系建设密切相关的重大问题,即为什么必须坚持马克思主义在意识形态领域的指导地位,而不能搞指导思想的多元化;为什么只有社会主义才能救中国,只有中国特色社会主义才能发展中国,而不能搞民主社会主义和资本主义;为什么必须坚持人民代表大会制度,而不能搞"三权分立";为什么必须坚持中国共产党领导的多党合作和政治协商制度,而不能搞西方的多党制;为什么必须坚持公有制为主体、多种所有制经济共同发展的基本经济制度,而不能搞私有化和单一公有制;为什么必须坚持改革开放不动摇,而不能走回头路(简称"六个为什么")。这"六个为什么"涉及我们党和国家应当坚持的指导思想、发展道路、经济制度、政治制度、政党制度、发展方向等,既是关系党和国家发展前途命运的重大问题,也是包括青年大学生在内的广大社会成员普遍关心

后记

本书是我为负责人申报、主持的 2009 年度教育部人文社会科学研究专项任务项目（高校思想政治工作）"六个为什么与大学生理想信念教育研究"（项目批准号：09JDSZ1001）的结项成果。

自本项目立项后，我们即按照项目研究内容和研究计划积极开展研究工作，包括广泛收集材料、开展专项研究、参加相关活动、进行学术交流、发表多篇论文，等等。在此基础上，逐步形成了书稿初稿。为反映、体现党的十八大、十八届三中全会和习近平总书记系列讲话以及中央有关文件的重要精神，我们对书稿进行了多次修改，使之更加充实和完善。

本书是集体合作、共同研究的成果。展明锋博士在项目申报过程中协助我做了大量工作；展明锋博士、梅红博士、徐元鸿博士、陈春莲博士、杨琳琳博士、梁庆婷博士、陈蕾博士以及博士生袁阳、穆斐、陈旻、杜佳、李长浩、武曼曼、任和等先后参加了项目研究工作并承担了书稿部分内容的撰写或修改工作；王欢博士参与了项目研究的全过程，并与我通力合作完成了书稿；全书最后由我修改定稿。

本项目在申报、研究、成书以及出版过程中，得到了教育部思政司、中国矿业大学（北京）、北京政法职业学院、中国青年出版社等单位的热情关心和大力支持，特别是刘贵芹、郭德勇、王瑞等同志鼎力相助、玉成其事。在此，一并表示衷心的感谢！

本书难免存在不足之处，恳请广大读者批评指正。

陈勇

2014 年 4 月